世界が見たキモノ

桑山敬己 著

オリエンタリズムとエロチシズムの文化人類学

昭和堂

はしがき

本書は、日本の伝統服＝民族衣装（national dress）のキモノを、海外の人びとがどのように「見た」か、日本人からすればどのように「見られた」か、そして日本人は海外の眼を意識してどのように「見せた」かを論じるものである。本書の視座は副題の「オリエンタリズムとエロチシズムの文化人類学」によく表されているので、まずそれにまつわる逸話を筆者の経験から紹介したい。

一九八〇年代半ば、私がロサンゼルスに住んでいたときのことだが、自宅からロサンゼルス空港に向かう幹線道路の一角に、「オリエンタル・マッサージ（Oriental Massage）」という看板を出している店があった。何となく怪しい感じがしたので、四〇年ほど経った今でも覚えている。後に、アメリカのマッサージ・パーラー（massage parlor）の中には、女性の店員が通常の施術を越えた過激なサービスを提供する店があり、店名に「オリエンタル」や「アジア」のほか同地域の特定の国名や都市名を付けたものが多いことを知った。事情は現在もあまり変わってないようだ。

私が文化人類学を学ぶために渡米したのは一九八二年夏のことである。最初の数年間は日本人、つまり「ジャパニーズ（Japanese）」という自己認識しかなかったが、アメリカにおける「ジャパニーズ」は日系人を含む「アジア人（Asian）」の一部で、時としてより包括的な「東洋人／オリエンタル

（Oriental）」というカテゴリーに分類されることが分かると、だんだんと自分をそういう目で見るようになった。人間は社会的存在なので、いつのまにか他者の視線を内面化してしまい、それが自己の在り方（アイデンティティ）を規定していくのである。というわけで、オリエンタル・マッサージは他人事ではなく、自分に関わる問題なのだという意識が私の心の中に芽生えたのである。

結局、アメリカには一一年間いた。最初の七年間はロサンゼルスで大学院生として学び、最後の四年間はヴァージニア州のリッチモンド市で大学教員として過ごした。二人の子どもはアメリカで生まれた。アメリカは出生地主義を採用しているので、彼らは自動的に米国籍を取得した。当時、私はアメリカに骨を埋めるつもりでいたので、家族の生活の法的基盤を整えるため、まず日本人の妻と共に永住権をとった。その後、諸般の事情で帰国することになったが、滞米中はインターネットが事実上ない時代だったので、日本に関する情報は特にリッチモンドでは乏しかった。言葉はもちろん、一歩家の外に出ればすべてがアメリカだった。二年に一回は一時帰国したものの、だんだんと日本が遠くなってきて、ある年の夏、たまたま訪れた箱根の土産物屋で、「あなた日本人？」と店員に聞かれたことがあった。なぜそのような質問をされたのか分からないが――ひょっとして一緒にいた息子が英語で喋っていたのかもしれない――、箱根のような国際的な観光地の店員は、客が日本人なのか外国人なのか勘で分かるのだろう。いずれにせよ、私（と家族）は外国人に見間違われるほど、いつのまにか日本人離れしていたようだ。

そうしたアメリカ化した日本人男性の眼で見ると、キモノにはいくつかのイメージが付いていることとが分かった。一つは、欧米で男性用のキモノが取り上げられることはめったになく、kimono（キモノ）と言えば十中八九女性用、それも小袖類が想起されるということだ。最近では夏祭りの浴衣も思い浮かぶかもしれない。要は民族衣装の女性化である。もう一つは、キモノは欧米人の衣装つまり「洋服」とはまったく違うエキゾチックな衣装で、ナイトガウン（nightgown 女性用の夜着）を想起させるということだ。この印象は一六世紀後半の南蛮貿易の時代から変わっていないという。そして最後に、キモノの緩やかなつくりとナイトガウンとの連想から、キモノにはエロチックなイメージが付いているということである。キモノが「オリエンタル・ローブ（Oriental robe）」と呼ばれるとき、言外に冒頭に述べた性的意味合いが込められていると言って的外れではない。

大半の日本人読者にとって、最初の二つのイメージは既知であろう。人文社会科学の素養があれば、それがオリエンタリズムと結びつくことはすぐに理解できる。だが、「エロチック」は意外かもしれない。しかし、これこそが海外におけるキモノの表象を理解するうえでのポイントなのである。詳しくは本文で述べるが、たとえばジャポニスムが欧米を席巻した一九世紀後半には、鳥居清長、喜多川歌麿、葛飾北斎といった江戸時代の名だたる浮世絵師たちの春画が、大量にかの地に渡った。その浮世絵春画の大きな特徴は、西洋のヌードとは違って女性は裸体姿ではなく、美しいキモノが彼女の体を部分的に――時としてほぼ全面的に――覆っていたことにある。つまり、性の営みとキモノが一体化して表現されたのである。また、幕末から明治初期にかけて来日した欧米の写真家の中には、キモノを羽織ったセミヌードの女性を撮って土産物として販売した者もいた。その際、被写体の女性はしばしば芸者として紹介されたので、《日本人女性＝芸者＝キモノ＝エロチック》というイメージが流布するようになったのである。

本書は、こうした歴史文化的観点から、日本が欧米と接触した幕末から現代に至るまで、キモノに対する「彼ら」の眼差しを検証し、それに晒された「私たち」の反応を考察するものである。それゆえ、本書は衣装としてのキモノの解説書ではなく、キモノという「モノ（thing）」を通じた日本の社会・文化の研究書である。所々に専門的な議論はあるが、新旧の写真を満載しているので、画像を眺めるだけでも楽しいだろうと思う。本書の基本的枠組みは文化人類学だが、分野を越えて多くの方々に読んでいただければ幸いである。

二〇二四年一〇月

桑山敬己

目次

第十章　キモノ研究の課題と展望――文化人類学的視点から

第一章

キモノの表象

When one thinks about fashion, the kimono may not be the first item that comes to mind. The image made familiar by countless tourist advertisements, of a kimono-clad woman under the cherry blossoms, is certainly a captivating and compelling one. Yet her clothing seems remote from the ubiquity of global fashion … ［But］ Even the fact that many of us don a dressing gown at home is the result of the initial European adoption of the kimono almost 400 years ago（quoted from Foreword to Anna Jackson, ed., *Kimono: Kyoto to Catwalk*, 2020）。

ファッションについて考えるとき、最初にキモノに思いを馳せることはないかもしれない。桜の花の下でキモノを纏った女性という、無数の観光客用の宣伝でお馴染みになったイメージは、たしかに魅惑的で人の心を動かさずにはいられない。だが、彼女の装いは偏在するグローバル・ファッションからは掛け離れているように思われる。［しかし］私たちの多くが家庭でガウンを着るという事実でさえ、実は400年前にヨーロッパ人が初めてキモノを受容したことの結末なのである。

（アナ・ジャクソン編『キモノ――京都からランウェイ』の緒言より、筆者訳）

1　海外のキモノ展とキモノ・イメージ

冒頭に掲げた言葉は、美術・工芸・デザインの分野で世界的に名高いロンドンのヴィクトリア&アルバート博物館（Victoria and Albert Museum：以下「V&A」）（写真1 - 1）において、二〇二〇年八月下旬から一〇月下旬まで、約二か月間にわたって開催された特別展「キモノ――京都からランウェイ（*Kimono: Kyoto to Catwalk*）」のカタログ（写真1 - 2）の巻頭の辞である。カタログとは言っても、大判で全三三五頁、イギリス内外の研究者による二五篇の論考を掲載し、特別展で展示されたキモノの他に、江戸時代の浮世絵に描かれたキモノから現代の街中に見られるキモノまで、多くの写真を載せた本格的な研究書である。[1]

奇しくも、同年六月末から約二か月間、「本家」の日本では東京国立博物館の平成館で特別展「きもの　KIMONO」が開催され、国宝・重要文化財の着物や屏風などが一挙に展示された。[2]二〇二〇年は世界が未曽有のコロナ禍に襲われて外出もままならなかったが、特別展には数多くの来館者が訪れた。

V&Aのカタログの緒言は、いくつかの点で海外の日本表象を考えるうえで示唆に富んでいる。まず、「桜の花の下でキモノを纏った女性」（Jackson ed. 2020: 9 筆者訳）という語りは、相変わらず桜とキモノが日本の象徴になっていることを示している。それも、キモノを着ているのは女性であるから、ジェンダー的に日本は女性化されている。この「キモノを纏った女性」の一歩先にあるのが芸者で、もし写真1‐3のタペストリーのように桜の背後に富士山があれば、桜の花(cherry blossom)、芸者(geisha)、富士山(Fujiyama)という、海外における日本の三大ステレオタイプが揃うことになる。もう一つの大きなステレオタイプは侍(samurai)だが、それについては後述する。

次に、「無数の観光客用の宣伝によってお馴染みになったイメージ」(ibid.: 9 筆者訳)というくだりには、近代以降、観光が国や地域のイメージ形成に果たした役割が示されている。注目すべきは、観光にはお土産や記念品というモノが付き物だということである。幕末から明治大正期にかけて、女性用のキモノは日本を訪れた西洋人がお土産として購入したり、最高級品は外国の首脳に記念品として贈られたりした。[3] また、後述のジャポニスム(*Japonisme*)の火付け役となった浮世絵に描かれた女性のキモノ姿は、今日でも扇子・団扇・湯呑・文鎮・手帖・栞といった手ごろなお土産のデザインによく使われている。写真が貴重だった時代には、芸者や舞妓のブロマイドはそれだけで立派なお土産になったし、キモノ姿の日本人女性の絵葉書も多かった(写真1‐4)。

最後に、「私たちの多くが家庭でガウンを着るという事実でさえ、実は四〇〇年前にヨーロッパ人が初めてキモノを受容したことの結末なのである」(ibid.: 9 筆者訳)というくだりは、二つの大きな文化史上の出来事を指している。第一は、女性の小袖・振袖・打掛に代表される日本のキモノは、日本とヨーロッパの接触が始まった一六世紀半ばからヨーロッパの上流階級を魅了し、いわゆる「鎖国」

写真 1-2　2020 年、ヴィクトリア&アルバート博物館で開催されたキモノ展のカタログ（筆者所蔵）

写真 1-1　ロンドンにあるヴィクトリア&アルバート博物館（2006 年、筆者撮影）

写真 1-3　成田国際空港のギフトショップ。日本有数のデパートの出店の店頭に置かれた日本のお土産。中央の二つのタペストリーには、共に桜、五重塔、富士山、キモノ姿の舞妓が描かれている（2006 年、筆者撮影）

時代にもオランダ経由で海を渡ったという事実である。第二は、キモノという「ガウン」を手にしたヨーロッパ人はそれを羽織るように着て、仮装パーティーなどを除くと、主に邸宅の室内着として愛用したという事実である。それも、当初は男性が女性用のキモノを着用した。後に、クロード・モネ（Claude Monet）やジェームズ・ホイッスラー（James Whistler）など、歴史に名を残した西洋人画家で、キモノを羽織った若い西洋人女性の姿を描いた者は多い（写真1-5）。また、大西洋を隔てたアメリカでも、幕末以降、キモノは万国博覧会などでの展示を通じて評判を呼び、今日に至るまで日本の象徴の一つになっている。ただし、西洋のガウンの起源には諸説があり、日本由来だとは言い切れない。

本書では、この日本の「伝統服」、換言すれば「民族衣裳（national dress）」を世界の人びとがどのように見たか、という問題を論じる。当然のことながら、「見る（seeing）」という能動的行為は、「見られる（being seen）」という受動的行為と表裏一体の関係にある。さらに、「見る」と「見られる」の間には、見られることを承知で「見せる（showing）」という行為が存在する。キモノに注がれた内外の視線のダイナミックス（交差）に留意して、海外における日本文化の表象を考察することが本書の目的である。

写真1-4　1915年に新年の挨拶状として日本からイギリスに送られた写真絵葉書。「こうした写真は浮世絵に描かれた日本人女性のイメージを固定化するのに一役買った」（Harris 1997: 143 筆者訳）
出所：Harris（1997: 138）

写真1-5　クロード・モネ作「ラ・ジャポネーズ」1876年（徳島県鳴門市の大塚国際美術館に展示されている陶板名画を撮影したもの）。深紅の打掛と腰下に描かれた武士の帯刀姿は、後述する1867年のパリ万国博覧会で展示された《女性のキモノ＝菊》と《武士の模型＝刀》を想起させる
出所：大塚国際美術館提供

2　文化表象の人類学

ここで「文化表象（cultural representation）」一般について、文化人類学的観点から簡単に説明しておこう。一般に「人類学（anthropology）」と言った場合、民族のような集団の生活様式を研究する「文化（cultural）人類学」と、人類の進化や類人猿との関係を研究する「自然（biological）人類学」に大別される。本書でいう「人類学」とは前者のことである。[4]

人類学で表象が大きなテーマとして取り上げられたのは一九八〇年代以降で、主に二つの研究方向がある。第一は、異文化の描き方や語り方に関するもので、これは英語の representation の一つの意味である「描写（description）」にまつわる問題である。特定の文化や民族の生活を描いた作品を「民族誌（ethnography）」と呼ぶが、人類学が学問として登場した一九世紀後半以降、人類学者は民族誌を書くという行為にあまり自覚的ではなかった。長期間のフィールドワークを行えば、おのずと民族誌はできあがると考えられていたからである。もちろん、ブロニスラフ・マリノフスキー（Bronislaw Malinowski）の古典『西太平洋の遠洋航海者』（原著一九二二年）のように、描写力は優れた民族誌の条件であることは分かっていた。ただ、どのように描写するかが人類学の根幹に関わる問題だという意識は希薄だったのである。この状況が変わったのは、一九八六年に刊行されたジョージ・マーカス

（George Marcus）とマイケル・フィッシャー（Michael Fischer）の『文化批判としての人類学——人間科学における実験的試み』（原著一九八六年）を契機としている。副題にある「実験的試み」が示すように、この本では従来にない多様な描き方が提案された。

第二は、旧宗主国の人類学者が、旧植民地の人びとに代わって、彼らの文化を語ることに関するもので、これは representation のもう一つの意味である「代弁（speaking for）」にまつわる問題である。人類学の「植民地主義的ルーツ（colonial roots）」という言葉があるように、この学問は西洋（および日本）が世界に勢力を拡大していく過程で登場した。そのことは、イギリス人類学の研究対象の多くが植民地化されたアフリカ諸国であったり、日本人類学の先駆者・鳥居龍蔵（一八七〇～一九五三）が走破した地域は、台湾・朝鮮・中国東北部のように、大日本帝国の支配下にあったりしたことを想起すれば理解できるだろう。概して、人類学には《支配者＝調査者＝見る者＝描く者》と《被支配者＝被調査者＝見られる者＝描かれる者》という暗黙の了解があったのである。しかし、民族研究が軍部に利用されたことへの反省を強いられた戦後日本の学者や、一九六〇年代のベトナム戦争を機に、旧植民地における調査に疑義を呈した一部の欧米人類学者を除くと、文化表象の政治性に対する意識は低かった。換言すれば、一見客観的で中立的な異文化研究が、実はきわめて政治的であることに対する自覚が人類学者には乏しかったのである。

この状況が劇的に変わったのは、パレスチナ出身の文芸評論家エドワード・サイード（Edward Said）が、『オリエンタリズム』（原著一九七八年）を著してからである。彼は知識と権力の密接な関係を説いたフランスの哲学者ミッシェル・フーコー（Michel Foucault）の影響を受けていた。当初、同書はごく一部のアメリカの前衛的人類学者の間でしか取り上げられてなかったが、ジェームズ・クリフォード（James Clifford）とジョージ・マーカスが編集した『文化を書く』（原著〔一九八六年〕には「民族誌の詩学と政治」という副題が付いていた）が発表されると、世界の人類学者は文化表象の政治性について深く自省を迫られることになった。『文化を書く』の衝撃は後に「ライティング・カルチャー・ショック（Writing Culture shock）」と呼ばれた。この本が提起した論点の中で特に重視されたのは、民族誌を書くという行為に含まれる権力（power）と権威（authority）の問題である。先述の「描く者」と「描かれる者」の支配関係や力の不均衡を、人類学者は直視せざるをえなくなったのである。[5]

ここで注意すべきは、一九世紀末以降、帝国主義化した日本はアジア太平洋圏を支配する一方で、より大きな世界では欧米列強の影響下にあったという、近代日本の二重性である。日本の人類学におけるフィールドワークの歴史は、鳥居のアジア調査に始まったと言ってよい。そして、それを政治的に可能にしたのは大日本帝国の存在であった。太平洋戦争の敗北によって日本は植民地を失ったものの、一九五〇年代半ばに始まった高度経済成長で国力が回復すると、日本人人類学者は再び国費で世界各地を調査できるようになった。一九九〇年代初頭の「バブル崩壊」以降、日本経済は長い低迷期に入ったものの、日本人が調査していない地域は世界にないと言ってよいほど、日本の人類学者は世界を歩いて異文化・異民族を描いてきた。その一方で、敗戦翌年に刊行されたルース・ベネディクト（Ruth Benedict）の『菊と刀――日本文化の型』（原著一九四六年）が如実に示しているように、日本は実に多くの西洋人研究者によって描かれてきた。そして、そこには《描く者＝勝者》と《描かれる者＝敗者》の力関係が反映されていた。ベネディクトは戦時中にアメリカ合衆国戦争情報局（United States Office of War Information）に配属され、敵としての日本人の特性を研究していたのである。その意味で、日本研究の古典『菊と刀』は戦時中のアメリカの諜報機関による成果であった。

このように、近代日本は「見る」側でもあり「見られる」側でもあった。人類学に関する限り、この状況は基本的に今日まで変わっていない。本書ではこの日本の両義性に留意しつつ、女性化されたキモノが海外でどのように表象されたかを論じる。

なお、表象は展示と密接な関係にあるので、ここで展示についても触れておこう。異文化のモノの展示が人類学の大きなテーマとして浮上したのは一九九〇年代以降である。文字中心の民族誌における文化表象が議論の俎上に載った時期より一〇年は遅い。この時間差には人類学内部の力関係が反映されている。

初期人類学において、民族誌の作成と同様に重視されたのは、異民族のモノつまり物質文化の収集であった。それを展示したのが民族学博物館である。この分野の世界初はオランダのライデン国立民族学博物館（一八三七年開館、旧称 Rijksmuseum voor Volkenkunde 現在の名称は Wereldmuseum Leiden）だが、今日、世界の人類学にもっとも大きな影響力をもっている英米を見渡すと、オックスフォード大学の附置施設であるピット＝リヴァーズ博物館（Pitt Rivers Museum）の歴史が、人類学における大学と博物館の地位の差を物語っている。

同博物館は一八八四年の開館にあたって、収蔵品について講義できる人類学者を一人雇った。それが後に「人類学の父」と言われたエドワード・タイラー卿（Sir Edward Tylor）で、彼はイギリスの大学史上、初の人類学専攻の教員となった（詳細は第六章参照）。しかし、主著『原始文化』（原著一八七一年）の半分がアニミズムの分析に費やされていたように、タイラーの主な関心事は目に見えない信仰や社会の仕組みにあった。在職中、彼は日本を含む非西洋文化のモノ（たとえば玩具やゲーム）を収集したり、物質文化について論じたりしてはいたが、研究の主眼はそこにはなかった。そうしたタイラーの影響下で発展したイギリス人類学は、「学」として制度化されるにつれて大学が研究・教育の中心となり、モノを扱う博物館は徐々に周辺化したのである。その結果、展示にまつわる問題は注目度が低かった。

この状況に大きな変化が現れたのが一九九〇年代である。前述の『文化を書く』が契機となって、文字による異文化の表象とモノの展示には、共通の問題が多いという認識が広まったのである。むしろ、「描く者」と「描かれる者」の歪んだ権力関係は、旧宗主国の言葉で書かれていて近づき難い民族誌よりも、見てすぐ分かる博物館展示により明確に表されていることが明らかになった。「未開の学」として出発した人類学は、従来、研究対象の人びとを見つめることはあっても、彼らに見つめられることはなかった。両者の間には文字という越えがたい壁があったからである。しかし、多くの旧植民地が独立を果たした一九六〇年代以降の「脱植民地化（postcolonial）時代」にあっては、民衆の教育レベルが上がり、さらに旧宗主国で学んだ旧植民地の研究者や知識人が登場して、「描かれた者」から「描いた者」へ、そして「展示された者」から「展示した者」への異論反論が聞かれるようになった。近年、植民地時代に持ち去られ、旧宗主国の博物館に展示されている旧植民地のモノ（遺産）の返還要求が世界各地で相次いでいるが、この要求はそうした異論反論が先鋭化したものである。

本書（特に第二章第二節と第六章）では、旧宗主国でもあり戦争の敗者でもあった日本のキモノが、一九世紀半ばに始まった万国博覧会や海外の博物館／美術館などでどのように展示され、日本人はどのように関わったのかという問題を論じる。

3　対象・用語・資料

ここで三つのことを断っておきたい。第一は本書で扱う地域、つまり地理的対象についてである。本書の「海外」とは基本的に西ヨーロッパとアメリカのことで、両者をまとめて「西洋」または「欧米」と記す。一八五三年の黒船来航以来、欧米列強は日本に対して圧倒的な影響力をもってきた。近現代史において、日本が見られて気になった相手はこれらの国である。対照的に、孫文の側近で『日本論』（原著一九二八年）を著した戴季陶（一八九一〜一九四九）のような東アジアの人びとの視線を、日本人が気にかけることはあまりなかった。ただし、欧米におけるジャポニスムは、それに先行するシノワズリー（中国趣味[6]）との関連抜きには語れないという主張もあるので（東田 二〇一五）、西洋人の中国および朝鮮に対する視線についても折に触れて言及する。

第二は用語についてである。服飾史家の深井晃子は、『きものとジャポニスム――西洋の眼が見た日本の美意識』（二〇一七年）の中で、「着物」「きもの」「キモノ」を次のように区別している。まず、漢字の「着物」は「衣服の総体」を表し、平仮名の「きもの」は「江戸、明治初期における着物、すなわち当時小袖、打掛と呼ばれたもの」や「その系譜にある現代までのきもの（和服）」を示す。それに対して、片仮名の「キモノ」またはローマ字の「kimono」は「西欧に受容されたきものや室内着」を示す（深井 二〇一七：一五）。妥当な区分だと思われるが、本書の主眼は服飾としての着物ではなく、西洋人が見たキモノや彼らの視線を意識して日本人が見せたキモノにある。さらに、三者を明確に区別するのが難しい場合も少なくない。要は、正確さを期して煩雑になるという問題があるので、本書では引用を除いて基本的に片仮名の「キモノ」で統一する。

第三は資料の種類についてである。海外におけるキモノの表象の研究は、服飾史・美術史・文学・演劇といった観点からのものが多く、お土産に描かれたキモノのような「軽い」表象には十分な目配りがされていない。また、ミュージアム――英語の museum は「美術館」と「博物館」の双方を指す――に展示されたキモノを取り上げる際には美術館のものが多く、博物館とりわけ民族学博物館の展示は蔑ろにされがちであった。そのため、議論がどうしても審美的（aesthetic）になり、たとえば街中の看板や雑誌の記事などが正面から取り上げられることは少ない。

そこで、本書ではキモノを美術館や演劇作品などから「離床」させ、それを広く日常生活一般の中に置いて考察する。重視する資料の一つは、美術館・博物館のギフトショップ、とりわけ特別展に併設されるショップや、国際空港の土産物店などで売られているお土産・記念品（souvenir）である。最近は人気のアニメやキャラクターとコラボレーションしたお土産（写真1‐6）が散見される。

写真 1-6　東京国立博物館の特別展「きもの　KIMONO」(2020 年) のお土産。同博物館が人形メーカーのブライス（Blythe）と共同でつくったクリアフォルダー。三頭身で目の大きな西洋人風の女の子がキモノを着ている。背景には桜の花が描かれている（筆者所蔵）

4　民族誌的資料としての写真

本書には一三五枚ほどの写真と図が掲載されている（本来はもう少し載せる予定だったが諸般の事情で割愛した）。その多くは、筆者がキモノの表象に関心をもちはじめた一九八〇年代半ば頃から、折に触れて国内外で撮ったものである。デジタルカメラが一般化してから、ロールフィルム時代には想像もつかなかったほど、多くの写真を簡単かつ安価に撮れるようになった。その一方で、気軽に撮れるがゆえに撮りっぱなしで、ろくに整理もしないという状況が生まれたのではないかと思う。

人類学ではフィールドワークで撮った写真が貴重な資料となる。学説史的に見ると、それは一九世紀末のケンブリッジ大学によるトーレス海峡調査や、前述の鳥居龍蔵のアジア調査以降のことである。どんなに言葉を尽くしても文字では伝わりにくいことが、写真では一瞬にして伝わる。しかし、写真が学術的意義をもつためには、写し出された画像を撮影者自身が精査しなければならない。本書の執筆中、一〇年も二〇年も前に何気なく撮った写真に、非常に大切な情報が含まれていたことを発見したことは幾度となくあった。「何気なく」とは言っても、何かを感じたからこそカメラを向けたわけで、その「何か」を自分自身で見つけなければ、せっかくの写真も宝の持ち腐れである。このことは第三者が撮った写真にも当てはまる。筆者としては、本書が「写真民族誌（photo ethnography）」としても読まれることを望んでいる。
なお、本書の写真には可能な限り撮影年が記されている。写真の一つの欠点は、実際には昔に撮られたのに今のような印象を与えてしまうことである。このことは民族誌的記述も同じで、本来なら過去形で書くべきところを現在形で書いてしまうために、描かれた人びとや文化が時間的に凍結されてしまうのである。これを「民族誌的現在（the ethnographic present）」という。本書ではこの問題を避けるために、少なくとも筆者自身が撮った写真には日付が付されている。中にはずいぶん時間が経過したものもあるが、何事も今日の現在は明日の過去になるわけだから、変化と連続を明らかにする材料になるだろう。

註

1　V&Aのキモノ展の様子は、カタログを編集した同館のアナ・ジャクソン（Anna Jackson）の解説でユーチューブにアップされている。タイトルは「展示　キモノ——京都からランウェイ・学芸員による案内（Exhibition - Kimono: Kyoto to Catwalk/Curator Tour）」で、全五部から成り、第一部のアドレスは以下の通りである。
https://www.youtube.com/watch?v=oEf0iFNTVGw

2　大判（クロス装丁）全三九九頁から成る同展示のカタログ（図録）も、V&Aに劣らない素晴らしいものであった。ただ、力点は各展示物の写真と説明にあり、キモノ全般に関する解説や論考が少ない点でV&Aとは対照的であった。カタログに限らず、概して日本は図による表象（graphic representation）が多く、英語圏は文字による解説が多い。

3　一九二〇年、第二八代アメリカ合衆国大統領ウッドロー・ウィルソン（Woodrow Wilson）の妻イーディス（Edith）が訪日した際には、背面（紋付の家紋がある位置）に日米両国の国旗を交差させたデザインのキモノが贈呈された。このキモノの生地は、後に西洋式のドレスに作り直すために使われた（Corwin 1996: 39）。

4　文化人類学は主にアメリカで発達した。それに対して、イギリスで発達した同様の分野を「社会（social）人類学」という。両者は学説史的に異なるが、今日では大差ない。文化人類学と社会人類学を合わせて「社会文化（sociocultural）人類学」ということもある。

5　文化表象の人類学的アプローチについては、桑山敬己（二〇〇六）や高倉浩樹（二〇一八）を参照。なお、representationには「象徴（symbol）」という別の意味もあるが、人類学ではこの方面に関する考察は進まなかった。その理由として、『オリエンタリズム』が発表された一九七〇年代後半には、すでにエドモンド・リーチ（Edmund Leach）、メアリー・ダグラス（Mary Douglas）、ヴィクター・ターナー（Victor Turner）らによる象徴人類学（symbolic anthropology）が独自の発展を遂げていて、サイードの問題意識とは接点が少なかったことが考えられる。また、象徴人類学より少し遅れて登場したクリフォード・ギアツ（Clifford Geertz）の解釈人類学（interpretive anthropology）は、象徴をローカルな文脈で読み解くことを目指した独創的な分野であった。彼にとって、象徴は不可視な認識世界にあるものではなく、人びとの日常生活に見出される実体をもった存在である。つまり、ギアツの象徴は公的（public）な性格を有し、意味の運び手（carrier of meaning）として捉えられる。人文社会科学全般に大きな影響を与えたギアツであるが、彼には一つの盲点があった。それは、特定の文化における何かが象徴とされる動的過程（dynamic process）、特に政治的要因に対する考察が乏しかったことである。たとえば、「テクストとしての文化（culture as a text）」はギアツに特徴的な考えだが、彼の関心は完成品としてのテクストをどのように読み解くかにあり、そのテクストがどのようにできたのか、とりわけ背後にある政治的絡みを問うことはなかった。この点で、ギアツの著作は文化

6

表象における権力の問題を前面化した『文化を書く』とは対照的である。「中国趣味」を意味する「シノワズリー（chinoiserie）」に対応する「日本趣味」は「ジャポネズリー（japonaiserie）」である。ジャポネズリーとジャポニスムの間に明確な境界線はないが、美術史家の高橋秀爾は次のように区別している。ジャポネズリーは、「明らかにそれとわかる日本的な主題やモティーフを、その主題やモティーフに対する特別な関心から作品に利用した場合、その利用のしかたや作品そのものを暗示する用語」で、「異国趣味の一種」である。一方、ジャポニスムは、「さらに広く、造形原理、構造様式、価値観をも視野に入れて、日本とはまったく関係ない主題を扱った作品にも日本との関連、あるいは日本の影響を跡づけ、その意味を探ること」である（高橋 二〇〇〇：五―六）。本章で扱う対象は美術に限らないが、ジャポニスムの理解については高橋の考えを踏襲する。

第二章

日欧・日米文化史の中のキモノ

1　ヨーロッパ人とキモノの出会い

キモノは西洋で「ナイトガウン（nightgown）」（女性用の夜着）を想起させる。この印象は西洋人が初めてキモノに出会った一六世紀半ばからほぼ一貫している（Milhaupt 2014: 139）。たとえば、ポルトガルのイエズス会宣教師ジョアン・ロドリーゲス（João Rodrigues Tçũzu 一五六一または一五六二〜一六三三）は、『日本教会史』（一六二〇年代初頭に成立）の第一巻第一六章「日本人の服装と衣類について」の中で、次のように記した。

この王国全体を通じて、人々が身分の上下男女の別なく常に着ている主な衣類は、着る物（Kirumono）もしくは着物（Kimono）と呼ばれる。それは**部屋着風の長い衣類**であって、現在では上品さと美しさを保つために、踝《くるぶし》まで長いものを用いるけれども、古風に従ったものは下脚の半ばすなわち向こうずねの半ばまでとどくのである。幅広い袖はポルトガルのサイーニョ［裾のない円筒式の襦袢《じゅばん》］風のもので、腕の半ば過ぎまでとどくが、それから先はむき出しになる。これはシナのチン（Tchin〔Tçin 秦〕）すなわち秦（Xin）の時代における最古の様式であって、現在もシナでは同じ袖をつけるけれども、非常に長くて、手をのばしても袖が指の先から肩まで十分にある。これは武具をつけることを考慮に入れているようである。もっとも、戦時のシナの兵士はポルトガル風に短い袖の上衣《ベローテ》を用いるが、袖広の上衣《カバイア》を着るように、一方の端を他方の端に重ねる。そして右の端を下に、左の端を上にして、同じくシナの〔原文《マ》空白《マ》〕のようにする。（ロドリーゲス 一九六七：四〇三―四〇四。太字筆者、ルビを一部追加）

太字部分の「部屋着風の長い衣類」は、英訳では"a long garment after the fashion of a night-gown"（ナイトガウンのような長い衣服）となっていて、[1] キモノが今日の「ガウン」を想起させたことが分かる。

ロドリーゲスは一五歳のころ来日した。日本語が堪能だったため、豊臣秀吉や徳川家康といった日本の支配層との交渉に携わった。一六一〇年に日本を追放され、その後マカオで生涯を閉じたが、『日本教会史』には当時の日本人の日常生活が克明に描かれている。

キモノについて記したのはロドリーゲスだけではなかった。たとえば、同時代のイタリアの探検家・商人のフランチェスコ・カルレッティ（Francesco Carletti 一五七三～一六三六）は、日本人の「普段着は男も女もほぼ同じだが、当人の年齢によって異なる。すべてに共通なのはトルコ風に長くて、仕上げの装飾やボタンがなく、両前の司祭平服のように折り重ねて着ることだ」（Cooper 1965: 207 筆者訳）と記した。また、スペインの貿易商で『日本王国記』（一六二〇年頃）の著者ベルナルディーノ・デ・アビラ・ヒロン（Bernardino de Avila Girón 生年不詳、一五九〇年に来日）は、帯について興味深い観察をしている。彼によれば、男性は帯を何回も回して締めるが、「女性はゆったりと二回だけ帯を体

図２-１　狩野長信筆「花下遊楽図屏風」右隻第５・６扇、17世紀（部分）に見る女性の帯（東京国立博物館所蔵）

Image: TNM Image Archives
注：許可なく複製することを禁止する

に回して、左側か前で二重結びにする」（Cooper 1965: 208 筆者訳[2]）。

当時の女性の絵（図２‐１）を見ると、たしかに帯は二度回して腰前で結んでいる。幅も五センチほどで今日より数段細い。小山弓弦葉によれば、より太い帯を後ろ結びするようになったのは、江戸時代の寛永期（一六二四〜一六四四年）以降のことで、「安土桃山時代から江戸時代にかけて描かれた女性像を見ていると、服飾の変化の中でも特に時代が下がるとともに変化が見られるのが帯の幅とその結び方です。慶長期（一五九六〜一六一五年）に描かれたと考えられる「花下遊楽図屏風」の女性は、幅五センチメートルほどと見られる細い帯を腰前で短く結んでいます」（小山 二〇一九：二〇）とのことである。

ポルトガルの宣教師ルイス・フロイス（Luis Frois 一五三二〜一五九七）の観察では、当時の女性は妊娠時の岩田帯を除いて帯を緩くしめていた（フロイス 一九九一：四六、五一、Frois 2014: 64-65）。注目すべきは、この「ゆったりと」とか「緩く」というのが、一九世紀後半の西洋人の眼にキモノの大きな特徴として映ったということである。性的に禁欲的なヴィクトリア朝的道徳（Victorian morality）

が支配した当時のヨーロッパでは、大多数の階層の女性は窮屈なコルセットをつけて、ピッチリとした服を着ることを求められていた。そのため、キモノは「開放的」かつ「エロティックな衣服」という印象を与えたのである（深井 二〇一七：七二）。もちろん、キモノにはさまざまな種類があり、今日の正装は太い帯で体を絞めつけるが、「帯を解く」という表現が女性の「体を許す」ことを意味するように、キモノは脱がなくても性の営みが可能である。このことを如実に示しているのが江戸時代の春画であった。そこには、男女の絡み合う姿がキモノを着せ掛けたまま描かれていた。西洋人の眼にキモノが「エキゾチック（exotic）」である以上に「エロチック（erotic）」と映った所以である。深井晃子は次のように述べている。

初めてきものを、あるいは浮世絵に描かれたきものの着装を見た一九世紀後半の西欧人の多くは、洗練された装飾性を持つ布の魅力を筆頭に、きものの流れるようなドレープの美しさと、当時の窮屈なコルセットを着装した禁欲的とも言える西欧服に比べて、身体を圧迫しない自由度の高い、緩やかな着こなし方に驚きを感じたに違いない。こう書くと、帯をきつく締める現代のきものの着こなし方を根拠として、必ず異論が出る。しかし、明治初期の日本女性たちが洋装を拒んだ理由としてコルセットの圧迫に悩まされていた事実や、また当時の写真からも、日常的に着られていたきものが今よりは緩やかに着こなされる衣服だったことは明らかだ。さらには、きもの自体の衣服の構造は、紛れもなく開放的な衣服に分類される。

その開放性こそが、翻ればエロティックな衣服として、春画につながる身体へのアクセシビリティの重要な要素となり、また放埓さというイメージを膨らませていったのである。衣服が身体と戯れながら、どこまでも身体と絡み合うきものは、衣服が身体の殻としてただ従属するのみである西欧的な思考にとって、瞠目すべきものだった。このことは、後に西欧服の文法を変えていく重要な鍵になる。

（深井 二〇一七：六八―七一）

詳細は第五章「浮世絵春画とキモノ」で述べるが、喜多川歌麿や葛飾北斎を筆頭に、世界を魅了した江戸時代の浮世絵師たちは、意外にも数多くの春画を描いていた。それらは早くからヨーロッパに渡ったのである。

2 ヨーロッパの博物館・美術館の日本コレクション

もしロドリーゲスらのような記述が数多く残っていれば、キモノが西洋でどのように受容されたかは大筋で推測がつく。だが、日本は一七世紀前半から国を閉ざしたため、西洋人による史料は少ない。そうした中、かろうじて海を渡った日本のモノ（物質文化）が収蔵・展示されている西洋の博物館・美術館は、大きなヒントを与えてくれる。

ヨーロッパの博物館・美術館の日本コレクションに関する近年の著作で、おそらくもっとも包括的なのはヨーゼフ・クライナー（Josef Kreiner）編『ヨーロッパの博物館・美術館における日本コレクション（*Japanese Collections in European Museums*）』（全二巻、二〇〇五年）である。[3] これは二〇〇〇年代初頭に行われた調査の結果をまとめたもので、計一千頁を超えるこの大著の第一巻にはクライナーの総論がある。また、第二巻には約九〇点の博物館・美術館ごとの解説が収録されている（二〇一五年には第三巻が追加刊行された）。

表2-1と表2-2は同著に基づいて、二〇〇〇年代初頭における日本コレクションを国別に示し

表 2-1　日本コレクションのあるヨーロッパの博物館・美術館数（国別）

順位	国名	博物館・美術館数
1	イギリス	161*
2	チェコ共和国	90
3	スペイン	44
4	ドイツ	35
5	ポルトガル	17
6	デンマーク	16
6	スウェーデン	16
8	スイス	13
9	イタリア	8
10	ノルウェー	7
10	フランス	7

注：* 城、庭園、旧王侯貴族邸、ギャラリー、ホールなどを含む
出所：Kreiner（2005: 42）より筆者作成

表 2-2　ヨーロッパの日本コレクションの収蔵品数（国別）

順位	国名	収蔵品数（概数を含む）
1	イギリス	150,000*
2	ドイツ	86,056
3	イタリア	46,000
4	オランダ	41,350
5	オーストリア	37,700
6	チェコ共和国	28,876
7	スイス	18,840
8	フランス	16,418
9	ベルギー	13,274
10	ポーランド	12,133

注：* 城、庭園、旧王侯貴族邸、ギャラリー、ホールなどを含む
出所：Kreiner（2005: 42）より筆者作成

たものである。調査対象は三一か国（ロシアを除く）、博物館・美術館等の数は四八二、総収蔵品数は約五〇万九千点であった。ここでは上位一〇館だけ示す（Kreiner 2005: 42）。

表2-1、表2-2ともにイギリスが突出しているのは、博物館・美術館の他に城、庭園、旧王侯貴族邸、ギャラリー、ホールなどが含まれているからである。[4]問題はなぜ一見日本とは縁遠いチェコ共和国（とその周辺国）が上位に位置するかだが、同国と日本の交易史は他の西洋諸国にも当てはまるので、最初にこの点を説明しておこう。

チェコ共和国には日本コレクションを有する博物館・美術館が九〇もあるとされ（全体で第二位）、収蔵品数も約二万九千点（第六位）とかなり多い。同様の結果は一九九〇年代に江戸東京博物館が行った調査でも明らかになっている。[5]この意外に思われる事実には次のような背景がある。

チェコ共和国は、一九九三年、チェコスロバキア共和国（一九一八年建国）が、チェコとスロバキアに分離して成立した。地域的には、歴史的にプラハを中心とするボヘミア地域、ブルノを中心とするモラヴィア地域、北側のポーランドに隣接するシレジアに三分される。

プラハのナショナル・ギャラリー（Národní galerie Praha）で、東洋コレクション部長を務めたヘレナ・ホンクーポヴァ（Helena Honcoopová）によると、一七世紀初めにはオランダ東インド会社経由で、早くもボヘミアとモラヴィア（以下「チェコ」）の王侯貴族に日本の芸術品がもたらされた。それらの品々は、「驚異の部屋（ドイツ語 Wunderkammer 英語 cabinet of curiosities）」と呼ばれる今日の博物館・美術館の原型に展示された。中でも多かったのが陶磁器、刀剣、漆塗り、そしてキモノなどの織物である。その後、一七世紀半ばから約一世紀の間に、日本や中国の優れた美術品・工芸品が数多く輸入され、一九世紀後半には開国した日本の芸術に対する関心がいっそう強まった。

明治維新前年の一八六七年、チェコを一部とするオーストリア＝ハンガリー帝国が成立すると、翌々年には日墺修好通商航海条約が締結された。この条約は日本が欧米列強と結んだ不平等条約の極みと言われるが、日本との外交に携わった同帝国の多くの貴族は、日本の芸術品をこぞって収集したという[6]。その代表的人物が外交官のハインリヒ・フォン・クーデンホーフ＝カレルギー（Heinrich von Coudenhove-Kalergi）伯爵であった。彼は四年間の滞日中に骨董屋の娘・青山光子と知り合い、長男と次男を東京でもうけ、一八九二年に正式に結婚した（写真２－１）。一族の日本との関係は深く[7]、日本コレクションも質量ともに相当なものだったと言われる（Honcoopová 2005: 160-164）。

写真 2-1　ハインリヒ・フォン・クーデンホーフ＝カレルギー伯爵夫妻
出所：Honcoopová（2005: 164）

オーストリア＝ハンガリー帝国は一九一八年に崩壊したが、同帝国の支配下には今日のオーストリア、ハンガリー、チェコ共和国、スロバキア、ポーランド、ルーマニアなどが含まれていた。これらの国々に日本コレク

図 2-2　1873 年ウィーン万国博覧会のポスター
出所：ART and ARCHITECTURE mainly (19 July, 2022), https://melbourneblogger.blogspot.com/2022/07/was-vienna-most-cultured-city-in-world.html

ションが予想外に多い所以である。

現在、チェコ共和国の日本収蔵品の約七割（二万点）は、一八六三年にヴォイタ・ナープルステク（Vojta Náprstek）が創設した、ナープルステク・アジア・アフリカ・アメリカ文化博物館（Náprstkovo muzeum asijských, afrických a amerických kultur）にある。そのうちの約一割は織物で、キモノは二〇〇〇点ほどである（Kraemerova 2005: 206）。特筆すべきは、ナープルステクは一八七三年開催のウィーン万国博覧会（図２‐２）を訪れて、日本の文物を積極的に収集したという事実である。後述のように、一九世紀後半にはヨーロッパの主要都市で万国博覧会が開かれ、そこでの展示が日本の芸術・工芸に対する関心を一気に高め、ジャポニスムを生む大きな契機となった。ウィーン万国博覧会に対する日本側の意気込みも凄まじく、新生の明治政府は大隈重信を事務総裁に任命し、国威発揚をかけて参加したほどである。

一方、プラハのナショナル・ギャラリーの日本収蔵品は約五五〇〇点で、その七割半ほど（四一五〇点）は浮世絵を含む絵画である。そのうちの約一千点は、ヨエ・ホロウハ（Joe Hloucha）という人物が個人的に収集したものである[8]（Honcoopová 2005: 175, 180）。ホロウハについては、川添裕が「日本人になってみる、日本をやってみる――身体が形象するジャポニスム」（二〇一七年）という論考で、興味深いエピソードを紹介している。ホロウハは『嵐の中のサクラ（*Sakura ve vichřici*）』（一九〇五年）

という、チェコ人男性と日本人女性の恋物語を描いたベストセラー小説の作者で、大の日本美術愛好家であった。一九一〇年前後、彼はYOKOHAMA（横浜）という名の日本茶館をプラハで開き、西洋人女性の給仕にキモノを着させた（川添 二〇一七）。これは、一八六七年開催のパリ万国博覧会で、三人の江戸芸者を「見世物」として置いた日本茶館に倣ったものであった（詳細は後述）。

3 キモノをめぐる日欧・日米関係史

以下、室町時代末期から近代（昭和初期頃）まで、キモノに焦点を当てて日本と西洋の関わりを四段階に分けて概観する。時代区分は基本的にクライナー（Kreiner 2005）による。

一六世紀半ばから一七世紀初め

この時期にはいわゆる「南蛮貿易」が行われ、日本の芸術品・工芸品が初めてヨーロッパに渡った。それらは戦国大名からの贈り物であったり、ポルトガルやスペインの宣教師が、本国に送るために日本の職人につくらせたりしたものであった。多くは南欧や中欧の王侯貴族の手に渡って「驚異の部屋」に展示され、今日でもポルトガルの修道院に残っている螺鈿《らでん》の漆器もある。概して日本の漆器の人気は高かったが、王侯貴族がもっとも重宝したのは大名から贈られた鎧兜であった（Kreiner 2005: 4-6）。

図2-3　アルキータ・リッチ作「支倉常長像」17世紀（個人蔵）
出所：Wikipedia, https://en.wikipedia.org/wiki/File:Hasekura_in_Rome.JPG

キモノとの関連で注目すべきは、一五八二年、九州のキリシタン大名の名代としてヨーロッパに派遣された天正遣欧使節の面々が、二年後にリスボンに上陸して晩餐会に出席した際、キモノを着ていたことである。ヨーロッパ人がキモノ姿の日本人を見たのは、そのときが初めてであったと言われる（クライナー 二〇〇八：七一）。それから三〇年ほど後、伊達政宗が派遣した慶長遣欧使節を率いた支倉常長は、一六一五年、ローマに入ったとき室町時代の能装束（を作り直した衣装）に身を包み、[9] かの地の人びとの度肝を抜いたと言われる。彼はヨーロッパ滞在中にカトリック信徒となったので、今日、日本で見る常長は仙台市博物館の肖像画のように黒の西洋服を纏い、ロザリオを手にして十字架上のキリストに祈りを捧げている。だが、ローマのボルゲーゼ美術館（Museo e Galleria Borghese）に残っている肖像画はキモノ姿である（図2-3）。クライナーはこの件を後のヨーロッパにおける「キモノ・ブーム」の走りと捉えている（Kreiner 2005: 7）。

一六四一年、江戸幕府はオランダ商館を平戸から長崎出島に移し、日本はいわゆる「鎖国」時代に入った。だが、その頃のオランダにはすでにキモノが伝わっていて、「ヤポンセ・ロッケン（Japonsche rocken）」と呼ばれた服が人気を博していた。それらの中にはオランダ人用に仕立てられたものがあり、主に上流階級の男性が正式な室内着として愛用した。[10] 一六四五年には、東インド会社を通じて約六〇着ものヤポンセ・ロッケンがヨーロッパにもたらされたという。ただし、当時の日本の養蚕業は未発達だったので、素材は絹貿易の拠点であったトンキン（ベトナム北部の古称）から東インド会社が調達したものであった（Kreiner 2005: 8）。

概して、この時期の日欧交易の特徴は、鎧兜・刀剣・屏風・珍鳥の羽・漆器・陶磁器・キモノといった多種多様な日本の品々が、数はそれほど多くなかったものの、まずポルトガル・スペイン・イタリア経由でヨーロッパに入り、後年はオランダとイギリスの東インド会社を通じて取り引きされたことにある（Kreiner 2005: 8）。

一七世紀半ばから一八世紀後半

この時期にはいわゆる「鎖国」の影響によって交易が縮小し、日本からヨーロッパに渡った品々は、磁器・漆器・キモノの三種類（しいて付け加えれば屏風）にほぼ限定されるようになった。ただし、それらの多くはヨーロッパ人の嗜好に合わせた輸出用であった（Kreiner 2005: 8）。

まず磁器について、当初ヨーロッパは中国の優れた製品を輸入していたが、一七世紀半ばに王朝が明から清に代わるという政変があり、磁器の生産が滞るようになった。出島のオランダ商館長ツァファリアス・ヴァグナー（Zacharias Wagner）は、この機会をとらえて日本の有田や伊万里で磁器をつくらせ、ヨーロッパの上流階級の趣味に合うものを輸出したのである。それがドイツのマイセンに影響を与えたことはよく知られている。漆器は輸出用に長崎や京都でつくらせたが、大きな漆器箱はヨーロッパの邸宅で家具の一部として利用されたという（Kreiner 2005: 9-10）。

一方、ヨーロッパに渡ったキモノには主に二種類あった。一つは、オランダ商館員が毎年の滞在・交易許可を得るために長崎から江戸に参府したとき、将軍や幕臣への献上品の返礼として受け取った高級品である。一六九一年、ドイツ人医師で『日本誌（*The History of Japan*）』（原著は英語で一七二七年刊）の著者エンゲルベルト・ケンペル（Engelbert Kaempfer）は、商館員の随行医として参府に加わり、五代将軍の綱吉に謁見した。その際、別れの儀で将軍家から三〇着のキモノがオランダ側に手渡され、その他に六人の奉行や大名・老中から四四着、さらに他の幕臣からも相当数を差し出されたと『日本誌』に記している[11]（Kaempfer 1906: 100-101）。日蘭外交史を贈答（gift giving）という観点から研究したマイケル・レイヴァー（Michael Laver）の近著によると、謁見後にオランダ側が受け取った「返礼品」にはキモノが慣習的に含まれていた（Laver 2020: 33）。

これらの高級品はオランダの王侯貴族や東インド会社の重役たちに献上され、オランダ風にリメイクされた。その中には今日でも同国の博物館・美術館に残っているものがある。写真２‐２はネーデルラント連邦共和国総督のウィレム三世（後のイングランド王ウィリアム三世）が着用したもので、どこで縫製されたかは不明だが、当時の様子を知る貴重な手がかりである。王侯貴族や富裕層は、ガウンのように羽織ったキモノ姿をこぞって画家に描かせ、自らの権勢を誇示した（Kreiner 2005: 11-12）。

もう一種類のキモノは、最初から輸出用に東インド会社がつくらせたものである。この時期になると日本の絹産業も発達してきたが、「キモノ・ブーム」の渦中にあったオランダ本国の需要を満たすことはできなかった。そこで、東インド会社長官のヘンドリック・ファン・レーデ（Hendrik van Rheede）は、一六八九年、インドのコロマンデル海岸にあった紡績工場にキモノを持ち込み、安価な「日本風のガウン」を大量生産させたのである。その結果、キモノは富裕層でなくても手が届くようになり、大学でもキモノを着た教授や学生の姿が見られるようになった。あまりのキモノ人気に、ライデン大学は一七二五年の開学一五〇周年のミサ開催にあたって、「アジアの服装」で参加すること

写真 2-2　アムステルダム国立美術館収蔵のヤポンセ・ロッケン。以下は同美術館による説明である。「室内着（housecoat）　作者不明　1675 年から 1702 年　絹製　154 センチ」、「1691 年の時点で、ウィリアム３世はネーデルラント連邦共和国の総督かつイングランド王であった。彼は両国で『日本のガウン（Japanese gown）』を発注した。日本のキモノに由来するこうした長いキルトの室内着は地位の象徴であった。送り状から、ウィリアム３世は緑色（green）の絹の裏地を 6m［1 反は約 12m］購入したことが判明している。おそらくこの室内着のためだったと思われる。裏地も表地も色あせているが、表地は元々濃い紫色（purple）であった」（筆者訳）

出所：アムステルダム国立美術館データベース、https://www.rijksmuseum.nl/en/collection/NG-NM-1106

を禁じたほどであった（Kreiner 2005: 12）。それまで、キモノはヨーロッパで正式な室内着として用いられていたが、この時期の大学では室外でも着用されたのである。

クライナーは一つの興味深いエピソードを紹介している。それは、かのモーツァルトのオペラ『魔笛』（初演は一七九一年）の台本には、第一幕第一場に次のように書かれていることである。「タミーノは大きな蛇に追いかけられて右側の岩を越えながら舞台に入ってくる。タミーノは、すばらしい、豪華な日本の狩りの着物（狩衣）を身につけている」（クライナー 二〇〇八：六二）。この「日本の狩りの着物（狩衣）」は、原語では japonisches Jagdkleid であり（同：六三）、モーツァルトの足跡や交友関係から、キモノ（ヤポンセ・ロッケンの類）と考えてよいのではないかという。

このように、日本の「伝統服」つまり「民族衣装」のキモノは、いわゆる「鎖国」時代にあっても交易を通じてヨーロッパに渡り、一八世紀後半には「ヨーロッパ化」されていったのである（Kreiner 2005: 12）。

一九世紀前半

近世の日欧交易に大きな役割を果たしたオランダ東インド会社は、一七九九年末をもって解散した。その頃のヨーロッパには一つの新しい動きがあった。それは人類学史上とても大切な出来事なのだが、欧米列強の世界進出に伴って非西洋世界との接触が頻繁になるにつれて、西洋人が世界各地で遭遇した「奇妙な」人間を理解するための学問が必要となったことである。この学問こそ民族学（ethnology）

に他ならない。民族学または民族誌学（ethnography）はまず一八世紀末のドイツ語圏に現れ、次第にヨーロッパ各国やアメリカへと広がった。たとえば、一八三九年にはパリ民族学会が、一八四二年にはアメリカ民族学会が、そして一八四三年にはロンドン民族学会が設立されている。ほぼ時を同じくして、欧米の主要都市には民族学博物館が創設された。学説史上、民族学と文化人類学は区別されるが、現在では基本的に同じ分野だと考えてよい。

この時代に日本との関係で決定的に重要な人物は、一八二〇年代に長崎出島のオランダ商館で医師として務めるかたわら、日本の文物を数多く収集したフィリップ・フランツ・フォン・シーボルト（Philipp Franz von Siebold）である。あまり知られていないが、ライデンにある世界最古の民族学博物館（旧称 Rijksmuseum voor Volkenkunde 現在は Wereldmuseum Leiden）はシーボルトを創設者としており、彼の日本コレクションを購入した一八三七年を開館年としている。つまり、日本は欧米の民族学博物館で最初に展示された異文化の一つだったのである。今日、シーボルトの日本コレクションの多くは、同博物館のそばにあるシーボルトハウス（Sieboldhuis）に収蔵・展示されている。その開館は二〇〇五年で、建物は一時期シーボルトが住んでいた館を改装したものである。

私が同館を訪れたのは二〇〇六年であった。開館翌年ということもあって館内は閑散としていたが、まず目を引いたのは当時の日本地図である。周知のように、一八二八年、シーボルトは国禁を破って日本の地図を国外に持ち出そうとした。その結果、多くの関係者が囚われ（シーボルト事件）、彼自身も国外追放の身となった。次に目を引いたのは、多数の押し花状の植物サンプル、ホルマリン漬けの小生物、シーボルトが連れて帰った「サクラ」という名の日本犬の剥製など、当時の動植物である。サクラはヨーロッパに渡った最古の素性の知られた日本犬と言われる（長崎市立博物館 二〇〇〇：一二七）。シーボルトの自然科学者としての業績は、『日本植物誌』（原著一八三五〜一八四一年）と『日本動物誌』（原著一八三三〜一八五〇年）に結実した。

私が訪問したときには、展示室の要所に当時の日本の絵が飾られていた。何気ない配置のように見えたが、後日、その多くは長崎の町絵師・川原慶賀（一七八六〜一八六〇）の筆によるものと判明した。川原はシーボルトの「お抱え」で、彼の作品はオランダのみならず他のヨーロッパ諸国にも伝わった。川原が描いた一〇九人の人物画のうち、一八点はシーボルトの大著『日本』（原著一八三二〜一八五八年）に掲載され、「欧米における『鎖国下の知られざる日本および日本人』のイメージを形成した」（国立歴史民俗博物館 二〇一六：一四二、小林 二〇〇〇も参考）。その中には華麗なキモノを纏った花魁の絵もあり、今日では大英博物館（British Museum）のお土産にも用いられている（第七章を参照）。

特筆すべきは、当時の日常品を一堂に集めた展示室に、[12] 一枚の振袖が大きく展示されていたことである（写真2-3）。全体的に薄緑色で、裾に刺繍が施されているこのキモノは、さほど優美には見えなかったが、大きなスペースをあてがわれているので存在感があった。その下には幾多の大小の布や糸が置かれ、隣には版画と本がそれぞれ十数点展示されていた。版画のうち六点は浮世絵の美人画で、これも後日判明したことだが、四点が菊川英山（一七八七〜一八六七）、二点が渓斎英泉（一七九一〜一八四八）の筆によるものであった（写真2-4）。二人とも後世に名を残した浮世絵師である。シー

写真 2-3　シーボルトハウスに展示されたキモノ（2006 年、筆者撮影）

写真 2-4　キモノの横に展示された菊川英山筆の浮世絵版画（2006 年、筆者撮影）

ボルトハウスにおけるキモノと浮世絵の並列は今日的観点によるものだが、この並列展示そのものがヨーロッパにおける両者の密接な関係を表している。

ここで特筆すべきは、ジャポニスムの火付け役となった浮世絵は、一九世紀後半のフランスで熱狂を呼ぶ前にオランダに渡っていたという事実である。ヨーロッパにおける浮世絵熱には次のようなエピソードがある。一八五六年、フランス人版画家のフェリックス・ブラックモン（Félix Bracquemond）は、版元の家で中国から送られてきた陶磁器の箱の中に、葛飾北斎の『北斎漫画』が入っていたのを偶然見つけた。それをパリの画家連に見せたところ興奮の渦が巻き起こり、ジャポニスムの起爆剤となったという話である。多少脚色されているようだが、重要なことは、①シーボルトの日本コレクションには浮世絵、特に写真2-4のような美人画が含まれていて、それが日本人女性とキモノのイメージをヨーロッパで流布させたこと、②ブラックモンによる「浮世絵発見」の一九年前には、すでにライデン国立民族学博物館で『北斎漫画』が公開されていたという事実である[13]（Kreiner 2005: 15）。

一九世紀半ばから二〇世紀初頭（一）——万国博覧会

とはいえ、ヨーロッパにおける浮世絵熱の中心は、やはりパリであった。かつてルーヴル美術館近くの通りに、ユダヤ系のドソワ（Desoye）夫妻が一八六〇年頃に開いた「支那の小舟（Jonque Chinoise）」という東洋美術専門店があった。その傍には「支那の門（Porte Chinoise）」という店もあり、印象派の画家が足繁く通ったと言われる（Kreiner 2005: 15, 木々 二〇一五：一三四―一三六）。これらの店の常連で、作家兼コレクターだったエドモン・ド・ゴンクール（Edmond de Goncourt）は、多くの作品を共同執筆した弟の死後、日本人画商の林忠正の力を借りて、『歌麿（*Outamaro*）』（原著一八九一年）や『北斎（*Hokousai*）』（原著一八九六年）を著した（林忠正については註16を参照）。

クライナーによれば、浮世絵は西洋美術にもっとも大きな影響を与え、かつ本格的に取り入れられた唯一の日本芸術である（Kreiner 2005: 16）。そのことは、西洋の美術館・博物館の日本コレクションに浮世絵が占める数の多さからも明らかである。たとえば、ロンドンのヴィクトリア&アルバート博物館（Victoria and Albert Museum）はヨーロッパ最大の日本収蔵品を誇るが、二〇〇〇年代初頭の約四万二千点のうち、約二万八千点が浮世絵などの版画や本であった（Kreiner 2005: 16）。アムステルダム国立美術館（Rijksmuseum Amsterdam）も同様である（同館の収蔵品はネット上で検索できる）。皮肉にも、浮世絵が生まれた江戸時代の日本では、浮世絵は大衆向けの娯楽と見なされて、将軍家お抱えの狩野派の絵画とは評価に雲泥の差があった。ここでいう浮世絵とは、高位の武家や富裕層に向けた一点ものの肉筆浮世絵ではなく、大量生産できる版画のことだが、低い評価の理由として春画が多かったことが考えられる[14]。そのため、今日からすれば逸品の多くが海外に流れ、日本での展示は「里帰り展」となることが珍しくない[15]。

南蛮貿易以降のキモノの人気に鑑みれば、浮世絵に描かれた衣装に西洋人の眼が奪われたのは自然の成り行きであった。その多くは女性用であるから、キモノへの憧着にはオリエンタリズムにおける

図 2-4　1867 年パリ万国博覧会における３人の芸者。『ル・モンド・イラストレーター（*Le Monde illustré*）』1867 年９月 28 日号に掲載された

出所：フランス国立図書館、https://gallica.bnf.fr/ark:/12148/bpt6k6372746w/f5.image

女性化（feminization）が見て取れる。このことを端的に表しているのが一八六七年のパリ万国博覧会であった。万国博覧会（以下「万博」）は一八五一年にロンドンで初めて開催されてから今日に至るまで、開催国はもとより参加国が威信をかけて自国の伝統や産業を展示する場である。一八六七年四月から一一月までパリで開催された第四回万博は、当時としては最大級の国際的催しであった。特筆すべきは、このパリ万博の会場の一角に日本茶屋がつくられ、渡仏した三人の芸者が観客の前で日本の日常生活を再現したことである（図２‐４）。

一八六七年といえば明治維新の前年である。日本から同万博に出品したのは、徳川幕府、薩摩藩、佐賀藩、および江戸商人であった。第二次長州征伐（一八六六年）で苦戦を強いられた幕府は、フランス駐日公使レオン・ロッシュ（Léon Roches）の強い働きかけを受けて、次期将軍候補の徳川昭武をパリに派遣するなどして、国内外に自らの威信を示そうとした。寺本敬子『パリ万国博覧会とジャポニスムの誕生』（二〇一七年）によると、幕府の出品物の中には官服二点、『北斎漫画』など書籍九二点、浮世絵など図画一二四点が含まれていた（寺本 二〇一七：六三）。伊万里と有田を抱える佐賀藩の出品物は陶磁器が大部分を占め、薩摩藩は琉球産の砂糖なども出品した。国内で幕府と亀裂が生じていた薩摩藩は、開催中、単独行動をとることが多かったが、日本全体の出品物は会期の進行とともに評価が上がり、それが一八七〇年代のジャポニスムの契機になったという。寺本は次のように述べている。

この万博は、日本から工芸品や建築物など具体的な「もの」がかつてない規模で展示されたことによって、多くのフランスの人々が具体的な「日本」を認識する最初の機会となった。［中略］漠然としたアジア・イメージのなかに埋もれていた「日本」が、この一八六七年パリ万国博覧会を契機に「発見」されたともいえるだろう。（寺本 二〇一七：八九）

興味深いのは江戸商人の役割である。彼らの出品物の中には衣服が一〇八点、錦などの織物が一三〇点も含まれていた（寺本 二〇一七：六三）。対照的に、幕府の出品リストには官服を除いて衣服・織物はない。少なくとも記録には残っておらず、それは薩摩藩も佐賀藩も同じである。そうすると、キモノ（および反物）をパリ万博で紹介したのは江戸商人だということになる。だが、彼らの役割はそこにとどまらなかった。というのも、先述の日本茶屋を出品したのは江戸商人で、中でも清水卯三郎は江戸柳橋（現在のＪＲ浅草橋駅の東側付近）の芸者三人をパリに派遣した人物だったからである[16]（寺本二〇一七：六四―六五）。

三人の名は「さと（佐登）」「すみ（寿美）」「かね（加禰）」という。では、彼女たちが茶屋で何をしていたかというと、外から見えるようになっていた、いかにも日本風の部屋で、キセルを吹かしたり茶を飲みながら談笑したりというだけのことで、特に芸を披露することはなかったという。つまり、彼女たちは生身のまま「展示（display）」されたのである（寺本二〇一七：八〇―八三、東田二〇一五：一七七―一七八、深井二〇一七：四六―四九、馬渕二〇一七：二五一―二五三）。

当時の西洋人は浮世絵に描かれた日本人女性を見たことはあっても、日本に滞在した僅かな外交官や貿易商などを除けば、実際に彼女たちの姿を見たことはほぼ皆無だった。それだけに、「生きた人間」のインパクトは大きかったであろう。また、三人の身を包んでいたキモノの実物を多くの近代西洋人が見たのも、これがほぼ初めてだっただろうと言われる。その後、キモノはヨーロッパで大変な評判を呼び、万博終了後にはキモノ風のイメージがパリ・モードに現れ、反物や小袖を解いた生地から仕立てた女性用コートやドレスが流行した（深井二〇一七：一四一―一五二）。

その他にも、一八六七年のパリ万博には三つの注目点がある。第一は、鎧兜を身につけた武士が馬に乗った大きな模型（図２-５）が出品されたことである。寺本によると、フランスのジャーナリストが最初に注目したのは、キモノではなくこの武士の模型であった（寺本二〇一七：七九）。太平洋戦争直後、ベネディクトが『菊と刀――日本文化の型』（原著一九四六年）で指摘した日本人の二重性は、それを八〇年ほど遡る一八六七年のパリ万博で、すでに《ゲイシャ＝キモノ＝優美さ＝女性性》と《サムライ＝刀＝残忍さ＝男性性》という形で表されていたのである。そもそも、『菊と刀』のタイトルは出版直前の編集会議で決まったもので、ベネディクトはそれに合わせて最初と最後のほうを書き直したという（福井 一九九七：一六一、桑山 二〇〇八a：二三三―二三四）。ということは、西洋の出版界や言論界には、日本の皇室の象徴である菊の二律背反的なイメージが、少なくとも明治維新前後から存在していたということになる。

図2-5　1867年パリ万博に出品された武士の模型のイラスト。専門紙『1867年の万国博覧会（*L'Exposition universelle de 1867*）』6月8日号に掲載された

出所：寺本（2017：80）

第二は、西洋における日本と中国の捻じれた関係である。当時、中国（清朝）は欧米列強の侵略を受けて政情が不安定だったため、一八六七年のパリ万博を国際的なものにしたいというフランス側の招待を辞退した。そのため、万博の中国展示はフランスが中国のモノを収集して実現させたという（寺本 二〇一七：五三）。しかし、評判を呼んだ日本展示とは対照的に、中国展示は創意工夫や進歩がないという理由で散々の評価を受けた。ここにはヨーロッパにおける中国趣味（シノワズリー）から日本趣味（ジャポネズリー）へとい

写真 2-5　学術人類館で生身のまま「展示」された人びとの一部

出所：朝日新聞論座アーカイブ「喜劇　人類館」2021 年 2 月 16 日、https://webronza.asahi.com/politics/articles/2021020800011.html

う変化が見られる。また近代西洋において、日本と中国は、一方の評価が高ければ他方の評価は低いという「シーソーゲーム」を演じてきた（Johnson 1989: 12）ことにも留意したい。要は、まず《オクシデント＝西洋》対《オリエント＝東洋》という大きな括りがあり、その時々の国際情勢によって《オリエント＝東洋》が分節化（segmentation）されるのである。[17]

第三に、パリ万博の中国館では、生身の「巨人」と「小人」が日本の芸者同様に「展示」された（東田 二〇一五：一七八―一七九）。こうした人間展示はその後の万博でも続き、一九〇四年のセントルイス万博では、北海道から渡米したアイヌの集団が、他の先住民らとともに衆目に晒された。[18] 同様のことは帝国主義化しつつあった日本でも起きた。セントルイス万博開催の前年（一九〇三年）、大阪の天王寺で第五回内国勧業博覧会が開催された際に、「日本人類学の父」と言われる坪井正五郎（一八六三～一九一三）の発案で、「学術人類館」という場所で同様の人間展示があったのである（写真2-5）。展示された人びと（または展示予定だった人びと）は、アイヌ・アフリカ人・インド人・台湾人・中国人・朝鮮人・琉球人らであった。彼らはそれぞれの民族衣装を身につけていた。

一九世紀半ばから二〇世紀初頭（二）――文学と演劇

当時の西洋人のキモノに対する眼差しを考えるうえで、もう一つ重要なのは文学と演劇である。西洋におけるキモノのイメージの特徴は、それが魅惑的な（alluring）日本人女性と結び付くことにある（Milhaupt 2014: 141）。そうしたイメージを一九世紀末に決定づけたのが、フランスのピエール・ロティ（Pierre Loti）による『お菊さん（*Madame Chrysanthème*）』（原著一八八七年）であった。周知のように、この小説は海軍士官であったロティ（本名 Louis Marie-Julien Viaud）が、一八八五年、長崎駐在中に出会った芸者との関係を自叙伝風に描いたものである。

深井によれば、『お菊さん』には「キモノ」という言葉こそ使われていないが、日本人女性の衣服について、「とりわけ彼女たちが着ているきもの（原文 robes）の多すぎるほどの緩やかさ」とか、「彼女たちの華奢な体は、このたっぷりとした服（原文 vêtements）の中に消えてしまっていた」という記述が見られた。そして、それは「身体のフォルムにできるだけ沿わせようとする私たち［西洋人］の服とはとても違う服装」と考えられていた。ここで確認すべきは、西洋人の眼にキモノは「緩やか」に映ったということと、当時コルセットで体を絞めつけていた西洋人女性にとって、キモノは衣服の快適性について再考を迫ったということである（深井 二〇一七：二〇七）。本書との関連で大切なのは、日本人女性の「緩やか」なキモノは西洋人男性には妖艶と映り、《キモノ＝エロチック》というイメージが生まれたことである。

西洋美術史家の馬渕明子は、『舞台の上のジャポニスム――演じられた幻想の〈日本女性〉』（二〇一七年）の中で、西洋人に日本という異文化を強く印象づけたのは、『お菊さん』の挿絵ではなかったかと述べている。挿絵家のルイージ・ロッシ（Luigi Rossi）に日本滞在の経験はなかったが、彼は坂本龍馬を撮影したことで知られる上野彦馬の写真館で、ロティがお兼（お菊さんのモデル）と撮った写真や、上野が販売していた日本の風俗写真を参考に描いたらしい（馬渕 二〇一七：一七六―一八二）。日本というエキゾチック（exotic）で、異国情緒あふれる東方の国への憧憬（longing）は、日本人女性と彼女たちを包んだキモノによって生まれたといって過言ではない。少なくとも、西洋人男性についてはそうであった。

このように、近代西洋人にとってのキモノは、エキゾチシズム（exoticism）とエロチシズム（eroticism）の双方を特徴とする衣装であった[19]。そのイメージは、芸者を主題とする第四章で詳述するように、今日に至るまで基本的に変わっていない。『お菊さん』は後にオペラ化され、日本を含めて世界的に上演されたジャコモ・プッチーニ（Giacomo Puccini）のオペラ『蝶々夫人』（一九〇四年にイタリアのミラノで初演）に影響を与えたと言われる。

おそらく、識者の間でいまだに語り継がれている日本の演劇は、五千万人以上の入場者を集めた一九〇〇年開催の第五回パリ万博において、川上音二郎一座が公演した『芸者と武士（*La Ghésha et* le Chevalier)』であろう。[20] 芸者の役を演じたのは音二郎の妻の貞奴で、それ以前、彼女は江戸の花街・芳町（現在の中央区人形町付近）で本物の芸者として座敷に上がっていた。『芸者と武士』は歌舞伎の『鞘当』と『道成寺』を組み合わせたもので、考案した音二郎自身が「日本人から見たらおかしなもんだが」とか、「外人に見せるための興行であった」と述懐しており（井上 二〇一七：七二、七四）、物語そのものに重きはなかった。しかし、キモノ姿の貞奴（写真2-6）、それもいかにも西洋人が想像しそうな妖艶な東洋人の装いをした彼女の演技は、万博会場の一角に設けられた客席二〇〇あまりの劇場を満杯にし、一大センセーションを巻き起こした。

写真 2-6　フランスの演劇雑誌『ル・テアトル（*Le Théâtre*）』1900 年 10 月号の表紙を飾った川上貞奴
出所：Alchetron, The Free Social Encyclopedia, https://alchetron.com/Sada-Yacco

　この劇場を仕切っていたのがアメリカ人のロイ・フラー（Loie Fuller）であった。彼女はモダン・ダンスの先駆けであったばかりでなく、演出・照明・衣装にも革新をもたらした。川上一座とフラーの関係を論じた井上さつきによると、『芸者と武士』やその他三点の演目――『袈裟』『児島高徳』『左甚五郎』――の成功の一端は、時代を先取りした照明技術や、『芸者と武士』の後に演じられたフラー自身の大胆な踊りにあったという（井上 二〇一七：七七、八二）。つまり、西洋における演劇上の先進性が、日本の「伝統」を演じた貞奴の舞台を支えていたのである。

　一九〇〇年の第五回パリ万博を皮切りに、欧米各地で披露された貞奴の演技は、一般観衆はもとより多くの舞台関係者を虜にした。その一人が、フラーとともにモダン・ダンスの先駆けと言われたアメリカのルース・セント・デニス（Ruth St. Denis）である（写真2-7）。私生活でもキモノを好んだデニスは、次のような言葉を残している。

貞奴の演技は何年も私の脳裏を離れず、芸術における繊細で捕えどころのないものへの憧れで私の魂を満たしてくれた。それは芸術家としての私の野心の的となった。私は貞奴から驚異（astonishing）と喚起（evoking）という言葉の違いを初めて教わったのである。（Milhaupt 2014: 168 筆者訳）

川上一座の後に大活躍した「花子」という元芸者の女優（本名は太田ひさ）も、欧米における《魅惑的な日本人女性》と《キモノ＝妖艶》という連想を定着させた人物の一人である。根岸理子によれば、彫刻家のオーギュスト・ロダン（Auguste Rodin）は花子に惚れ込み、彼女をモデルにした作品を五三点もつくった。花子をヒロインとする劇を書き下ろしたのは先述のフラーで、特に『小さな日本の娘（*A Little Japanese Girl*）』は大当たりした。多くの注目を集めたのは花子の「ハラキリ」の場面で、死ぬ瞬間に彼女が見せた歌舞伎の見栄のような目使いに、観客は固唾を呑んだという（根岸二〇一七：九二―九七）。この場面は日本ではありえない形で演じられたが、花子は西洋人が想像／創造したゲイシャとサムライの両方を同時に体現したと言えよう。

武士の切腹は、イギリスの外交官アルジャーノン・フリーマン・ミットフォード（Algernon

Freeman-Mitford）が、『昔の日本の物語』（*Tales of Old Japan*）』（原著一八七一年）の中で、一八六八年に起きた神戸事件の結末として克明に描いていた。[21] だが、読者にはあくまで活字で伝わっただけで、切腹を実際に見た西洋人はほぼ皆無であった。そのため、たとえ舞台上の出来事であっても、日本の役者それも女性が切腹をして見せたことの衝撃は大きかった。

川上一座の『芸者と武士』に次いで多く演じられた『袈裟』にも、フラーの演出による音二郎の切腹シーンがあった。この事実に鑑みると、演劇が近代西洋における日本のイメージ形成に果たした役割は大きい。ちなみに、武士のイメージを国際的に広めた新渡戸稲造『武士道（*Bushido: The Soul of Japan*）』（原著一九〇〇年）には、切腹のシーンが描かれている。新渡戸自身は切腹を見たことがなかったので、ミットフォードの著作に依拠したのである。『武士道』が刊行されたのが、音二郎や貞奴が旋風を巻き起こした第五回パリ万博と同じ年であったことは、海外から見た日本の歴史の一部として記憶されてよい。

だが、欧米におけるジャポニスムは、二〇世紀に入ると影が見え始め、その後は急速に衰退していった。[22] それはよく指摘されるように、日清戦争（一八九四〜

写真 2-7　和傘を手に打掛らしきキモノ姿で踊るルース・セント・デニス
出所：Kourlas（2018）

写真2-8　ジョン・W・ダワー（John W. Dower）の2000年度ピュリッツァー賞受賞作『敗戦を抱きしめて――第二次大戦後の日本人（*Embracing Defeat: Japan in the Wake of World War II*）』に掲載された占領期の写真（Dower 1999: 137）。以下は著者自身によるキャプションである。「征服者の目に映った敗戦国日本のエロチック化（eroticization）はほぼ瞬時にして起きた。それは戦後の米日関係を彩る男性性―女性性（masculine and feminine）という、想定された役割の複雑な交錯を生み出した」（Dower 1999: 137 筆者訳）
出所：Dower（1999: 137）

一八九五年）、日露戦争（一九〇四～一九〇五年）を経て、日本が軍拡路線を走り始めたことに起因する。つまり、国際政治における日本の振る舞いが欧米諸国の警戒を呼び、それが日本への憧憬を失わせたのである。当時の日本について、「愛すべきエキゾティックで遅れた国であることをやめ、危険に満ちた狡猾な国へと変貌していく」（馬渕二〇一七：二二二）と評した馬渕は、次のように総括している。

つまり約五〇年間のジャポニスムの時代とは、遠い未知の、か弱いが魅力に富んだ発展途上国へのまなざしが生み出したもので、日本が与えてくれる夢のようなエキゾティスムに浸っているうちが花であって、軍国主義的な強面の国となってしまえば、百年の恋も興ざめというわけである。ジェンダー的に言えば、魅力的な女性的文化だと思っていたものが、戦闘的男性性をむき出しにしてきた、ということだろうか。

（馬渕 二〇一七：二六三）

ここにはベネディクトのいう「菊」から「刀」への変貌が見られる。欧米にとって日本が再び「菊」となるのは、それから半世紀の時を経た太平洋戦争での無条件降伏後のことであった。この点については後に改めて検討するが、日本人女性に群がる占領期のアメリカ兵の姿（写真2 - 8）が露骨に表していているように、「菊」はキモノに包まれていたのである。

註

1 マイケル・クーパー（Michael Cooper）編『彼らは日本に来た――ヨーロッパ人の日本報告選集 一五四三〜一六四〇年（*They Came to Japan: An Anthology of European Reports on Japan, 1543-1640*）』からの抜粋による（Cooper 1965: 205）。なお、『日本教会史』には複数の伝本がある。詳細は日本語版の冒頭にある「解説」を参照。

2 岩波書店刊行の「大航海時代叢書Ⅺ」に収録された『日本王国記』には、次のように訳出されている。「キモノ Quimon を着るには右の部分をからだに重ね、そのうえへ左の部分をかさね、それから帯 Umbi と呼ぶもので巻きつけるが、男たちのものは長さ八パルモの丸い絹か木綿の紐で、これをできるかぎりぐるぐる巻きつけて、腰骨のところで結ぶ。婦人用のものは、同じ長さだが、馬の腹帯か鞅くらい幅広である。あるものは薄織、あるものは無地の琥珀織、あるものはびろうどで、金糸入りのもの、縫いとりしてあるものなど、好きずきである。女はゆるく二た巻きするだけで、それを左側か前で、二重結びにする」（アビラ・ヒロン一九六五：七一―七二）。

3　クライナーの専門は人類学・民族学・民俗学である。長年にわたる優れた功績に対して、二〇二二年、第四回日本研究国際賞（人間文化研究機構主催、クラレ財団協力）が贈られた。

4　表２‐１の館数には施設の規模が示されていないので、首都圏の大博物館も地方の小博物館も数字上の区別はない。表２‐２の収蔵品に関しては、正確な数が記載されている国もあれば、概数しか記載されていない国もある。さらに、数え方の違いもあるので（たとえば刀を一点と数えるのか、または刃・鍔・鞘などの部分を別々に数えるのか）、両表とも一貫した統計上の基準はない。それでも、おおよその傾向は知ることができる。

5　表２‐１のチェコ共和国の数字には、旧王侯貴族の城や邸宅が含まれているようなので、他国と同じ基準で比較できない。ただ、一九九〇年代に江戸東京博物館が行った調査でも、チェコ共和国における日本関係の収蔵品数は、調査対象のヨーロッパ三三か国中もっとも多かった（総収蔵品数一〇万二六四八点のうち二万五四三八点）。この統計は同博物館刊行の『ヨーロッパにおける日本収蔵品に関する報告書（*A Report on Japanese Materials in Europe*）』（一九九七年）による（Kreiner 2005: 41）。

6　第一次世界大戦の契機となったサラエボ事件（一九一四年）で暗殺されたフランツ・フェルディナント（Franz Ferdinand）大公は、オーストリア出身の皇位継承者で、一八九三年の来日を機に日本の伝統芸術に魅了されたと言われる。彼はチェコ人と結婚してプラハ近郊の城を住居とした。

7　次男のリヒャルト（日本名は青山栄次郎）は、長期にわたるアメリカ滞在後に汎ヨーロッパ主義を掲げ、今日のＥＵへの道を開いたことで知られる。彼は一九六七年に昭和天皇と謁見し、勲一等瑞宝章を授与された。また、三男のゲロルフは名門カレル大学（一三四八年創立で、別名プラハ大学）で日本学を講じ、一九三〇年代末にチェコ初の日本協会の設立に関わった。

8　現在のナープルステク博物館における日本収蔵品のうち、約八千点はかつてホロウハの個人コレクションであった（Honcoopová 2005: 183）。

9 文倉常長の肖像画（図2‐3）には「室町時代の能装束」という説明文がある。だが、専門家によるとそれは誤りで、せいぜい能装束を作り直したものではないかとのことである（クライナー二〇〇八：七二）。

10 ヤポンセ・ロッケンについては、深井晃子『きものとジャポニスム――西洋の眼が見た日本の美意識』に詳しい説明がある（深井二〇一七：二四―三四）。

11 クライナーはケンペル個人が五三着のキモノを受け取ったと述べているが（Kreiner 2005: 11）、どの史料に依拠しているかは不明である。

12 順不同に以下のようなものが展示されていた。貨幣、仏具、家財道具、金属製品、編物細工、化粧用具、医療器具、喫煙具、食器、陶磁器、漆器、掛け軸、版画、本、木工細工、玩具、模型、楽器、武具、着物、布、糸など。

13 二〇〇六年三月、私がライデン国立民族学博物館を訪れたとき、日本展示の入口にはアイヌの衣装が人目を引くように置いてあった。案内してくれた同館の学芸員ケン・フォス（Ken Vos）氏によると、この配置は「意図的」とのことであった。日本には和人の他にアイヌの文化もあるというメッセージである。

14 ただし、狩野派の絵師が春画と無縁であったわけではない。早川聞多によれば、一七二一（享保六）年刊行の狩野派の絵手本『画筌』には、春画用に「男根・女陰・陰毛・精液」の描き方が説明されていた。当時、春画は性教育の一環として使われ、嫁入り道具の一つでもあった。また、春画には呪術的／宗教的側面があり、大名や旗本は甲冑に春画を入れる習慣もあったと言われる。そのため、高位の武家は狩野派の絵師に春画を個別に注文したのである（早川二〇一五：四二―四三）。こうした一点ものの作品は「肉筆春画」と呼ばれ、庶民の間で大量に出回った版画とは区別されている。

15 同じことは、明治初期の廃仏毀釈の際に、多くの逸品が海外に流れた仏教美術や、シーボルトや大森貝塚を発見したエドワード・モース（Edward Morse）らが、滞日中に収集した当時の日本の日常品にも言える。これらの事実が示唆しているのは、文化遺産を守るのは必ずしもそれを生み出した人びとではないということだ。

16 万博での日本展示をはじめ、海外における日本の美術品・工芸品の紹介に、商人は大きな役割を果たした。明治新政府が威信をかけて参加した一八七三年ウィーン万博の翌年には、半官半民の起立工商会社——起立は「きりゅう」と読む——が設立され、日本の貿易会社の礎となった。同社の副社長に就任したのは若井兼三郎で、彼は一八六七年のパリ万博で佐賀藩の団長を務めた佐野常民の親族であった。その若井は、起立工商会社のパリ支店が一八七八年に開設された際、まだ二五歳だった林忠正を社員に迎えた。林は美術商のジークフリート・ビング（Siegfried Bing）とともに日本美術の普及に努め、二人は「一九世紀後半以降、ヨーロッパにおける日本および日本文化のイメージ形成に、誰よりも大きな影響力をもつに至った」（Kreiner 2005: 22 筆者訳）。興味深いことに、ヨーロッパの日本美術コレクターや美術商にはユダヤ系が多く、ビングもその一人であった。馬渕明子は、ジャポニスムがヨーロッパ各地に広がったのは、国境を越えたユダヤ人ネットワークが一因ではないかと推察している（馬渕 二〇一七：一〇四）。同じくユダヤ系だった人類学者のクロード・レヴィ＝ストロース（Claude Lévi-Strauss）は、家族や親族の影響で幼少の頃からモノを含む日本文化に親しんでいたと述懐しているが、こうした事情も関係しているかもしれない。

17 人類学でこうした「分節化」を社会構成原理として取り上げたのは、イギリスのE・E・エヴァンズ・プリチャード（E. E. Evans-Pritchard）である。詳細は『新版ヌアー族——ナイル系一民族の生業形態と政治制度の調査記録』（原著一九四〇年）を参照。

18 第一章で触れた『文化批判としての人類学』の表紙を飾ったフィリピン先住民の若い男性は、このセントルイス万博で「展示」された人物であった。

19 この韻を踏んだ exotic-erotic という表現は、後述のテリー・サツキ・ミルハウプト（Terry Satsuki

Milhaupt）の『キモノ――ひとつの近代史（*Kimono: A Modern History*）』（二〇一四年）の第四章「西洋に渡ったキモノの理念（The Kimono Ideal Migrates West）」による。なお、プッチーニのオペラ『蝶々夫人』がアメリカの片田舎でも観客を魅了したのは、その「エキゾチックなエロティシズム」によるところが大きいと言われる（森 二〇一七：一三九）。キモノが欧米で醸し出すexotic-eroticな連想は、二〇世紀初頭から今日まであまり変わっていない。

20 会期は一九〇〇年四月一五日から一一月一二日まで（二一二日間）で、出品者数は約八万三千点、入場者数は約五〇八六万人であった。これは、一八五一年にロンドンで初めて開催された万博から、一九三七年に再びパリで開催された万博の中で最大級であった（寺本 二〇一七：七）。

21 一八六八（慶応四）年一月、現在の神戸元町から東に五分ほど歩いたところにある三宮神社付近で、備前藩の武士が隊列を横切ったフランス兵らに対して発砲して負傷させた事件。明治新政府にとって初めての外交問題となったが、政府は責任者の滝善三郎を切腹させて解決を図った。ミットフォードらの西洋諸国の政府関係者は、切腹の場に立ち会ったのである。

22 ジャポニスムの衰退時期は分野によって異なる。美術では二〇世紀に入ると陰りが見え始めたが、演劇ではその頃から最盛期を迎えた。事実、花子が渡欧したのは彼女が三四歳のときの一九〇二（明治三五）年で、その年には川上一座がパリ万博での大成功を受けてヨーロッパを巡業していた。花子が約二〇年にわたる演劇活動を終えて日本に帰国したのは、一九二一（大正一〇）年のことである（詳細は根岸［二〇一七］を参照）。ジャポニスムに限らず、異文化の受容はそこに身体性が伴うかどうかによって違いが生じる。概して、美術品・工芸品のように物質性（materiality）が高いモノは受容されやすいが、演劇のように身体性（body: embodiment）を伴うものは感情が喚起されるので、時として強い抵抗感を引き起こす。

第三章　ジャポニスムの痕跡とキモノ

――西ヨーロッパの街並みから

欧米におけるジャポニスムの隆盛からすでに一世紀以上の時が流れた。しかし、今日かの地を自分の足で歩いてみると、それが決して過去のものではないことを実感する。特に西ヨーロッパでは、浮世絵を通じて受容された「日本」が、彼らの日常風景の一部となっている感さえ抱く。以下、きわめて個人的なヨーロッパ散策に基づいて、こうした風景の一端を紹介したい。散策の時期は主に二〇〇〇年代半ばからの十数年間である。

1　オペラ座界隈の歌舞伎役者たち

パリのオペラ座（ガルニエ宮）からさほど遠くないサン＝タンヌ通り（Rue Sainte Anne）に、「パリのリトル東京」と言われる場所がある。そこに、かつて「東京ラーメン」という店があって、窓飾りの歌舞伎絵風のイラスト（写真3‐1）が、通りすがりの人の目を引いた。特定の作品をなぞったものではないが、いかにも日本を思わせる装飾である。日本でラーメンと歌舞伎が結び付くことはまずないので、これはフランス人の心の中にある日本の表出と言えよう。当然、店としては売り上げを伸ばすために、日本の芸術的伝統を流用した、つまり意図的に「見せた」のである。

オランダの首都アムステルダムには、『アンネの日記』（原著一九四七年）の主人公アンネ・フラン

写真 3-1　パリの街角で見かけた歌舞伎絵風の装飾（2005 年、筆者撮影）

写真 3-2　アムステルダムにある博物館「アンネ・フランクの家」のそばで見かけた浮世絵風の看板（2006 年、筆者撮影）

ク（Anne Frank）が、第二次世界大戦中にナチスの迫害を逃れて身を潜めていた建物が残されている。戦後は博物館（Anne Frank Huis）として公開され、ダークツーリズムの史跡となっている。同博物館はウェステルマルクト（Westermarkt）という路面電車の停留所のそばにあるが、路線沿いのキオスクの背面に描かれた二枚の看板の絵（写真3 - 2）に私は目を奪われた。

左は明らかに葛飾北斎の「神奈川沖浪裏」で、海外では「北斎の大波（Hokusai's Great Wave）」の名で親しまれている。右はおそらく喜多川歌麿の美人画を模したものであろう。歌麿も北斎と負けず劣らず人気がある。アムステルダムの街中で北斎や歌麿に出くわすとは思ってもみなかったが、第二章で述べたように、オランダには浮世絵がフランスより早く伝わっており、一九世紀後半には浮世絵に魅せられた有名な画家がいたので、この光景はまったくの偶然ではなかったかもしれない。

その画家とはフィンセント・ファン・ゴッホ（Vincent van Gogh）である。今日、彼の作品の多くはアムステルダムのファン・ゴッホ美術館（Van Gogh Museum）に所蔵・展示されている。日蘭文化交流史上、注目されるのは渓斎英泉「雲龍打掛の花魁」、歌川広重「大はしあたけの夕立」、同「亀戸梅屋敷」の模写である。[1] キモノとの関連では、何と言っても英泉の模写（図3 - 1）が目を引く。花魁の向きが原画とは逆だが、鮮やかな色使いがゴッホに特徴的である。彼が画枠として描き加えた池の鶴（grue）とカエル（grenouille）は、共にフランス語で「売春婦」を意味する隠語であった。

二〇〇六年に私が同美術館を訪れたとき、展示されていた浮世絵の模写は、この英泉の花魁と広重の二枚のうち一枚であったと記憶している。つまり、数的には展示全体のほんの僅かに過ぎなかった。

図 3-1　ゴッホによる渓斎英泉筆「雲龍打掛の花魁」の模写の絵葉書（筆者所蔵）

写真 3-3　アムステルダムのファン・ゴッホ美術館のギフトショップに「展示」された浮世絵の画集（2006 年、筆者撮影）

しかし、それは描かれた日本人女性とキモノの存在の薄さを意味しない。むしろ事実はまったく逆であった。なぜなら、ファン・ゴッホ美術館のギフトショップには、浮世絵（特に美人画）を扱った日本の画集や解説本が溢れていたからである。しかも、それらはショップの中央に平積みされていたり、表紙が見えるように立て掛けられていたりした（写真3-3）。

美術館や博物館を訪れた観客は、ギフトショップで予想以上に多くの時間とお金を費やす。また、販売されている商品もちょっとした芸術品であることが多い。つまり、ギフトショップそのものが実は展示場であって、そこで売られているモノはお土産として持ち帰られ、長く自宅に飾られて家族の記憶の一部となったり、訪問客には文字通り「みやげ話」として披露されたりする。その意味で、ギフトショップのお土産には、実際に展示されている作品に勝るとも劣らないインパクトがあると言えよう。この点については、第七章で詳しく述べる。

次に、写真3-4は、ドイツのケルン大聖堂の正面広場に面したレストランで偶然見つけたキモノ姿の女性の絵である。この縦一メートルほどの二枚の絵は、トイレに行く通路の壁に掛けられていた。創作なのか模写なのかは不明だが浮世絵の美人画風である。これだけでも日本人観光客には奇異な印象を与えるが、さらに私を驚かせたのは、男性用トイレの壁に掛けられていた歌舞伎絵（写真3-5）であった。もしこれが海外の日本食レストランであったら、一種の遊び心と解せなくもなかっただろう。だが、メニューも雰囲気も日本とはいっさい関係ない、しかも世界最大のゴシック建築と言われ、世界遺産にも登録されているケルン大聖堂前のレストランでの出来事となると、呆気にとられたと言うしかなかった。

写真 3-4　ケルン大聖堂の正面前にあるレストランで見かけた美人画風の絵

写真 3-5　同レストランの男性用トイレに飾られていた歌舞伎絵（本頁の写真はすべて2017 年、筆者撮影）

2 街角で見つけたジャポニスム

さらに大聖堂周辺を散策してみると、興味深いものをいくつか発見した。一つは本屋に置かれていたキモノ姿の女性をデザインしたバッグ（写真3‐6）である。もう一つはピローヌ（Pylones）というフランスの人気デザイン雑貨店で見つけた、キモノを着た三頭身の少女と桜の花を描いたヘアブラシ（写真3‐7）である。この雑貨店には、中国清朝の服装をした「人形」も置いてあって、その透明プラスチックの箱にはSamurai（サムライ）と書かれていた（写真3‐8）。最初は日本と中国の差がつかないのだろうと思ったが、写真に写っていたドイツ語（Gemüseschäler）を頼りに調べてみると、これは台所用ナイフのブランド名であることが分かった。「人形」は真中で上下に別れ、片方に野菜の皮をむく刃が付いている。どうやら、その刃が日本刀のようによく切れるということでSamuraiと命名されたらしい。[2] 想像力を逞しくすれば、この「人形」はキモノ姿の女の子のヘアーブラシと対になって、一八六七年のパリ万博に遡る《菊＝ゲイシャ》と《刀＝サムライ》という日本人のイメージを、現代的に可愛く表現したものと言えそうである。

これらの他にも、アジアの美術品や工芸品を扱った店のショーウィンドーに、武士の夫婦と思われる男女が正座している鋳物（写真3‐9）や焼き物が置かれていた。

写真 3-6　ケルン大聖堂界隈の本屋で見かけたバッグ。キモノ姿の黒髪の女性をデザインしている

写真 3-7　ケルン大聖堂界隈の雑貨屋で見かけたヘアブラシ。キモノ姿の女の子と桜の花が印象的である

写真 3-8　ケルン大聖堂界隈の雑貨屋で見かけた「侍(SAMURAI)」という商品名の台所用ナイフ

写真 3-9　ケルン大聖堂界隈のアートショップで見かけた鋳物。日本の武士階級の夫婦をモデルにしたと思われる（本頁の写真はすべて 2017 年、筆者撮影）

当初、私はこれらのモノに深い意味はないだろうと思っていたが、訪問後にケルンは日本や中国の芸術と縁が深いことが分かった。ケルンから十数キロ南に位置するブリュールには、世界遺産の「アウグストゥスブルク城と別邸ファルケンルスト」がある。この館をつくったのは、ケルン大司教で選帝侯を兼ねたクレメンス・アウグスト（Clemens August 一七〇〇～一七六一）であった。ヨーゼフ・クライナー（Josef Kreiner）によると、ファルケンルストは鷹狩りをするための離宮で、そこには「日本（漆）の間」という部屋があるという。その一角にクレメンス・アウグストの肖像画（図3-2）が飾られているが、彼が着ているガウン風の上衣は質感からして日本製のキモノではなく、第二章で触れたオランダ東インド会社がインドでつくらせたものと推測される（クライナー 二〇〇八：七五―七六）。

さて、写真3-10は、ベルギー第五の都市リエージュの中心部にあるスーパーで見かけたミカド（MIKADO）というお菓子である。日本の江崎グリコの人気商品ポッキーを、ヨーロッパではフランスのLUブランドでミカドとして販売しているのだ。名前の由来は、ポッキーが欧米で「ミカド」と呼ばれる竹籤を使った積木（pick-up-sticks）ゲームに似ているからだとされる。[3]

ジャポニスムとの関係で言うと、ミカドは一八八五年にロンドンで初演されたコミック・オペラ『ミカド（*The Mikado*）』を連想させる。このオペラの脚本には「日本的な要素」が意外に少なく、焦点は当時のイギリス社会の風刺にあったと言われる（森 二〇一七：一二二―一二三）。だが、初演の年にはナイツブリッジに日本村が設置されて大評判になっていたこともあって（詳細は倉田〔一九八三〕を

図 3-2　ジョセフ・ヴィヴィアン（Joseph Vivien）作「ティーカップを持つクレメンス・アウグスト」1723 年以前（?）。インド製と思しきヨーロッパ化したキモノを着ている
出所：ドイツデジタル図書館、https://www.deutsche-digitale-bibliothek.de/item/HI63A6MOUBFBKYPBXIV3OV2KS6MXFYSG?query=Joseph+Vivien&lang=en

写真 3-10　ベルギーのリエージュ市で見かけた日本のお菓子ミカド（MIKADO）。この商品名はウィリアム・ギルバート脚本、アーサー・サリヴァン作曲の人気オペラ『ミカド（*The Mikado*）』（1885 年初演）を連想させる（2017 年、筆者撮影）

図 3-3　オペラ『ミカド（*The Mikado*）』の初演が行われたロンドンのサヴォイ劇場のプログラム。3 人の若い女性の絵は、第 4 章で取り上げる『ナショナル・ジオグラフィック』日本特集に掲載された写真「三人の学校帰りの小さなメイド（Three Little Maids from School）」の原型であろう
出所：吉田・ダランズ（2008：138）

参照）、同オペラは初日にエディンバラ公夫妻が観劇するなど、大いに注目された。日本政府は天皇のコミック化に不快感を示したが、その後も『ミカド』は欧米各地で上演され続け、今日では「ミカド」の名を冠した改作がつくられている。これらのオペラの売りは、初演時のプログラム（図3‐3）から分かるように、登場人物が異国情緒たっぷりのキモノを着ていることにある。[4]

3 「日本」を演じる日本人

最後にイギリスでの一コマを紹介したい。一九九八年、私が短期間講師を務めたオックスフォード・ブルックス（Oxford Brookes）大学で、日本芸術祭（Japan Arts Day）が校内の由緒ある建物で催された。プログラムには駐英大使の祝辞が寄せられ、開会式にはロンドンから一等書記官が訪れて、オープニングスピーチを行った。参加者は報道関係者を含めて一〇〇人ほどだった。当日紹介されたのは、弓道（写真3‐11）、茶の湯（写真3‐12）、華道、書道、俳画、尺八などで、一等書記官がたまたま隣にいた私に漏らしたように、「日本文化が凝縮されている感じ」であった。実は、こうした行事にはそれなりの歴史があり、イギリスのジャパン・ソサイエティー（Japan Society）が一八九一年に設立された際、柔道について記念講演と実演が行われたことに端を発すると言われる（Harris 1997: 144）。

ここで茶の湯とキモノについて考えると、その特徴は海外でよく知られた日本のモノや日本人の行動、つまり外から見た日本／日本人の他者性（otherness）の指標と分かちがたく結び付いていることにある。写真3‐12が示すように、茶人とアシスタントの女性はキモノを着ていて、周囲には和傘、書、掛け軸、和家具、漆器、畳などが配置されている。それらは茶の湯と本質的関係にないが、外から見た日本文化を象徴するモノである。また、茶会で交わされるお辞儀は、西洋で漫画化されるほど日本人に特徴的だと思われている。つまり、茶の湯という非常に限られた時空に、国際的認知度の高い「日

写真3-11　オックスフォードで開催された「日本芸術祭」で披露された弓道の実演。袴をはいて弓を引いているのはイギリス人である。右端の建物はヘディントン・ヒル・ホール（Headington Hill Hall）である（1998年、筆者撮影）

写真3-12　同「日本芸術祭」で披露された茶の湯の実演。アシスタントの女性の艶やかなキモノ姿が目を引いた（1998年、筆者撮影）

本」が凝縮されているのである。

もちろん、茶の湯の実演となれば、状況は日本国内でも似たり寄ったりだろう。だが、日本ではそれが非日常的な特別な場だという認識があるのに対して、海外では脱文脈化した種々のモノが茶の湯と結び付いて、突如ワンセットで現れるのである。さらに、それらのモノは新たな意味や価値を海外で帯びて、独自の「日本」を創出する。西洋主導の近現代にあって、そのようにつくられた「日本」は日本人自身の日本像を凌駕することさえある。換言すれば、西洋産の日本像は、日本に関する国際的な言説空間（discursive space）で、ヘゲモニー（覇権）を獲得するのだ。このように、茶の湯と一緒に現れたモノの群は単なる結び付きではなく、カルチュラル・スタディズで言うところの「節合（articulation）」の様相を呈している。[5]

さらに注意すべきは、海外の文化フェスティバルで日本人が披露する「日本」は、現地の人びとの眼を意識したものが多いということである。理由は、異文化の人びとに「見られる」ことを承知で自文化を「見せている」からで、他者が期待している自己を巧みに演じていると言ってよい。[6] その点で両者は「共犯」関係にある。ただ、何が自分に期待されているかは相手の心が読めないと分からないので、「見せる側」は「見る側」の文化に通じていなければならない。オックスフォードの日本芸術祭に出演した日本人のほとんどがイギリス在住者で、中には現地の人と結婚している者が複数いたという事実は、このことをよく物語っている。

最後に、他者がエキゾチックな存在として浮かび上がるのは、それを伝える媒体（メディア）が写真であれ実演であれ、彼らの衣装（dress）と儀礼（ritual）に注目が集まったときである（Lutz and Collins 1993: 145-146）。海外で茶の湯が「日本」を強く感じさせるのは、茶を飲むという一見日常的な行為が高度に儀礼化され、そこに集う人びとが艶やかなキモノに身を包んだ女性だからに他ならない。[7]

註

1　これらの作品はゴッホのパリ時代に描かれたものである。ゴッホは四三〇点を超える浮世絵版画を所有していたが（歌川国貞を一六五枚、歌川国芳を五五枚、歌川広重を四七枚など）、模写した「大はしあたけの夕立」と「亀戸梅屋敷」も彼の所有物であった（大森 二〇〇一：一九三）。

2　日本製ナイフの鋭い切れ味は海外でも評判である。それは楽器演奏にも当てはまる。たとえば、オーボエを演奏するためにはリードを削らなければならないが、東京新宿のダブルリード木管楽器専門店によると、来店した外国人演奏者は日本製のナイフを漁るように買っていくという。東京国立博物館の日本刀展示に多くの外国人訪問者が釘付けになるのも、日本といえば「サムライと刀」のイメージが強いからだろう。

3　語源を記した『メリアム・ウェブスター（*Merriam-Webster*）』インターネット版によると、「天皇」を意味するmikadoが英語の語彙に加わったのは一七二七年である。この年にはエンゲルベルト・ケンペル（Engelbert Kaempfer）の『日本誌（*The History of Japan*）』が刊行され、同書にはmikadoに何回も言及があることから、ケンペル経由で入ったと考えてよい。

　その他にも以下の言葉が同じ年に英語に加えられた。adzuki（あづき）、daimyo（大名）、kana（仮名）、katakana（片仮名）、koi（鯉）、samurai（侍）、satori（悟り）、Shingon（真言）、shinto（神道）、shogun（将

軍）、shoyu（醤油）、torii（鳥居）、zen（禅）。このうち、daimyo, samurai, Shingon Shinto, shogun, torii, zen は、『日本誌』の二つの異なる版の索引を調べたところ、同書で言及されたことが確認できた。「二つの異なる版」とは、*The History of Japan: Together with a Description of the Kingdom of Siam*（New York: Macmillan Company, 1906）と *Kaempfer's Japan: Tokugawa Culture Observed*（Honolulu: University of Hawaiʻi Press, 1999）である。

4 当時の日本の言論界では、オペラ『ミカド』に対する批判が噴出した。日本を茶化した印象を与えたからだが、その他の理由として、「このころすでに国辱ものとして［日本本国の］新聞紙上で槍玉にあがっていた［ナイツブリッジの日本村にいた］『下賤』の人々が、『ミカド』の演技指導をした」ことが掲げられる（倉田一九八三：一五〇）。なお、初演のキャストの舞台姿の写真と、それ以降の舞台に使われた衣裳のデッサンは、ヴィクトリア&アルバート博物館に保存されている。同博物館のデータベースはネット上で閲覧可能である。

5 カルチュラル・スタディズにおける節合概念は、アントニオ・グラムシ（Antonio Gramsci）の覇権論に部分的に由来する（Slack 1996）。『アメリカ雑誌に映る〈日本人〉——オリエンタリズムへのメディア論的接近』（二〇〇八年）の著者・小暮修三が指摘したように、キモノは本来それとは本質的に関係のないモノ、たとえば日本の「花」や日本人の「心」と節合して、新たな意味や価値を海外で創出してきた。その一例が、日本人女性は花のようにおしとやかだが、芯は強いという「フィクション」である。小暮によれば、このフィクションの背後には日本人女性に対する「西洋人男性の幻想」があり、それはジョン・ルーサー・ロング（John Luther Long）の短編小説『蝶々夫人（*Madame Butterfly*）』（原作一八九八年）以来のものである（小暮二〇〇八：五三）。

6 一九九〇年代初頭、私が住んでいたアメリカのヴァージニア州リッチモンド市で、国際子どもフェスティバルが開催された。同市の日本人補習校に対して、この行事で「日本的な遊び」を披露してほしいという要請があり、父兄会はとりあえず承諾した。だが、問題は何が日本的なのか、つまり日本の子どもの遊びを他の国や地域のそれと区別するものは何なのかを、誰も分かっていないことにあった。熟慮の末、お手玉はどうかという結論になったが、ここで一つの問題にぶつかってしまった。父兄たち自身が若すぎて、お手玉の経験があまりなかったのである。そこで、苦肉の策として、父兄たちは日本から教則本を取り寄せて、まず自分たちがお手玉の作り方と遊び方を学び、それを子どもたちに教えて舞台に送り出したのである。しかし、子どもたちがうまく芸を披露できるはずもなく、会場は何となく白けた雰囲気になってしまった。この締まりのない一件の最大の「被害者」は、見たこともやったこともないお手玉という「日本の伝統」を、アメリカ人の前で演じさせられた補習校の子どもたちであった。皮肉にも、当時彼らの間で流行っていた遊びは世界的人気を博した任天堂のゲームボーイで、実はこれこそが日本の誇る子どもの遊びであった。しかし、それは国境を越えて無徴あるいは無標（unmarked）の域に入っていたので、外から見た日本の指標にはなりえなかったのである。

7 戦国時代という「男の時代」に千利休が確立した茶の湯が、第二次世界大戦後に「女のものとなった」経緯については、加藤恵津子『〈お茶〉はなぜ女のものになったか——茶道から見る戦後の家族』（二〇〇四年）に詳しい。

第四章

芸者とキモノ——異国性（exoticism）と官能性（eroticism）

テリー・サツキ・ミルハウプト（Terry Satsuki Milhaupt）著『キモノ――ひとつの近代史（*Kimono: A Modern History*）』（二〇一四年）は、英語圏初の本格的なキモノ研究として評価が高い（森二〇一九：三四）。ミルハウプトによれば、日本人女性のキモノは西洋人にとって「エキゾチック・ジャパン（exotic Japan）」の象徴であった。特に男性の間で、キモノは遊女と同一視された芸者と結び付いて、日本に対する性的な眼差しを生んだ[1]（Milhaupt 2014: 139-148）。本章では、近代西洋におけるキモノと芸者の「エキゾチックでエロチックな連想（exotic-erotic association）」（Milhaupt 2014: 145）を、写真と絵画を資料として読み解いていく。

1　芸者の表象――幕末・明治期

二〇〇四年、ボストンのピーボディ・エセックス博物館（Peabody Essex Museum）は、「芸者――白粉の笑みの向こうに（GEISHA: Beyond the Painted Smile）」と題して、芸者をテーマとする展示を行った。そのときのカタログに収録された秀逸な論文「最初の出会い―ステレオタイプの出現――一九世紀後半における西洋人と芸者（First Encounters - Emerging Stereotypes: Westerners and Geisha in the Late Nineteenth Century）」を執筆したのが、日本美術史家のアレン・ホクリィ（Allen Hockley）である。

ホクリィによると、西洋人が芸者の存在を知ったのは一八五〇年代のことで、出会いの場は外国人居留地とその界隈であった。もっとも、芸者は当時の旅行記や解説本で entertainer（芸妓）、dancer（踊り子）、singer（歌い手）などと呼ばれていて、geisha という言葉は使われていなかった。初出はウィリアム・グリフィス（William Griffis）の『明治日本体験記（*The Mikado's Empire*）』（原著一八七六年）だと言われる（Hockley 2004: 53-54）。グリフィスは一八七〇年末にアメリカから来日して、福井藩で理科を教えた人物であった。

その頃、芸者は明治政府による西洋人高官の接待の場に呼ばれたり、少なからぬ西洋人の現地妻として娶られたりしていた。そのことは、第二章で触れた『お菊さん』や『蝶々夫人』からも窺えるが、初代首相・伊藤博文の継妻の梅子が元芸者であったことは、日本には性的に厳格なヴィクトリア朝的道徳観に縛られた西洋とは違う男女関係があることを暗示していた。芸者の妖艶さは、イギリスから東京帝国大学教授に招かれたバジル・チェンバレン（Basil Chamberlain）の名著『日本事物誌（*Things Japanese: Being Notes on Various Subjects Connected with Japan*）』（初版一八九〇年）で、「詳述する必要はあるまい」と言われるほど広く知れ渡っていた[2]（Hockley 2004: 54）。

だが、西洋人一般に芸者、特に彼女たちの性的魅力をより直截的に知らしめたのは、こうした著作ではなく当時の最新技術である写真だった。幕末から明治初期の日本を撮った写真家として有名なのはフェリーチェ・ベアト（Felice Beato）である。イタリア生まれでイギリス国籍だったベアトは、アロー戦争の終結時（一八六〇年）、イギリスの従軍カメラマンとして中国に渡った。そこで彼は画家で

『イラストレイテド・ロンドン・ニュース（*The Illustrated London News*）』誌の報道記者チャールズ・ワーグマン（Charles Wirgman）と出会い、後に横浜に配属されたワーグマンの誘いで一八六三年に来日したのである。ベアトの滞日期間は二一年に及んだ。

ベアトに関する研究は一九五〇年代半ばから進み（斎藤 二〇〇六b：四―五）、近年では質の高い写真集や解説本が刊行されている（たとえば小沢・高橋 二〇一二、横浜開港資料館 二〇〇六a、二〇〇六b）。彼の写真は大別して二種類ある。一つは自然・神社仏閣・日本の街並みといった風景写真で、これが全体の半分から三分の二を占める。もう一つはスタジオで撮った人物写真で、当時のさまざまな身分や職業の日本人が被写体であった。芸者はこの人物写真の一つで、二五枚から五〇枚ほどの写真を組み合わせてつくったベアトのアルバムは、居留地の西洋人や日本を訪れた外国人観光客にとって格好のお土産になった。ホクリィによれば、「ベアトのアルバムは芸者を西洋に紹介するにあたって重要な役割を果たした」（Hockley 2004: 58 筆者訳）。

ただ、その中には一般女性に三味線をもたせて、芸者らしく撮ったような写真も含まれていた。写真４‐１はその典型で、次のような「解説シート」が付されていた。

楽団（Musical Party）　ここに示した三つの楽器はもっとも一般的に用いられるもので、その演奏の熟達は、単に一つの才芸というばかりでなく、**若い女性**が洗練された技芸をもつための教育の必須の一部とみなされている。「キオト」〔琴〕という大きな楽器は最良のものとみなされ、疑いなく最大の音域があり、どちらかといえば日本のより上層の社会で行動する人々に一般的に用いられる。「ビワ」〔琵琶〕（中央）はこの国で最古の楽器とみなされ、歴史の原初あるいは歌の原初の時代から用いられている。「サミシン」〔三味線〕はより広い人気のあるもので、本来下層階級の楽器である。

（横浜開港資料館 二〇〇六b：九二、太字筆者）

写真 4-1　ベアトが撮影した日本人女性。「楽団（Musical Party）」というタイトルが付けられていた
出所：横浜開港資料館（2006b：92）

上記「解説シート」とは、ベアトのアルバムに付された解説文のことで、斎藤多喜夫によると、日本に数年間駐在したイギリスの軍人ジェームズ・ウィリアム・マレー（James William Murray）が明治元年前後に書いたものである。それはチェンバレンらの著作に先立つもので、「当時日本が外国人によってどのように理解され、海外に紹介されていたかを知るための資料となりうる」（斎藤 二〇〇六a：九）。

注目すべきは、マレーが四人の被写体を単に「若い女性」と記したのに対して、ピーボディ・エセックス博物館の展示では、彼女たちが芸者と同列に見なされたことである。ホクリィは、髪型と服装から四人は一般女性だとしているが（Hockley 2004: 58）、先述のように、当時 geisha という言葉はまだあまり使われていなかった。逆に、明らかに芸者だと思われる被写体をマレーは単に「日本の女性」と記しており、[3] 言語と認識の両面で一般女性と芸者の区別は曖昧だったと言ってよい。ここに両者を同一視してきた西洋人の誤解の端緒が見て取れる。

この《日本人女性＝芸者＝キモノ》という連想は今日まで続いている。近年の英語圏人類学者による日本人女性の表象を批判的に検討した加藤恵津子は、次のように述べている。

「ゲイシャ」は、日本の開国以来、「日本人女性」ないし「異国的なる日本」のわかりやすい記号として、欧米諸国と日本政府の共同作業により、欧米で定着させられてきた「のである」。一九世紀半ば以降、欧米主要都市で数年おきに開催された万国博覧会に、明治維新以後の日本政府が、伝統工芸品や職人、アイヌ民族などとともに女性（当時の表記では「ゲイシャ・ガール」（geisha girls））を送ったこと、川上貞奴や「花子」と呼ばれる日本人女性が、ヨーロッパの万博や劇場で「ゲイシャ」として芝居や踊りを見せたこと、これにより彼女らの名を冠した着物型ドレスや酒などが流行したことは、よく知られている。この時点で「ゲイシャ」という語は「日本人女性」とほぼ同義であり、もはや彼女らが本職の芸者であるかどうか、現実の芸者がどのような人々かは問題にされない。（加藤 二〇一六：二一一―二一三）

こうした《日本人女性＝芸者》のイメージの流布に、ベアトのパートナーだったワーグマンが果たした役割も大きかった。彼がベアトの写真を参考に描いた挿絵は、幾度となく『イラストレイテド・ロンドン・ニュース』誌に掲載された。中でも有名なのは、一八七四年一月三日号に掲載された「日本の晩餐（A Japanese Dinner Party）」で、京都の料亭で西洋人高官を六人の芸者が接待している様子が描かれている（図４‐１）。左端の芸者が三味線に合わせて舞を披露している姿が印象的である。

ホクリィが取り上げたもう一人の写真家は、オーストリアのライムント・フォン・シュティルフリート（Raimund von Stillfried）男爵である。明治維新翌年の一八六九年に来日したシュティルフリートは、横浜でベアトに本格的な写真技術を学び、後に独立して自分のスタジオを開いた。ベアトが一八七七年にスタジオを閉めた際には、シュティルフリートが写真のネガを全部譲り受けたという。

放浪癖のあったシュティルフリートは、時として「問題児」であった。たとえば、一八七二年元日、明治天皇が横須賀造船所の開所式に行幸した際、彼は宮廷装束の天皇を盗撮して、その写真を販売しようとした。外交問題に発展することを恐れた当時のオーストリア＝ハンガリー帝国は、ネガとプリントを没収したと言われる。[4] キモノとの関連でいうと、シュティルフリートがスタジオで撮った芸者（および芸者に見せかけた一般の日本人女性）の多くがセミヌードで、キモノから乳房が露わに見えた写真が多かったという問題がある。当時の日本では、夏の暑い盛りに労働者階級や農家の女性がよく上半身裸で働いていたので、彼はその習慣につけこんだのである。[5]

図 4-1 『イラストレイテド・ロンドン・ニュース（*The Illustrated London News*）』1874 年 1 月 3 日号に掲載されたワーグマンの挿絵「日本の晩餐（A Japanese Dinner Party）」
出所：Hockley（2004: 59）

写真4-2を見てみよう。髪を銀杏返しに結った芸者と思しき若い女性が三味線を弾いている。一見して分かるように、この明治版ソフトポルノの味噌は、上半身をすべて露わにしているのではなく、解けたキモノから乳首がチラリと見えるところにある。実は、これこそ後述する江戸時代の浮世絵春画に通じるエロチシズムで、緩やかなキモノは男女ともに脱がなくても性交が可能であった。コルセットで体を締めつけていた当時の西洋人女性の服との比較で、キモノがエロチックだと解された所以である。

シュティルフリートがスタジオで撮った写真の中には、同一女性のキモノ姿と上半身を露わにした姿のペア（後述、写真4-18）や、湯船に入った女性を囲む半裸の女性の姿（写真4-3）もあり、今日から見ても刺激的である。後者には複数のヴァージョンがあり、そのうちの一枚（写真4-4）は、ベアトとシュティルフリートの助手として働き、後に独立した日下部金兵衛《くさかべきんべい》による撮影である。[6] 風呂が写真のテーマになったのは、おそらく西洋人を驚かした混浴の習慣が関係していたであろう。

現存するシュティルフリートの写真の中には、日本滞在中に中国（清朝）に渡って撮った老若男女のポートレートもあるが（Quijano 2020）、裸体はいっさいない。対照的に、褌一丁の男性労働者を含めて、日本人の裸体や半裸体の写真は非常に多い。この差は基本的にシュティルフリート個人の志向によるが、当時の西洋人男性の間で日本のソフトポルノに対する需要がかなりあり、良くも悪くも彼はそれに応えたという側面もある。ホクリィによれば、こうした一連の事実は、芸者遊びはもちろん、売春も平然と行われていた外国人居留地における性風俗の反映であった（Hockley 2004: 60）。

写真 4-2　三味線を弾く芸者。解けたキモノから乳房が見える。1880 年前後にシュティルフリートが撮影した写真である
出所：Hockley（2004: 58）

写真 4-3 「風呂（The Bath)」と題された３人の女性の半裸姿。シュティルフリートの作品で、1860 年から 1990 年の間の撮影とされる（スミソニアン・インスティテューション所蔵）
出所：Smithsonian Online Virtual Archive, https://sova.si.edu/record/fsa.a1999.35/ref313?t=W&q=the+Bath

写真 4-4　シュティルフリートの助手だった日下部金兵衛が撮影した風呂の写真。ベアト、シュティルフリート、日下部らの作品は「横浜写真」と呼ばれ、外国人に人気があった
出所：Getty Museum Collection, https://www.getty.edu/art/collection/object/108NKQ

付言すると、シュティルフリートは一八七三年のウィーン万博に自費で三人の芸者を連れて行き、特設の茶屋で「給仕」として働かせた。この茶屋は一八六七年のパリ万博における日本茶屋に倣ったものだが（Gartlan 2016: 147）、日本国内の外国人居留地の茶屋（tea house）は往々にして売春宿の別名だったので、万博組織委員会は会場内に設置することを許さなかった。そのため、シュティルフリートは会場の脇地で営業せざるをえなかった。現地の新聞には上半身裸の芸者のイラストが掲載されるなど、茶屋の実態に関するさまざまな憶測が飛び交った[7]（Gartlan 2016: 143-165）。

写真家として成功したシュティルフリートではあるが、芸者ひいては日本人女性一般の性を売り物にしたことは否めない。彼女たちの体を包んでいたキモノに、エロチックなイメージが付いたのは当然であった。

2　芸者の表象——大正期

明治から大正へと時代が移る前年、画期的な出来事が起きた。アメリカの『ナショナル・ジオグラフィック（*The National Geographic Magazine*）』誌が、一九一一年一一月号で日本特集を組み、芸者のカラー写真二枚を大きく掲載したのである。一枚目（写真４-５）のタイトルは、当時欧米でよく使われた言葉「ゲイシャ・ガール（Geisha Girls）」で、二枚目（写真４-６）のタイトルは「ダンシング・

写真 4-5 『ナショナル・ジオグラフィック』1911 年 11 月号（981 頁）に掲載された写真「ゲイシャ・ガール（Geisha Girls）」。キャプションには次のようにある。「石灯籠、あずまや、幾輪かのアヤメの花、そして三人のゲイシャ・ガールは、まったくポーズをとることなく芸術的な写真を生み出した」（筆者訳）（筆者所蔵）

写真 4-6 『ナショナル・ジオグラフィック』1911 年 11 月号（985 頁）に掲載された写真「ダンシング・ガール（Dancing Girls）」。キャプションには次のようにある。「多くの旅行者は日本に到着するや否や、人生初めての日本料理と踊り子やゲイシャ・ガールの歓待を求めて、東京のメープル・クラブに大挙して行く。この写真の女性たちは、すべての来訪者を魅了する優美な踊り手の何人かである」（筆者訳）（筆者所蔵）

ガール（Dancing Girls）」であった。一八八八年創刊の『ナショナル・ジオグラフィック』は、アメリカの人文地理教育、特に非西洋圏の文化に対する理解促進に大きな役割を果たした月刊誌で、世界的に発行部数も多い。その雑誌に芸者が大々的に紹介されたことは、キモノの海外イメージを知るうえで重要である。

この二枚の写真は当時非常に珍しかったカラーで印刷された。実は、『ナショナル・ジオグラフィック』は、日本特集の前年（一九一〇年）の一一月号で、日韓併合直後の朝鮮と中国（清朝）を扱った特集を組んでいた。「朝鮮・中国瞥見記（Glimpses of Korea and China）」と題されたこの特集は全四〇頁で、写真の掲載数は五〇点、そのうちカラーが三九点という、これもまた画期的なものであった。[8] カラーとはいっても、モノクロの原画に職人が手作業で色を付けた手彩色写真で、その職人は日本人であった。当時、カラー印刷は白黒印刷の四倍ほど経費がかかったので、『ナショナル・ジオグラフィック』の経営陣はカラー特集の刊行に躊躇したと言われる。だが、結果的に朝鮮・中国特集は大成功を収め、以降、同誌の売り上げは大幅に伸びた（Bryan 1997: 124）。日本特集はこの歴史的カラー・シリーズの第二弾だったのである。

「日本瞥見記（Glimpses of Japan）」と銘打った日本特集は全三八頁で、掲載写真数は四四点（うちカラーが三三点）であった。著者は朝鮮・中国特集と同じニューヨークの富豪ウィリアム・W・チェイピン（William W. Chapin）で、掲載された写真の多くは彼が撮ったものである。[9] 確証はないが、両特集のタイトルは、当時西洋で最高峰の日本文化通と目されたラフカディオ・ハーン（Lafcadio

Hearn 小泉八雲）の著書『日本瞥見記（*Glimpses of Unfamiliar Japan*）』（原著一八九四年）からとったのではないかと思われる。チェイピンは次のように記している。

東京郊外にあるメープル・クラブ（Maple Club）を訪れたことは、私たちのもっとも愉快な経験の一つであった。そこでは、晩餐が日本芸術の最高峰の様式で供される。もし日本料理が気に入らなかったら、しばし空腹を忘れて踊り子（dancing girls）たちの「陽気なぐるぐる回り（merry whirl）」を見ればよい。伴奏をするのはやや地味で魅力の劣る芸者たち（geishas）だが、彼女たちの音楽には音程や和音がない。いわゆる日本の踊り（dance）に、西洋人から見れば舞い（dancing）がないのと同じである。クラブハウスにつながる庭園は大変魅力的で、そこは、写真を一枚ずつあげるからという約束で、カメラの前でポーズをとってくれた小さな可愛い女性たち（pretty little women）にふさわしい舞台であった。後日、本当に写真を持って行ったら、私たちは記録破りとのことだった。それまで幾度となく約束されたご褒美を、彼女たちが受け取ったことは一度もなかったからである。（Chapin 1911: 965 筆者訳）

上記「メープル・クラブ」とは、十中八九、「東京・芝公園内の紅葉山にあった会員制高級料亭・紅葉館」（小暮 二〇〇八：五一）のことである。

チェイピンの日本特集は、彼が数か月間の日本滞在中に訪れた場所や出会った人びとの姿を、アメリカの読者に向けて平易な言葉で、かつ詳細にこだわって伝えたもので、簡素な日本の生活美を称えて文章を閉じている。ただ、芸者と一般人女性を同一視する傾向は彼にもあり、それは特集に掲載された写真をつぶさに検証すると明らかになる。

たとえば、写真4-5と写真4-6は、被写体と背景から判断して、ほぼ同じ場所と時間で撮影されたと考えられる。同一人物が「ゲイシャ・ガール」（芸者）と呼ばれたり「ダンシング・ガール」（舞妓）と呼ばれたりしているが[10]、これはたいした問題ではない。問うべきは、写真4-6の左端と左から三番目の少女（二人とも和傘をもっている）が、はたしてタイトル通り「ダンシング・ガール」なのかということである。

紅葉館は太平洋戦争中に東京大空襲で焼失した。現在、跡地には東京タワーが立っているが、当時はモミジ（紅葉）をあしらったキモノ姿の女中による接待が人気だったという。とすると、この二人の少女は年齢的にも「ダンシング・ガール」ではなく、何らかの接待役だった可能性がある（ただしキモノの柄はモミジではない）。

ここで写真4-7を見てみよう。左端と右端の人物は上記の少女二人と同一人物である。だが、この写真には「三人の学校帰りの小さなメイド（Three Little Maids from School）」というタイトルが付いている。文字通り解釈すれば、彼女たちはメイド（女中）であって「ダンシング・ガール」ではない。さらに、「学校帰り」というからには、三人は女子生徒のはずである。辻褄が合わない。要は「日本人女性」という大きな括りの中では、「ゲイシャ・ガール」も「ダンシング・ガール」も「メイド」も、そして女子生徒も皆同じなのだろう。《日本人女性＝芸者》

THREE LITTLE MAIDS FROM SCHOOL
The Japanese maidens are so natural and graceful in choosing their own postures for pictures that it is unnecessary to pose them to obtain artistic results.

写真4-7 『ナショナル・ジオグラフィック』1911年11月号（979頁）に掲載された写真「三人の学校帰りの小さなメイド（Three Little Maids from School）」。キャプションには次のようにある。「日本人の少女は、きわめて自然かつ美しい姿勢を自ら進んでとるので、写真の芸術性を求めてポーズをとらせる必要はない」（筆者訳）（筆者所蔵）

というイメージが西洋に広まった一因は、こうした小さな出来事の積み重ねにあったと言ってよい。

なお、第三章で紹介したオペラ『ミカド』には、「三人の学校帰りの小さなメイドとは私たちのこと（Three Little Maids from School Are We）」という一幕があった。今日上演されているリメイクを見ると印象的な場面だが、おそらくチェイピンは日本で「本物」を撮りたかったのではないだろうか。写真4-7のタイトルが大人気を博した『ミカド』に由来するであろうことは、想像に難くない。

さて、一九一一年秋の『ナショナル・ジオグラフィック』の日本特集には、もう一点注目に値することがある。それは茶屋である。同特集には「街道沿いの茶屋（A Wayside Tea House）」と題する写真があり、老夫婦が藁ぶき屋根の茶屋の前に立っている。キャプションは以下の通りである。

日本の茶屋は一日の旅の中でもっとも歓待される好都合の安息所である。通常、訪問者は若い女性にもてなされるが、彼女たちは給仕（waitress）の役目を果たすだけではなく、魅力的な世話人（hostess）でもある。この写真の街道沿いの茶屋では、老夫婦が私たちの安楽にとても気を配ってくれた。

（Chapin 1911: 975 筆者訳）

どうやら、チェイピンが道中立ち寄った茶屋は、茶と休息そのものが目的の場所だったようだが、当時の茶屋の中には、本来の意味での「給仕」つまり茶屋娘ではなく、遊女を抱えていた店もあった。江戸時代に前者は「水茶屋」、後者は「色茶屋」と呼ばれた。また、男女の密会の場として利用されたのは「出合茶屋」である。その他にも、茶屋には「料理茶屋」「芝居茶屋」「陰間茶屋」などがあり、それらを情事の場として描いた浮世絵春画も多かった（早川 二〇一九：一一五―一一七）。江戸の吉原遊郭では中央通りに茶屋が並び、「客はまず茶屋へと向かい、娯楽や酒宴がそこで催された。上級の遊女はおつきの者を従えて茶屋を訪れ」た、と言われる（バックランド 二〇一〇：二一）。また、芸者の起源は江戸時代の京都・八坂神社付近にあった茶屋の給仕にある、という説もある。このことは芸者と遊女を同一視するものではないが、茶屋にまつわる性の歴史を否定することはできない。

写真４‐８は、アメリカのスミソニアン・インスティテューション（Smithsonian Institution）に保

写真 4-8　開国後の「茶屋娘（Tea House Girls）」。1860 年から 1900 年頃の撮影（スミソニアン・インスティテューション所蔵）
出所：Smithsonian Online Virtual Archive, https://sova.si.edu/record/fsa.a1999.35/ref283?t=W&q=House+girls

管されている開国後の日本の写真である。「茶屋娘（Tea House Girls）」というタイトルが付いているが、服装と髪型から判断して、その言葉にふさわしい女性集団のようには見えない。少なくとも、茶を飲んで道中の疲れを癒すこと以上の接待をする場所が、外国人が立ち寄る茶屋にはあったことを示唆している。

事実、外国人居留地内にあった横浜・永楽町の「神風楼」という遊郭は、NECTARINE No. 9 という名の茶屋（tea house）として知られていた。つまり、茶屋は遊郭の隠語だったのである（英語の nectar は俗語で「美女」の意味）。神風楼の正面玄関で撮った女性集団の写真は多い。それらのタイトルには「遊女（pleasure girls）」や「売春婦（prostitutes）」という言葉が見え、中には派手なキモノにローヒールの靴を履いている遊女が複数写っているものもある。[11] これは当

図 4-2　シドニー・ジョーンズ作曲『芸者——茶屋の物語（*The Geisha: A Story of a Tea House*）』の総譜の表紙

出所：Wikipedia, https://en.wikipedia.org/wiki/The_Geisha

時の最先端のファッションの影響だろう。明治初期の銀座では、すでに和洋折衷の服装が見られたのである。たとえば、開化絵の代表作とされる、歌川広重（三代目）の「東京開化名勝京橋石造銀座通り両側煉化石商家盛栄之図」（一八七四年）には、キモノと袴にブーツや山高帽子（bowler hat）を身につけた人びとが描かれている（Cf. Milhaupt 2014: 98-99）。

興味深いことに、日本から遠く離れたチェコのプラハでも、一九一〇年代、キモノを着た若い西洋人女性が給仕をするYOKOHAMA（横浜）という日本式茶館が人気を博していた。第二章でも触れたが、この店を開いたのは、同市にあるナショナル・ギャラリーの日本収蔵品の多くを収集したヨエ・ホロウハ（Joe Hloucha）である（川添二〇一七）。YOKOHAMAは一種の疑似体験の場だったようだ。キモノ姿の女性がいる茶屋での一服は、当時の西洋人男性にとっての憧れだったと言ってよい。

このように考えると、一九世紀半ば以降の欧米の演劇界で、日本に寄港した西洋人男性が茶屋で芸者に恋をして、本国の妻や恋人との関係が怪しくなるという筋の劇が流行したのは、まったくの幻想に基づくものではなかったと言えよう。ヨーロッパにおける茶屋と芸者の連想は、現実の世界では一八六七年のパリ万博会場に設置された日本茶屋に遡るが、演劇の世界でその先駆となったのは、一八九六年にイギリスで大ヒットした『芸者（*The Geisha*）』というオペレッタ（シドニー・ジョーンズ〔Sydney Jones〕作曲）であった（図４‐２）。このオペレッタは、三年後には振りつけを多少変えて、フランスでも『芸者（*La Geisha*）』として演じられた。

馬渕明子によると、オペレッタ『芸者』の魅力の一つは茶屋の描写にあった。ヨーロッパでは、男性用の遊興施設は「淫靡で背徳的な場所」として捉えられていたが、日本では「開放的な場所」というイメージを『芸者』は演出したのである。何よりも、「西洋人男性にとって西洋人女性である婚約者がいても、抵抗しがたい魅力のある日本人芸者についなびいてしまうほど、芸者と日本の茶屋の魅力〔は〕大きい」（馬渕 二〇一七：二〇〇）のだという。

そればかりでなく、こうした演劇には西洋人女性と日本人女性の明確な役割分担が暗示されていて、「西洋の女性は文化、教養、活動力、自立性、そして母性的包容力を備えている。日本の女性は、やさしさ、可愛らしさ、謎めいた雰囲気、受動性、忍耐力、子どもっぽさをもつ」（同：二〇一）存在として演じられた。この文脈で想起すべきは、『ナショナル・ジオグラフィック』の日本特集にも「小さな（little）」「可愛い（pretty）」「女の子（girl）」という言葉が、成人女性に対して使われていたという事実である。

このように性的化された日本（sexualized Japan）の姿は、同時期の隣国と比較するといっそう明らかになる。詳述は控えるが、『ナショナル・ジオグラフィック』(一九一〇年一一月号)の朝鮮・中国特集は、日本特集と同一人物の執筆にもかかわらず、現地の女性に対する性的な眼差しはほとんど感じられない。同特集は全四〇頁にも及ぶが、本文は短くて(朝鮮が六頁ほどで中国は三頁ほど)、著者のチェイピン自身が撮った写真が大部分を占めている。おそらく、彼の朝鮮・中国に関する知識が日本に比べて少なかったからだろうが、時として写真は文字より雄弁にものを語る。

まず、朝鮮についてだが、街中で働いている人びとの写真が圧倒的に多い。そのほとんどは労働者と農民である。全三〇枚中、人間の姿が見えないのは、ソウルの南大門(崇礼門)と思われる城門(city gate)一枚しかない。しかも、人びとが着ている服はごく一部を除いて白色である。この朝鮮の白衣《びゃくえ》こそ、チェイピンに強烈な印象を与えたのであった。

彼は衣服について多くの記述を割いている。たとえば、「汽船が停泊した釜山の波止場は人で賑わっていた。彼らのほとんどは苦力(coolies)で白い服(white clothing)を着ている」(Chapin 1910: 895)、下関から「僅か一〇時間ほど汽船に乗って旅をしただけで、これほど光景が変わるとは思いもしなかった。人びとの姿、彼らの仕事と住処、そして服装――男たちの衣装と幾分かの女性たちの平服――は言うまでもない。すべてに目を奪われる」(ibid.: 895)、「白装束は朝鮮の喪服の象徴である。それは日本も中国も同じだ」(ibid.: 898)、「男性用の伝統服は、私も一式つくってもらってよく分かったが、楽というより目立つ」(ibid.: 899)、「裕福な朝鮮人の服装は庶民と同じつくりだが、生地の値段が違う。上衣は絹製で帽子はきめ細やかにつくってある」(ibid.: 899)、等々(以上、筆者訳)。また、チェイピ

写真4-9 『ナショナル・ジオグラフィック』1910年11月号（907頁）に掲載された写真「働く朝鮮人女性――朝鮮のソウルにて（Korean Laboring Women: Seoul, Korea）」

写真4-10 『ナショナル・ジオグラフィック』1910年11月号（911頁）に掲載された写真「農民――朝鮮のソウルにて（Peasants: Seoul, Korea）」

出所：本頁の写真すべてInternet Archive（https://archive.org/）よりPDFファイルをダウンロード（2021年3月5日）

写真4-11 『ナショナル・ジオグラフィック』1910年11月号（917頁）に掲載された写真「ガイドのシン・ソンと家族（Guide Sin Song and Family）」

ンは庶民の女性服について次のように記している。

労働者階級の女性の服は、わきのした（腋窩）から三インチ［約七・五センチ］ほど垂れ下がった上衣（jacket）あるいは胴衣（waist）から成り、スカート（skirt）にはきつく巻かれた帯（band）しか付いていない。そのため、胴衣とスカートの帯の間には、浅黒い肌が数インチほど露出している。

（Chapin 1910: 899 筆者訳）

写真４‐９中央の左二人の女性を見ると、たしかに上半身が「上衣／胴衣」と「帯」で覆われているが、その間には「浅黒い肌」が見える。この露出した「浅黒い肌」とは乳房のことで、そのことは写真４‐10からも明らかである。そこには、腕に抱かれた赤子が母親らしき女性の乳を吸っている姿が写し出されている。見ようによってはエロチックな服だが、そのような眼差しは彼女たちに向けられていない。むしろ、強調されているのは女ではなく母、つまり女性性（femininity）ではなく母性（maternity）である。[12]

次の写真４‐11は、チェイピンの一行をガイドした男性とその家族である。英語が堪能でYMCAの会員であったというから、教養と地位のある男性だったのだろう。服装にそれが表されている。三人の女性家族も朝鮮の伝統服（いわゆる「チマ・チョゴリ」）を着ているが、それが写っている写真は朝鮮・中国特集でこれだけである。もちろん、朝鮮には「妓生（キーセン）」という接待女がいたので、それなりの場所に行けば彼女たちの姿も撮影できたであろうが、チェイピンの記事にはいっさいない。総じて、西洋人男性の性的興味をそそるような写真は朝鮮に関してはまったくなく、あるのは懸命に働いている老若男女の姿だけである。

写真 4-12 『ナショナル・ジオグラフィック』1910 年 11 月号(926 頁)に掲載された写真「満州人女性――中国北京にて(Manchu Women: Peking, China)」

出所：Internet Archive（https://archive.org/）より PDF ファイルをダウンロード（2021 年 3 月 5 日）

清朝末期の中国に関するチェイピンの記述はさらに薄い。カメラを向けると、邪視との連想から顔を背けた人が特に女性に多かったという。曰く、

北京市の被写体でもっとも難しかったのは、華奢で内気な満州人女性である。生まれつき引っ込み思案なのだろうが、カメラの存在に対して本能的に意識的になり、カラス（crow）がハンターの火薬の臭いを嗅ぐと言われるように、彼女たちはウサギのように臆病丸出しで駆け回る。家の中に逃げ込んで、危険が去るまでじっとしているのだ。（Chapin 1910: 929 筆者訳）

チェイピンがこのように書いたとき、おそらく彼の心の中にあったのはポーズを要求しなくても「芸術的な写真を生み出した」日本人女性との対比だっただろう。写真４‐12は、その彼が何とか撮っ

た街を歩く若い女性たちの姿だが、左端の女性は団扇で顔を隠している。彼女たちが着ていた服は一般に「チャイナドレス」と呼ばれているが、実は満州人のチーパオ（旗袍）である。この点については本書の最後で改めて取り上げる。

半世紀ほど時代を遡って、幕末から明治初期にかけて日本を訪れた西洋人の手記を紐解くと、当時の日本人女性の特徴の一つは、中国人女性との比較で、「外国人に対して物おじしない」ことにあった。この点は渡辺京二『逝きし世の面影』（二〇〇五年）の第九章「女の位相」に詳しい。たとえば、次のような記録が複数の訪日者によって残されている。

> 彼女らは中国人のように、外国人の前ではにかんだり尻ごみしたりすることはない。茶店に入って腰掛けると、人の好い主婦か娘の一人が近寄って、お茶碗を置いて、ぴかぴかの真ちゅうか磁器のポットからお茶を注いでくれる。
>
> （渡辺 二〇〇五：三六八）

> 日本の婦人は作法や慣習の点で、ずいぶん中国女性と違う。後者にとっては、外国人の顔を眼にするや否や逃げ去るのがエティケットなのだが、日本の女は逆に、われわれに対していささかの恐怖も気おくれも示さない。これらの茶屋では、彼女らは笑顔で近づいて来てわれわれをとり囲み、衣服しらべにとりかかる。握手することさえ覚えてしまうのだ。
>
> （同：三六八―三六九）

文中の「衣服しらべ」というのは、当時の日本人には物珍しかった洋服を詮索するという意味で、他の西洋人の手記にも同様の記述が残されている（同：二七〇）。

3　芸者の表象――昭和・平成期

海外における女性のキモノの表象を論じるにあたって、芸者との関連を考えざるをえないのは、大方の日本人の想像を越えたところで、芸者が日本文化の象徴と見なされているからである。実際、彼女たちが座敷に上がるときは常にキモノ姿で、今も昔も収入の多くをキモノの購入に割いていると言われる。芸者はある意味でキモノ界のファッション・リーダーなのだ。

もっとも、明治初期には芸者が最先端の洋服を着て座敷に上がったこともあった。だが、行き過ぎた欧化に対する日本回帰運動が後に勢いを増したことや（第八章参照）、大正時代に隆盛を極めた都市部のカフェーで、流行のドレスを着た女給を売り物にした店もあったことから、芸者が再び洋服に身を包むことはなかった。「以降、時として芸者と見間違われた魅惑的な日本人女性とキモノは、車の両輪のように一体となって、日本の伝統の象徴というイメージを西洋で確立した」（Milhaupt 2014: 146 筆者訳）。特に、第二次世界大戦後の急速な近代化／西洋化の過程で、女性のキモノは冠婚葬祭を除いてほぼ洋服に取って代わられたので、キモノと芸者の連想はいっそう強固なものとなった。

ここで改めて『ナショナル・ジオグラフィック』を取り上げてみよう。アメリカの雑誌における日本のイメージを検証した小暮修三によると、キモノ姿の日本人女性の総称としての「ゲイシャ・ガール」(小暮二〇〇八:四八)は、一九一一年の日本特集以降、アメリカ人男性のオリエンタリスト的な眼差しに晒されながら幾度となく登場した。そうした中、芸者を売り物にした日本人男性による「セルフ・オリエンタリズム」との「共犯関係」も垣間見られたが(同:五七—五八)、一九三八年一月号の記事「日本の女性労働」をもってゲイシャ・ガールは姿を消した(同:五九)。日米関係が悪化して、太平洋戦争に突入したからである。彼女たちに代わって登場したのは、サムライの伝統を受け継ぐ日本の軍人や鎧兜姿の男の子であった[13]。アメリカにおける日本のイメージが、両国の力関係によって《ゲイシャ=菊》と《サムライ=刀》の間を揺れ動くことは、すでに述べた通りである。

だが、戦後一九五〇年代になると、再びゲイシャ・ガールが『ナショナル・ジオグラフィック』に登場した。戦前との違いは、日本社会の急激な変化に伴って、芸者が「日本人女性の代表という位置付けから、伝統的日本の代表へ」(同:六五)と変化した点にある。その結果、芸者は「ノスタルジー」の対象となったと小暮は主張する。曰く、芸者はかつてのように「アメリカ人男性にとってのファンタジーではなく、ノスタルジーになっている」(同:七八)。

ゲイシャ・ガールの復活と同時に、日本人男性との「共犯関係」も復活した。たとえば、『ナショナル・ジオグラフィック』の一九七〇年三月号には、日本航空の国際線スチュワーデスのキモノ姿が広告に登場した。小暮によれば、これは「職業ホステスのゲイシャ・ガール化」(同:七一)に他ならず、外国人の眼を意識した日本人による「戦略的セルフ・オリエンタリズム」（同：七二）であった。もっとも、スチュワーデスにキモノを着せるように進言したのは、アメリカの広告会社（Botsford, Constantine & Gardner）であり、当初、日本航空は安全上の理由から断ったという（Rout 2020: 216）。

小暮の分析に対しては、彼が主張するほど「『ゲイシャ』や『サムライ』という定型化したアイコンはさほど前景化されていない」（信岡 二〇一九：六六）という批判もある。ただ、『ナショナル・ジオグラフィック』には、日本の一般女性と芸者を同じ目線で語る傾向があり、芸者をもって性的魅力に溢れた異国・日本を象徴してきたことは事実である。

写真4-13 『ナショナル・ジオグラフィック』1995年10月号に掲載された記事「芸者（GEISHA）」の冒頭の写真とタイトル（筆者所蔵）
出所：*The National Geographic,* October, 1995, pp. 98-99

おそらく、近年の『ナショナル・ジオグラフィック』誌上で、こうした傾向がもっとも顕著に現れたのは、一九九五年一〇月号に掲載された記事「芸者（GEISHA）」であろう。全一六頁から成るこの記事は、高名な写真家ジョディ・コブ（Jodi Cobb）の手によるもので、冒頭に写し出された芸者の白い肌と赤い唇（写真4-13）は、日の丸を意識したものだった。コブは次のように回想している。「私が芸者の姿を目にして、何より強く印象に刻まれたのは、真っ赤な口紅だったわ。まるで日本の国旗みたいよね。真っ白な顔に真っ赤な唇」[14]。この論理に従うと、日本の国旗そのものが芸者との連想でエロチックということになる。

今日、コブの写真は、アーサー・ゴールデン（Arthur Golden）のベストセラー小説『さゆり（*Memoirs of a Geisha*）』（一九九七年）の廉価版の表紙にも使われている。この小説は京都祇園の芸者を主人公としており、二〇〇五年には*Sayuri*として映画化され、撮影・美術・衣裳デザインの三部門で第七八回アカデミー賞を受賞した。監督はロブ・マーシャル（Rob Marshall）、主演は中国人女優のチャン・ツィイー、恋人役は日本の渡辺謙であった。小説のモデルとなった岩崎峰子は、出版後、実名を暴露されて被害を受けたとして著者を訴え（後に示談で解決）、二〇〇二年には自ら半生を描いた本（アメリカ版は*Geisha: A Life*, イギリス版は*Geisha of Gion: The Memoir of Mineko Iwasaki*）を公刊した。

問題のコブの記事は、同年（一九九五年）出版の『芸者――生・声・芸（*Geisha: The Life, the Voices, the Art*）』のダイジェスト版で、本文は僅か一頁ほどであった。その他は写真とキャプションから成り、初めて座敷に上がる舞妓が茶屋に入る姿、置屋でキモノに着替えたり雑誌に見入ったりする舞妓たち、八三歳の芸者の白化粧、うなじに白粉を塗ってもらっている舞妓、桜祭りで京都祇園の舞妓が芸を披露している姿、街中の横断歩道を渡ろうとする芸者、タクシーの中で化粧を整えている一人の舞妓、一〇人ほどの初老の男性客に酒を注いでいる舞妓、江戸時代の花魁姿で笑い顔からお歯黒がこぼれる芸者、京都の時代祭で古装束を纏った芸者連、等々が写し出されていた。以下は、それぞれの写真にキャプションとして添えられた、芸者・舞妓とパトロンの心情である（以下、筆者訳）。

東京の芸者の語り

帯は男のネクタイのようなもの。きつく締めれば背筋も伸びて気が引き締まる。私は、朝スーツに身を包んで毎日の闘いに臨み、個人の人生を捨てるビジネスマンのようなもの。化粧をしてキモノに身を包めば、心の中も芸者に変身する。キモノを纏った私はプロフェッショナル。（Cobb 1995: 103）

京都の客の語り

私は芸者が化粧を塗る姿を見たことがあるが、あまり好きではない。私が欲しいのはロマンスであって現実ではない。裏舞台を知りたいとは思わないし、芸者の悲しい話を聞きたいとも思わない。私にとっても芸者にとっても、夢物語であるのがよい。それがこの商売だ。（ibid.: 105）

京都の芸者の語り

人の眼はもううんざり。自分以外の誰かの振りをして、おべっかを使うのも飽きた。本心で話して振る舞って、率直で正直な人間だと思われたい。でも、この商売はそれを許さない。（ibid.: 109）

東京の芸者の語り

この世は男が上で、女は男に従う。そうあるべきなのだろう。女は男を助けて支えるが、それを感じさせてはいけない。女の徳とはそういうもの。心の中は強いけれど、外に出してはいけない。（ibid.: 113）

こうした語りをどのように解釈するかは読者次第であろう。だが、見落としてはならないのは、一九九五年は『ナショナル・ジオグラフィック』の日本語版が創刊された年であり、「芸者」が掲載された一〇月号も翻訳されたものの、そこにコブの記事はなかったという事実である。つまり、日本語版から完全に削除されたのである。理由は説明されていないが、おそらく日本の読者の反発を恐れたためではないかと思われる。

4 文化表象の罠

本章の最後に、一九八〇年代以降の海外における芸者とキモノの表象について、四つのことを指摘しておきたい。第一に、キャサリン・A・ラッツ（Catherine A. Lutz）とジェーン・L・コリンズ（Jane L. Collins）の『ナショナル・ジオグラフィックを読む（*Reading National Geographic*）』（一九九三年）という著作によると、一九五〇年から一九八六年までの間に、同誌にもっとも多く取り上げられた国は日本である。記事数は日本が二三件で、以下、インド（二一件）、メキシコ（二〇件）、ブラジル（二〇件）、中国（一七件）、台湾と香港（各一四件）、インドネシア（一三件）、ニューギニア（一三件）、ベトナム（一一件）、エジプト（一〇件）、ネパール（一〇件）と続く（Lutz and Collins 1993: 120）。一見して分かるように、非西洋圏それも環太平洋圏が多い。「アメリカの家庭に遠い世界の国々の

写真 4-14　『ナショナル・ジオグラフィック』1997 年 7 月号に掲載された記事「相撲（Sumo）」（筆者所蔵）。以下はキャプションの直訳である（［　］は通常の日本語表現）。「日本の男らしさの鉄の花である相撲レスラー［力士］は、宗教的シンボリズムで形づくられた国民的スポーツ［国技］の生きたイコンでありヒーローである。かつて天皇らの庇護を受けた相撲の起源はおよそ 1500 年前に遡る。新潟での興行トーナメント［巡業］の前に、儀礼的前掛け［化粧まわし］をくくりつけた競技者は、荘厳で儀礼化された土俵入り（*dohyo-iri*）の行進をして闘技場［土俵］に入る」（Reid 1997: 42 筆者訳）（筆者所蔵）

出所：*The National Geographic*, July, 1997, pp. 42-43

情報を届ける」という『ナショナル・ジオグラフィック』の編集方針と、元来アメリカは大西洋国家であるという事実に鑑みれば、[15]当然の結果と言えなくもない。要は、アメリカ人および同誌を通じて世界を眺めている人びとにとって、日本は圧倒的に異質の他者で関心を引く存在なのである。その日本の他者性を視覚的にもっともよく表しているのが、女性ではキモノを着た芸者で、男性では廻し姿の相撲取り（写真4-14）である。芸者は服を重ね着して身を隠し、力士は服を脱ぎ捨てて身をさらす。

第二に、いま述べたことと関連するのだが、『ナショナル・ジオグラフィック』以外にも、アメリカのマスメディアには芸者（らしき女性）とキモノが、日本の分かりやすい記号として頻繁に登場する。写真4‐15はその典型である。これは週刊誌『タイム(*Time*)』一九八三年八月一日号の表紙で、全号をほぼ日本特集「TIME誌が見た日本――模索する大国日本(JAPAN: A Nation in Search of Itself)」(一九八三年に単行本化された日本語版が刊行)が占めている。芸者風の化粧と髪型をした女性が着ているキモノには、歌川広重の東海道五十三次・由井を想起させる浮世絵が描かれている。図柄は富士山と日の丸である。

問題はこうした写真が本文と必ずしも一致していないことにある。つまり、写真による表象(photographic representation)と文字による表象(textual representation)が乖離しているのである。写真4‐16を見てみよう。これは同特集に掲載された記事のトップページで、タイトルは「文化――すべてこれ芸術(Culture: The Art of All They Do)」であった(同記事の日本語のタイトルは『TIME誌が見た日本――模索する大国日本』による)。著者のロバート・ヒューズ(Robert Hughes)は、世界でも屈指の美術評論家として知られていた。

その彼が書いた文章だけあって、この記事は内容的に深く表現的に華麗である。千利休の茶室を「精神的な隠れ家(psychic enclave)」と呼び、それをルソー(Jean-Jacques Rousseau)の「自然人(natural man)」を昇華させたものだと説くあたりは、かつて新渡戸稲造が『武士道』(原著一九〇〇年)の中で、日本の侍の歴史を西洋の騎士の歴史になぞらえて、日本を西洋人読者にとって親しみのある存在にした修辞法を想起させる。[16] ヒューズの高度に抽象化された議論の焦点の一つは、日本人の「モジュール思考(modular thinking)」にあるが、芸者にはいっさい触れていない。唯一、芸者という言葉が登場

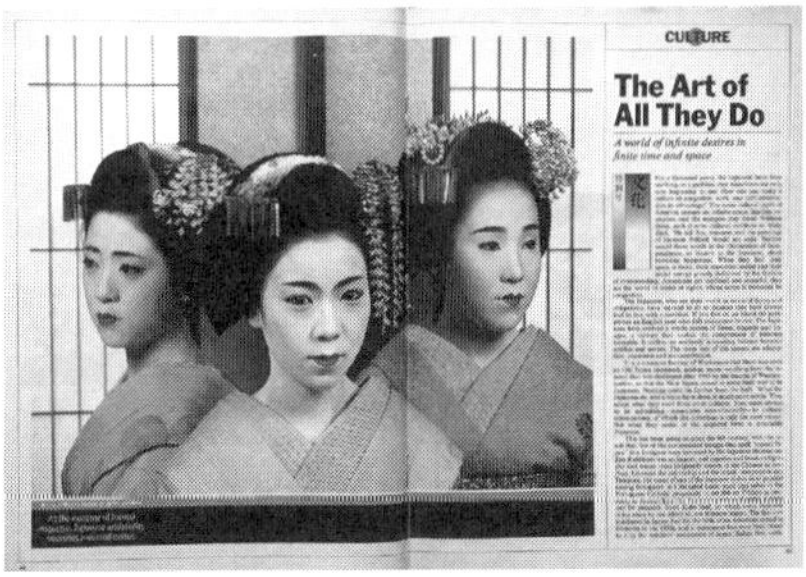

右：写真 4-15　『タイム』1983 年 8 月 1 日号（特別号）『TIME 誌が見た日本――模索する大国　日本（JAPAN: A Nation in Search of Itself）』の表紙（筆者所蔵）／上：写真 4-16　同特別号の記事「文化――すべてこれ芸術（Culture: The Art of All They Do）」のトップページ

出所：*Time*, August 1, 1983

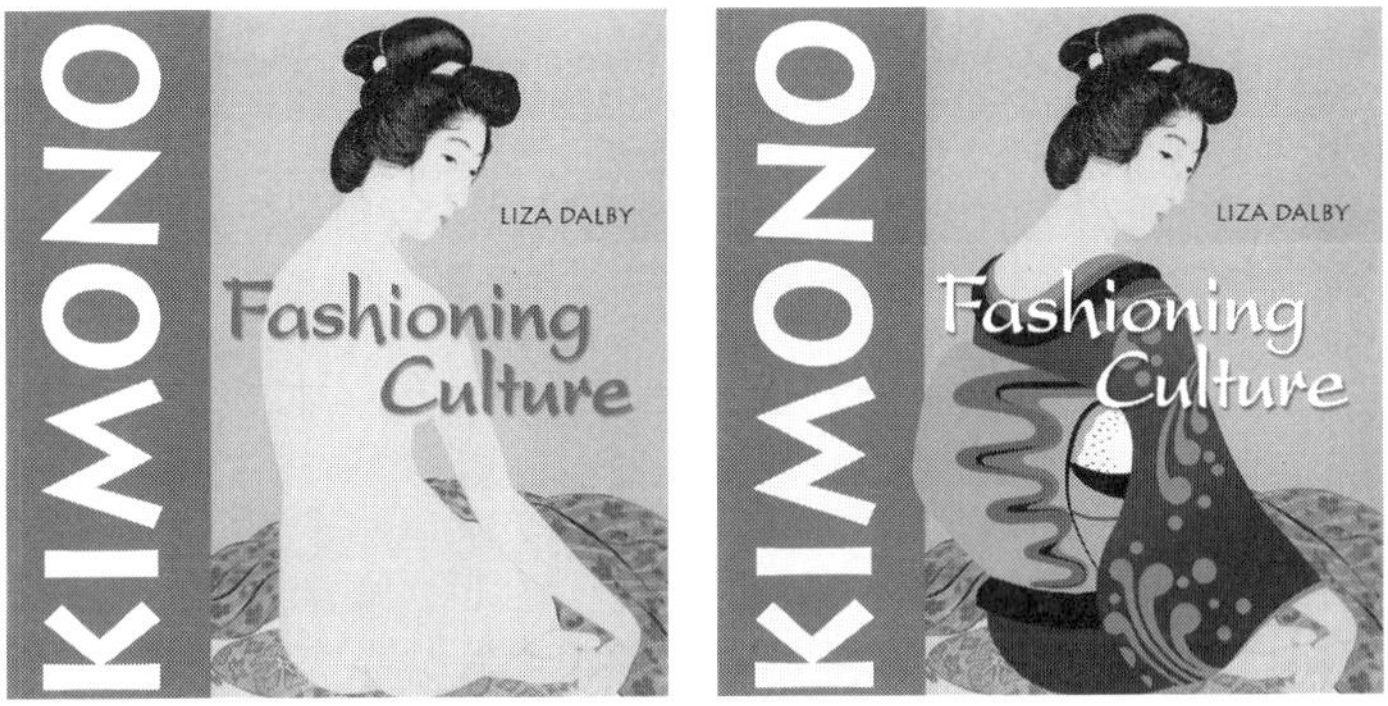

写真 4-17　ライザ・C・ダルビー著『キモノ――文化をファッションする』（2001 年）の表紙。この本には太い「帯」が女性のうなじからお尻まで巻かれていて（写真右）、それを取ると裸体が現れる（写真左）（筆者所蔵）

出所：Dalby（2001）

するのは「サムライ」と同じく「古い日本（Old Japan）」の一例としてであって、それも括弧書きである。にもかかわらず、記事の冒頭には「三人の京都の舞妓、芸者の見習い（A trio of Kyoto maiko, or junior geishas）」というタイトルで、芸者／舞妓の写真が見開きで大きく載せられていた。しかも、この特集で両面スペースを使った写真は二枚しかなく、もう一枚は富士山であった。これでは、本文がどのようなものであれ、大方の読者の印象に残るのは「ゲイシャ」と「フジヤマ」でしかない。[17]

第三に、ジャポニスムの時代から、女性のキモノには「開放的」でエロチックというイメージがあり、それがキモノ姿の日本人女性に対する性的な眼差しを生んだことはすでに指摘したが、注意すべきは、これは決して過去のことではないということである。むしろ、この無意識とも言える性的眼差しは、女性研究者を含む多くの西洋人の間で今日まで続いている。それを見事なまでに表したのが写真4‐17である。

この二枚のセットの絵は、ライザ・C・ダルビー（Liza C. Dalby）というアメリカの人類学者が著わした本の表紙で、彼女は調査の一環として京都祇園で「市菊」という名で芸者修行をした異色の経歴の持ち主である。『キモノ――文化をファッションする（*Kimono: Fashioning Culture*）』（二〇〇一年）と題する同書には、英語圏の本にしては珍しく「帯」が付いていて、それを取るとキモノを脱いだ日本人女性の裸体が現れる仕組みになっている。この裸体画は明らかに明治から大正にかけて活躍した橋口五葉の木版画「浴後の女」の偽作である（原画には顎から胸にかけてキモノの一部が描かれている）。同本の内容はやや一般的だが、出版元はワシントン大学出版局で、男性向けのポルノ雑誌ではない。同書の最終章「芸者とキモノ」の結論部で、ダルビーは次のように述べている。

近代世界で芸者とキモノは非常に似通った運命を辿ってきた。双方とも早くから西洋のスタイルを実験的に取り入れたものの、結局、異国の物珍しさを捨てて、旧知の伝統に回帰した。[中略] 今日、ほとんどの日本人はキモノを着ないが、伝統的な和服姿と型には、言葉で言い尽くせないほどの誇りを感じている。おそらく、芸者が職業としてキモノに身を包むのは偶然ではないだろう。芸者の歴史や運命そして現在の地位は、彼女たちが着ているキモノと共通点が多い。

(Dalby 2001: 335 筆者訳)

「早くから西洋のスタイルを実験的に取り入れた」というくだりは、先述したように、明治期に芸者が最先端の洋服で座敷に上がったり、キモノの柄に西洋的（近代的）要素を取り入れたりしたことを指している。

ダルビーの見解は真っ当なものだが、それが本の表紙の芸者らしき女性の裸体とどう関係するのかは説明されていない。これは、デザイン担当者は著者とは別、と言うだけでは済まされない問題である。視覚による表象は文字による表象より時として大きな影響力をもつので、読者の脳裏に焼き付けられるのは、結局、キモノと芸者の《エキゾチックでエロチックな連想》でしかない。

二一世紀に入って出版されたダルビーの本の表紙は、明治初期のシュティルフリートによる一対のセミヌード写真（写真4-18）を彷彿とさせる。両者を並べてみると、西洋人男性——および非西洋

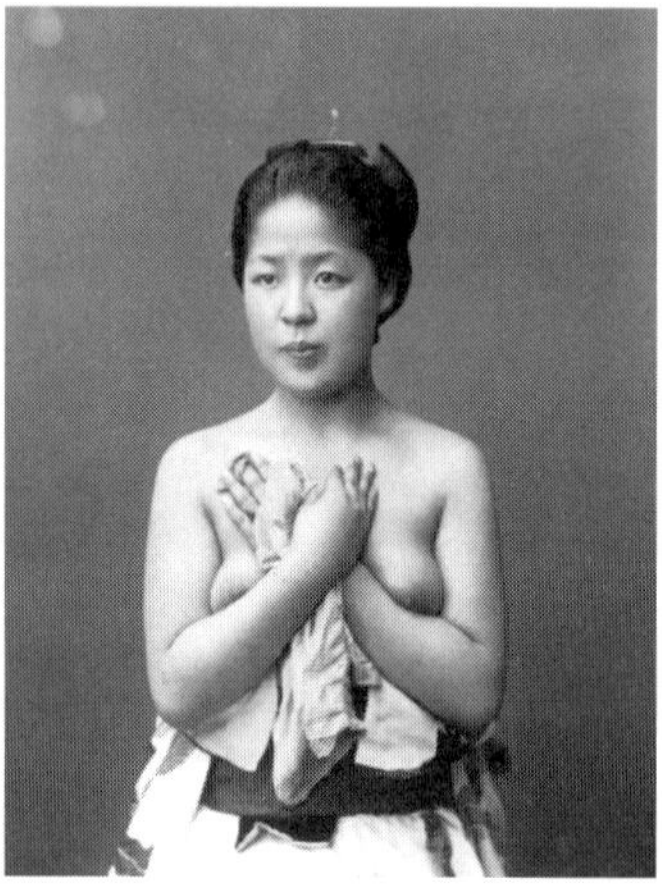

写真 4-18　シュティルフリートが明治初期に撮影した女性のキモノ姿とセミヌード
出所：（右）Getty Museum Collection, https://www.getty.edu/art/collection/objects/143951/baron-raimund-von-stillfried-portrait-of-a-young-lady-austrian-1870s-1890s/,（左）同、http://www.getty.edu/art/collection/objects/143953/baron-raimund-von-stillfried-portrait-of-a-topless-young-woman-austrian-1870s-1890s/?dz=0.5000,0.5000,0.77

を見る際に強者のポジションに自らを置く西洋人女性――が日本を見る眼差しは、過去一世紀半、基本的に変わっていないのではないかとさえ思われる。

最後に、欧米では芸者がモノの名称として使われることもある、ということを指摘しておこう。たとえば「お宅の食卓に芸者を加えてください」と言われて、すぐ意味が分かる日本人がどのくらいいるだろうか。文法的には正しい日本語であっても意味不明である。それもそのはず、これは一九一一年にGEISHAというブランドでシーフードの缶詰をアメリカで販売し始めた日系企業の宣伝文句で、原文はAdd Geisha To Your Table（図4-3）である。要は「わが社の缶詰をお宅の食卓にどうぞ」という意味なのである。[18]

一九一一年が『ナショナル・ジオグラフィック』に日本特集が掲載された年であることに鑑みると、GEISHAブランドの登場が同年であったことは単なる偶然ではなかったであろう。上記の日系企業とは、一九〇七年にサンフランシスコで設立された野崎兄弟社（Nozaki Brothers Inc.）で、富士山と芸者の写真が日本を訪れた外国人観光客に人気があったことから、自社製品をGEISHAと命名したという。[19]その意味では、GEISHAは小暮のいう「戦略的セルフ・オリエンタリズム」であり、自己エキゾチック化（self-exoticismまたはauto-exoticism）でもある。換言すれば、他者が想像／創造した自己を自ら「見せている」のだ。

図4-3　アメリカ西海岸で人気のあるGEISHAブランドのシーフード缶詰の広告。扇子をもったキモノ姿の芸者／舞妓と背景の竹林が京都を想起させる
出所：Kawasho Foods USA, Inc., https://www.geishabrand.com

もう一つの例はチョコレートである。一九世紀末創立の由緒あるフィンランドの製菓会社ファッツェル（Fazer）は、一九〇八年にGeisha（芸者）という名称を自社製品につけた。現在、このブランドのチョコレートは同社の看板商品の一つで、日本の通販でも入手できる。写真4‐19は、二〇一七年夏、私がたまたま乗ったフィンランド航空の機内で見つけたもので、機内誌の裏表紙に掲載された全面広告である。東洋系の女性が下半身シースルーの艶めかしい白のローブに身を包んで、桜の花の下に浮かんだ小舟に和傘を持って乗っている。このモデルはおそらく北欧人が想像／

写真 4-19　フィンランド航空の機内誌の裏表紙全面に掲載されたチョコレート Geisha の広告

創造した現代的芸者なのだろう。

こうした流用は、日本といえば「フジヤマ」「ゲイシャ」「サクラ」というステレオタイプを、大方の日本人が知らないところで増幅していると言ってよい。品のない言い方だが、食べ物に女性を示す言葉を使うのは、「女を食べる」という男の欲望と無縁ではないかもしれない。少なくとも、芸者と同じくらい知名度の高いSumo（相撲）などと名付けるより、彼らにはしっくりくるのだろう。

なお、二〇二〇年六月の時点で、ファッツェル社はGeishaブランドの名称変更を考慮しているとのことであった。同社の広報部によれば、「一〇〇年ほど使ってきた名称ではあるが、その間に世の中は様変わりし、二〇世紀初頭にエキゾチック（exotic）で面白かった（interesting）ものが、今日の世界では不適切に見えることがある」、というのがその理由である。どうやら、Geishaという商標に潜む人種主義、ジェンダー不平等、文化の所有権の問題（芸者という日本文化の一部を自社製品のブランドに勝手に使う行為）などが、SNS上で問題視されたようだ。だが、本書の執筆が終わった二〇二四年五月の時点でも、ファッツェル社は商品の名称変更をしていない。

註

1 ミルハウプトの本は、元来ニューヨークのメトロポリタン美術館（Metropolitan Museum）で、二〇一四年九月から翌年一月まで開催された「キモノ——一つの現代史（Kimono: A Modern History）」という展示のカタログとして刊行されたようだ。同展示の記録はネット上で公開されている。https://www.metmuseum.org/exhibitions/listings/2014/kimono

2 西洋人の芸者に対する見方には、見る側の職業差やジェンダー差があり、芸者は必ずしも愛でられていたわけではない。当然、キリスト教の宣教師は批判的だったし、日本の女子教育に大きく貢献したアリス・ベーコン（Alice Bacon）は、著書『明治日本の女たち（*Japanese Girls and Women*）』（原著一八九一年）の中で、「芸者の生活には人を悪に誘い込むものが多く、正しい行いに導くものは少ない。たとえ後ろ指をさされない生活をしている人でも、悪の道に走っていっさいの評判を失ってしまうこともある」（Bacon 1891: 288 筆者訳）と述べていた。ただ、その直後にベーコン自身が指摘したように、芸者が日本の権力者の妻となり、時として「奥」を牛耳るまでの存在になったところが、西洋と日本の男女関係の違いを表していた。

3 たとえば、肩にまで白粉を塗っている化粧中の女性（横浜開港資料館 二〇〇六b：写真一二五番）は明らかに芸者だが、マレーの「解説シート」のタイトルには「化粧品を使う女性（Women Using Cosmetic）」とある。

4 「幕末・明治の写真師総覧」というサイトの「明治五年、明治天皇盗撮事件（写真師・シュティルフリート男爵）」という記事に掲載されている。https://shashinshi.biz/archives/11449。この写真は二〇〇〇年にイギリスのオークションに出品されたという。

5 明治末期生まれの筆者の母方の祖母も、夏の最中に家の中で上半身裸になることがあった。家族という親密圏で乳房を見せることに抵抗はなかったようだ。

6 写真4-4の右端の女性は合成写真である。この女性は当時人気のあったモデルらしく、別の女性のヌードに彼女の顔だけ付け替えたと言われる。合成以前の写真は、石黒敬章『こんな写真があったのか――幕末明治の歴史風俗写真館』（二〇一四年）に掲載されている（石黒二〇一四a：八四―八五）。

7 ルーク・ガートラン（Luke Gartlan）著『日本の経歴――ライムント・フォン・シュティルフリート男爵と初期横浜写真（*A Career of Japan: Baron Raimund von Stillfried and Early Yokohama Photography*）』（二〇一六年）は、シュティルフリートに関する最新かつ詳細な研究で、第五章「茶屋における性と暴力（Sex and Violence in the Teahouse）」は本件に焦点を当てた考察である。新聞や雑誌など現地メディアの関心は、シュティルフリートの茶屋には日本文化理解に資する「民族誌的（ethnographic）」価値があるのかどうか、または日本人女性の性を売り物にしているのに過ぎないのかにあった。同書には、シュティルフリートが三人の芸者や同行した大工に対して、日常的に暴力を振るっていたことを示す一次資料（Appendix B）が記載されている。この資料は著者のガートランが日本の外務省外交史料館で発見したもので、同様の暴力による支配は横浜時代のベアトにも見られたという（Gartlan 2016: 163）。

8 本章で取り上げた『ナショナル・ジオグラフィック』（一九一〇年一一月号と一九一一年一一月号）は、共に国立情報学研究所の文献検索サイト（CiNii）で閲覧できる。「インターネット・アーカイブ（Internet Archive）」というサイトからは無料でダウンロードできる。紙媒体でファクシミリを販売している出版社もある。

9 朝鮮・中国特集のタイトルには「著者による写真付き（With Photographs by the Author）」とあるので、収録写真はすべてチェイピンの撮影だと考えてよい。しかし、日本特集にはそのような添え書きがなく、四四枚中、八枚の写真にだけ「チェイピン撮影（Photo by W. W. Chapin）」とある。その他の写真は、F・C・ヒックス（F. C. Hicks）による二枚を除いて、撮影者名は記されていないので、チェイピンの記事の本文は写真と対応していない可能性もある。後述のように、本文（テクスト）と写真（ヴィジュアル）が一致していない事例は、今日に至るまでよく見られる。

10 写真４‐５の人物を左から1、2、3とし、写真４‐６の人物を左からA、B、C、D、E、Fとすると、1＝F（傘が目印）、2＝E（扇子が目印）、3＝Dである。上掲のチェイピンの記事と照合すると、写真４‐５の三人が、「陽気なくるくる回り」を披露した「ダンシング・ガール」で、写真４‐６の左から二番目にいる年輩の女性（B）が、「音程や和音がない」音楽を奏でた「ゲイシャ」の一人だと考えられる。

11 グーグル画像検索にYokohama. Nectarineと入力すると、当時の写真が数十枚ほど出てくる。革靴を履いたキモノ姿の遊女の写真には「神奈川の売春宿NECTARINE No. 9の遊女と高価なキモノ（Prostitutes and Their Expensive Kimonos at the NECTARINE No. 9 Brothel, Kanagawa Branch）」というタイトルが付いている。性とキモノが結びつけられているのである。

12 韓国の人類学者オクピョ・ムン（Okpyo Moon）の指摘による（私信）。ムンによれば、写真４‐11と写真４‐12の女性服は極めて稀で、「やらせ」の可能性もある。しかし、背景に写っている人びとは、カメラに視線を向けているものの、不自然に振る舞っている様子はない。また、チェイピンの記事には同様の写真がもう二枚載っているが（Chapin 1910: 906, 910）、短期間の滞在でこれほど多くの同じ服装をした女性（農民や洗濯女）を街中で見たという事実は、この服装が決して稀ではなかったことを推測させる。

13 乾淑子が近著『着物になった〈戦争〉――時代が求めた戦争柄』（二〇二三年）で明らかにしたように、日清戦争から太平洋戦争にかけて、男性のキモノには「戦争柄」と言われる意匠・図柄が現れて国民の戦意高揚に一役買った。

14 後述のように、コブの記事は日本語版から削除された。しかし、日本の『ナショナル・ジオグラフィック』のサイトには、「女性カメラマンが語る『芸者の唇』」という一分半ほどの動画がアップされている。本文で引用したコブの言葉は、そこに記録されたものである。https://natgeo.nikkeibp.co.jp/nng/article/

20150220/436308/

15 アメリカ英語に back east という表現がある。これはアメリカ大陸の東部（つまり大西洋側）を意味していて、東部出身者だけが故郷を指すときに使う表現ではない。back（戻る）という言葉を慣用的に使うところに、アメリカ人の「自分たちは元来ヨーロッパ起源である」という歴史意識が反映されている。なお、西部は out west である。

16 『武士道』の第四章「敵に塩を送る」の中で、新渡戸は戦国時代の武将・武田信玄と上杉謙信に言及した。そして、海沿いの北条氏は塩の道を絶つことによって山間の信玄を苦しめたが、同じく海沿いに位置して信玄と幾度となく戦った謙信は、北条氏の卑劣さに怒り、逆に塩を送って信玄を助けたという逸話を披露した。間髪を入れず、新渡戸は日本と西洋の歴史の類似性を指摘して、この逸話は「ローマ人は金をもって戦わず、鉄をもって戦う」と豪語したマルクス・フリウス・カミルス（Marcus Furius Camillus）を想起させると説いた。カミラスとはローマ時代の将軍／政治家である。

　さらに、新渡戸は哲学者フリードリヒ・ニーチェ（Friedrich Nietzsche）の「汝の敵を誇りとすべし、しからば敵の成功はまた汝の成功なり」という言葉を引用して、次のように述べた。「『汝の敵を誇りとすべし、しからば敵の成功はまた汝の成功なり』と言えるは、よく武士の心情を語れるものである。実に勇と名誉とは等しく、平時において友たるに値する者のみを、戦時における敵としてもつべきことを要求する。勇がこの高さに達した時、それは仁に近づく」（新渡戸 一九三八：四七―四八）。

　このように、新渡戸はまず謙信をカミルスという西洋史上の人物になぞらえ、そのうえでニーチェに日本の武士の心を語らせたのである。ここには、読者として想定された西洋人に上杉謙信を身近なものとするだけでなく、まったくの異人であるはずの上杉謙信を通じて、西洋人が自らの歴史を再発見するという仕掛けがある。詳細は拙稿「西洋文明論としての新渡戸稲造『武士道』」（桑山 二〇〇七）を参照。

17　本文（テクスト）と写真（ヴィジュアル）の乖離という問題は、アメリカの文化人類学の教科書や概説書にも当てはまる。詳細は拙著『ネイティヴの人類学と民俗学――知の世界システムと日本』の第八章「アメリカの教科書の中の日本――写真とテキスト」（桑山二〇〇八b）を参照。

18　この宣伝は、拙稿（桑山二〇一八b）が発表された頃、GEISHAの販売元であるKawasho Foods USA. Inc.のホームページに掲載されていたが、本書執筆最終段階の二〇二四年春には確認できなかった。

19　野崎兄弟は一九一一年に自社製品をGEISHAと名付け、翌年、アメリカで正式な登録商標として認められた。第二次世界大戦後の一九四八年、日本で発売された「ノザキのコーンビーフ」という缶詰は、Nozaki Brothers Inc.の親会社である野崎産業（一八九三年創業）の製品である。一九九九年、野崎産業は川鉄商事と合併し、二〇〇四年に川商フーズが誕生、現在に至っている。この件に関する情報はGEISHAと株式会社川商フーズのホームページによる。

第五章

浮世絵春画とキモノ——エロチシズムとのつながり

1　歌麿も北斎も描いた春画

西洋人が感じる女性のキモノのエロチシズムまたは官能美と、深いところで――しかしあまり見えないところで――つながっているのが浮世絵春画である。第二章で述べたように、浮世絵は西洋美術にもっとも大きな影響を与え、かつ本格的に取り入れられた唯一の日本の芸術であった（Kreiner 2005: 16）。今日、私たちは日本国内で浮世絵春画を見る機会はめったにないが、喜多川歌麿（一七五三〜一八〇六）や葛飾北斎（一七六〇〜一八四九）といった海外で著名な巨匠を含めて、江戸時代の浮世絵師たちは数多くの春画を描いていた。そして、それらはジャポニスムの時代に大量に西洋に渡ったのである（写真5－1）。

浮世絵に関心のある人なら誰もが不思議に思うであろうことが一つある。それは、浮世絵には遊女、特に花魁の姿が頻繁に描かれているのに、なぜその一歩先にある性交が描かれていないのかという疑問である。もっとも、白倉敬彦の『江戸の春画』（二〇一七年）によれば、浮世絵春画に遊女が占める割合はせいぜい一割から二割ほどだが（同：二一九）、日本国内の浮世絵展で男女の交合図を見ることはめったにない。たとえば、二〇二〇年夏に東京都美術館で開催された展示会「日本三大浮世絵コレクション」は、国内最高峰の浮世絵コレクションを誇る太田記念美術館、日本浮世絵博物館、そして平木浮世絵財団の逸品を集めて、合計四五〇点ほどを一堂に展示した画期的なものであった。だが、展示場に男女の交合を描いたものは皆無だったし、三六〇頁に及ぶ豪華なカタログにも一切ない。[1]

では、浮世絵師は性に無関心だったのかというと、事実はその真逆であった。「浮世絵の祖」と称され、かの「見返り美人図」の作者である菱川師宣（一六一八頃〜一六九四）を筆頭に、彼らは時としてお上の弾圧を受けながらも、「春画を描かなかった浮世絵師はいないと言われる」（早川 二〇一九：一三六）ほど交合図を描いていたのである。唯一の例外はいまだに正体不明の東洲斎写楽だと言われる。ただ、それらはつい最近まで国内外で「隠されていた」ため、公衆の眼に触れることはほとんどなかった。

その歴史的背景としては、江戸時代における享保の改革・寛政の改革・天保の改革による好色本の取り締まりや、明治初期に全国的に制定された違式詿違条例による春画販売の禁止などが掲げられる。[2]この条例の対象の多くは、文明開化を国是とした明治政府が、西洋人の眼に「淫ら」と映ると考えた日本の風習である。春画がそこに加えられたのは、その大胆な性表現が当時の西洋人にとって猥褻以外の何ものでもなかったからである。つまり、春画は性愛（eros）を表現する芸術（art）ではなく、国内外共にポルノ（pornography）扱いされたのである。[3]

写真 5-1　オランダのシーボルトハウスで、お土産として売っていた浮世絵春画の絵葉書。最上段に見えるのは喜多川歌麿作「歌満くら」第 10 図である。右段には歌舞伎絵が見える（2006 年、筆者撮影）

2　海外発の《性＝エロス》と《布＝ファッション》

早川聞多によると、この春画にまつわるタブーを最初に破ったのが、二〇〇二年末から翌年明けにかけて、フィンランドのヘルシンキ市立美術館（Helsinki Art Museum）で開催された「日本の江戸時代の禁じられた好色画」展（原題の英語はForbidden Images: Erotic Art from Japan's Edo Period）であった。そこでは、喜多川歌麿、葛飾北斎、歌川国定（一七八六～一八六四）らの春画が展示され、この展示会を機に国際的な春画研究が始まったという。その後、同様の展示会がスペイン・バルセロナのピカソ美術館（Picasso Museum Barcelona）や韓国ソウルのファジョン美術館で催され、二〇一三年、一大センセーションを巻き起こした大英博物館（British Museum）の「日本美術のなかの性とたのしみ　春画」展（原題はSunga: Sex and Pleasure in Japanese Art）へとつながった（早川 二〇一九：二〇一二）。

写真5‐2は同展のカタログ（Clark, Gerstle, Ishigami, and Yano 2013）の表表紙を飾った鳥居清長（一七五二～一八一五）の『袖の巻』第一〇図である。そして、写真5‐3は裏表紙に掲載された喜多川歌麿『歌満くら』第一〇図である。[4] 両書は共に浮世絵春画の傑作として知られる。

春画そのものを論じることは本論の目的ではないので、ここでは江戸時代の浮世絵春画に焦点を当

写真 5-2　大英博物館春画展（2013 年）のカタログの表表紙を飾った鳥居清長作「袖の巻」第 10 図（筆者所蔵）

写真 5-3　大英博物館春画展（2013 年）のカタログの裏表紙に載った喜多川歌麿作「歌満くら」第 10 図。男女の営みの場所は茶屋（teahouse）の 2 階とされる（筆者所蔵）

てて、西洋人の目に映ったキモノのエロチシズムとの関連について考えてみたい。結論を先取りすれば、浮世絵春画に性交中の男女が全裸で描かれていることは少なく、多くの場合、彼ら彼女らの体にはキモノが着せ掛けてあった。そのため、《性＝エロス》と《布＝ファッション》が強く結び付き、キモノに性的連想がまつわりつくようになったのではないかと思う。

　大英博物館春画展のカタログの序論には、日本の春画に西洋的な「裸婦（female nude）」の概念はなかったと述べられている。それを日本に紹介した一人は、前章で触れた写真家シュティルフリートである（クラーク＆ガーストル 二〇一五：三一、Clark and Gerstle 2013: 32）。逆に言えば、近代西洋人にとって、美しい布を纏った女性の性交図は珍しかったのであろう。彼らの関心が裸体そのものではなく、錦絵（多色摺りの浮世絵版画）に描かれたキモノに向けられたとしても不思議ではない。また、幾度となく述べたように、キモノは強烈な異国情緒（exoticism）を醸し出したが、春画が西洋に大量流出した一九世紀後半は、弱体化したオリエントが他者化され、かつ女性化され始めた時期であった。その典型として、イギリスのリチャード・バートン卿（Sir Richard Burton）による、多分に性的化された『千一夜物語（*Thousand Nights and a Night*）』の翻訳出版（一八八五〜一八八八年）を掲げることができる。浮世絵春画を通じた日本人女性のキモノと性の結び付き、つまり「エキゾチックでエロチックな連想」は、こうしたより大きな世界の動きと切り離して考えることはできない[5]。

3 浮世絵春画の装飾性とキモノ

日本の春画の歴史は平安時代にまで遡ると言われる。現存する最古のものは、平安時代末期の作とされる絵巻物「小柴垣草紙」を、室町時代に模写した画である（早川 二〇一九：一一八）。これは肉筆の一点もので、江戸時代に庶民の間で流布した版画とは性質が異なる。時代の変遷と共に春画のスタイルも変わったが、初期には全裸での交合図が多かったものの、次第に着衣での交合図が増えていった。白倉によると、浮世絵が絶頂期を迎えた一八世紀後半（明和から寛政の時期）に、全裸図は極めて少なかった。その後、一九世紀初め（文化から文政の時期）になると、一定数の全裸での交合図が再び現れたが（白倉 二〇一七：一八三）、「春画に『全裸の男女がほとんど登場しない』のは、浮世絵すなわち春画の全盛期の一大特徴なのだ」（同：一八四）。

この特徴はすでに菱川師宣の『欠題組物』（一六七七年頃）に見られると白倉は言う。題名が失われたこの本（折帖）は一四枚の黒摺り版画から成り、「男女とも着衣のまま」が五図あり、「男女とも全裸」は僅か二図しかない。その他は、女性に関する限りすべて「着衣ないし着物を羽織っている（半裸）」（白倉 二〇一七：一七三―一七六）。注目すべきは、着衣の有無（全裸・半裸・着衣のまま）を問わず、全一四図のうち非交合図が五図もあるという事実である。その理由を、白倉は菱川師宣に始まる春画の「物語性」と「絵本化」に求めている。つまり、「裸の交合図ばかり描いていたのでは退屈きわまりないものに堕してしまう」ということだ。このことは、裸体を見せるはずの春画に登場する人物が、往々にして「衣装の内に埋もれて」いて、「描かれているのは着物ばかり」（同：一六九―一七二）という一見奇妙な結果を生んだ。白倉は次のように述べている。

裸に衣装を着せかけることによって多彩な情景を演出することができたし、見る側にとっても単に交合場面を眺めるだけでなく、その多彩な趣向を眺め娯《たの》しむことができるようになった。その意味で、師宣は［中略］性風俗におけるあらゆる趣向の発見者でもあったといえる。そしてその趣向の多様性は、裸に着せかけた衣装によって発揮された。

（白倉 二〇一七：一七三）

時代が下って、鈴木春信（一七二五頃～一七七〇）らによって錦絵が創始されると、美しく描かれたキモノが浮世絵春画の画面に占める割合は飛躍的に増大した。白倉はこの現象を「春画でありながら衣装史を眺めるかのような、華やかな衣装文化を繰り展《ひろ》げる」(同:一七七)と表現している。二つの大きな要因がそれを支えていた。第一は、浮世絵の多くは「呉服屋とのタイアップ商品」だったので、呉服屋にとって春画は「新柄発表の場」という側面があったということ(同:一七七―一七八)。第二は、春画は結婚前の娘の性教育用に使われたり、貸本屋が春画を携えて顧客の家を訪れたときは、女性が対応したりしたということである。彼女たちは性具(女性用)の購入にも関わった。[7] このことは春画の読者にはかなりの数の女性がいたことを示唆している。これらの史実に鑑みると、春画は最先端の流行を行くキモノを掲載した「ファッション情報誌」(同:一七七)だったと言えそうである。

この点を「過剰な装飾性」という観点から考察したのが田中優子である。田中によれば、「日本の美術や文学には、中心的テーマとそれ以外、という明確な区別が無く、あらゆる細部が主題そのものであり、重要な意味が様々な細部にまで宿っている、のである。全体が部分に潜み、部分が全体を指し示すのだ」(田中 二〇〇〇:八九)。これが「過剰な装飾性」の意味だが、具体的には、春画の「中心的テーマ」「主題」「全体」とは男女の性的営みを指し、「それ以外」「細部」「部分」とは、「凝った着物の柄、あざやかな着物の色彩、屏風の絵、庭のしつらい、敷ものや夜着の色と文様、床の間の花、ついたての書、料理の載った盆、酒器、たばこ盆、きせる、箱もの、書物、そして必ず入れてある滑稽な句[中略]等々、あまりに性交から目を移してしまう要素」(同:一〇五)を指している。[8]

この「中心を空洞に」するかのように配置されたモノの群によって、「隠して表す」ことが可能になると田中は主張する。つまり、「『隠す』ことで過剰な意味を『表す』ことが、装飾性の特性」（同：九一―九二）なのである。田中によれば、過剰な装飾性は浮世絵春画を西洋のポルノグラフィから区別するものであり（同：八九）、裸体に着せ掛けられたキモノこそ「隠す」材料の最たるものである。こうした「隠す・見せる」の手法を意識的に駆使して、その頂点に達したのが喜多川歌麿であった（同：一三〇）。『歌満くら』第一〇図（本章の写真5-3）を、田中は次のように評している。

> 茶屋の二階でのこの逢瀬《おうせ》は、ゆきずりどころか、長いあいだつき合ってもうよほど気心が知られている関係に見える。しかも甘え合わない粋《いき》な関係だ。まずここでは、隠す意思が最初から徹底している。女の白い太股が緋色《ひいろ》の腰巻きの間からはみ出しているだけで、性器の結合も見えなければ、二人の顔さえも見えない。よく見ると、女の鬢《びん》の下にちらりと男の油断ならぬ眼が覗く。男の格好は、薄墨《うすずみ》色の紗綾《さや》形文様の着物の上に、霰小紋《あられこもん》の黒い紗の羽織をはおっている。格調高い「粋」の極みだ。女も黒地の井桁絣《いげたかすり》の薄物を着ているが、その下は燃えるような深紅の襦袢《じゅばん》であるところが粋である。黒髪をきりりと上げて、すっきりした鼈甲《べっこう》を刺しているところも涼しげだ。
>
> さて、見せているのは、女の白い襟足《えりあし》と太股だけかというとさにあらず。扇に宿屋飯盛《やどやのめしもり》の狂歌が、今やっていることを物語ってくれる。「蛤《はまぐり》にはし（嘴）をしつかとはさまれて、鴫《しぎ》立ちかぬる秋の夕暮れ」と。鴫の嘴（男根）は、蛤（女陰）にしっかりと捉えられているのである。果たしてこれは春画か？
>
> （田中 二〇〇〇：一三六―一三七、一部ルビを追加）

春画でありながら男女の結合が見えない。むしろ、過剰なまでの布が「邪魔者」となって、見る者を「じらし」ている。何よりも、重なり合う柔らかい布の襞《ひだ》が、身体を官能的に表現している（同：一二八、一三八）。「裸婦」概念に馴染んでいた近代西洋人は、日本の浮世絵春画に描かれたキモノに接して、《性と布》の結び付きを発見したのだと言えるだろう。

田中の「過剰な装飾性」論は他の論者によって敷衍されている。たとえば、佐伯順子は「五感を陶酔させる非日常的な経験を求める欲求の総体」を「現世離脱欲」と呼び、性欲はあくまでその一部分であると説く。そして、浮世絵春画には裸体画が少なく、逆に「装飾過剰な衣装」が描かれている理由を、「春画を見る人々は、性器の直截な結合描写のみでは満足せず、美しい装飾を見るという形で、それに伴う『現世離脱欲』を満たそうとした」ことに求めている（佐伯 二〇〇〇：二四七―二四八）。また、イギリスのロジーナ・バックランド（Rosina Buckland）は、浮世絵春画の人物が「着物のまま性行為に及んでいる」こと、さらに局部が「波打つ美しい着物の襞や寝具」に包まれていることに注目して、次のように西洋と日本を比較している。

着物を描き込むことは、人間の身体の捉え方と関係している。西洋の文化では、着衣のない身体というものは、性的な事柄との連想から、恥ずべきものとされてきた。しかしながら、日本の視覚的表現の伝統では、裸にこのような意味合いは含まれず、ただ、くだけた状況、例えば銭湯や家で着ているものを脱ぐということに過ぎなかった。それゆえに、裸体よりもむしろ、美しい着物の質感・文様・量感といったものがエロティックな魅力をもってくるのだ。裸の遊女の姿絵（仮にそのようなものが想像できるとして）などがあっても、客はほとんど魅力を感じなかったであろう。絵師は細心の注意を払って着物を描き、そのことは版元にとっては優れた木版技術を世に見せつける機会ともなった。着物はまさに、身体を形づくり、鑑賞者に物語を提供することによって、登場人物を規定したのである。

（バックランド 二〇一〇：四九　Buckland 2010: 49）

「着物のまま［の］性行為」について、バックランドは「着物の裾をちょっと持ち上げるだけで交合に及ぶことができた」（同頁）こと、つまり本書で幾度となく取り上げたキモノの「開放性」について言及することを忘れない。ちなみに、「裸の遊女の姿絵（仮にそのようなものが想像できるとして）」というくだりは、遊女（特に花魁など高位の者）が客前で全裸になることはまずなかった、という事実を指している。

以上のことから、西洋人がイメージした女性のキモノの官能美には、鳥居清長や喜多川歌麿に代表される江戸時代の浮世絵春画が関わっていたと結論してよい。

4　キモノを纏《まと》う「淫ら」な日本人

最後に、幕末から明治初期に日本を訪れた西洋人が、どのように日本人を描いたかについて、春画との関連で簡単に見ておこう。今日まで語り継がれているのは、黒船を率いたアメリカのマシュー・ペリー（Mathew Perry）提督が、江戸幕府の役人から受けとった贈答品の中に、一箱の春画が入っていたという件である。[9]これはペリーに限られたことではなく、他国の要人についても同様の記録が残っている（クラーク&ガーストル 二〇一五：三〇）。贈答品である以上、肉筆春画を含む貴重品が差し出されたと思われるが、外交の場で「裸の男女を描いた卑猥な絵」（同頁）が飛び交ったことに、欧米列強の使者たちは大いに驚かされた。さらに彼らが面食らったのは、たとえば開港地の街中の本屋で店主の妻（つまり性産業に携わっていない一般女性）が、平然と春画を扱っていたという事実である。

こうした出来事の背景には、日本と西洋の春画の捉え方の違いがある。江戸時代の浮世絵春画には滑稽な文章が書き込まれていて、テクストとグラフィックの二本立てであった。そのため春画は「笑い絵」と呼ばれていたのである。春画には性別を越えた笑いを誘う仕掛けがあり、近代西洋的意味での淫靡なポルノとは異なっていた。また春画には、合戦での勝利や一族の繁栄をもたらしたり、当時の一大脅威だった火事を防いだりする効果、いわば「呪的、宗教的性格」（佐伯 二〇〇〇：二三七）が備わっているとされたので、階級を越えて重宝されたという。そのことは、江戸時代の支配層に仕えた狩野派の画家の間でさえ春画の手引きが伝わっていたことからも理解できる（第二章註一四を参照）。だが、そうした日本側の事情とは無関係に、いち早く「文明化」した西洋から日本を訪れた訪問者の多くは、日本人に「淫ら（lewd; licentious）」という烙印を押した。「私が見聞した異教徒諸国の中では、この国が一番みだらかと思われた（Of all heathen nations I have ever heard described, I think this is the most lewd）」（渡辺 二〇〇五：二九六、原文は Williams 1910: 183）、というペリーの通訳の言葉がそれを象徴している。

この不名誉な評価に輪をかけたのが混浴であり、かつ庭先での行水という習慣であった。それらを西洋人がどのように見て描いたかは、渡辺京二『逝きし世の面影』（二〇〇五年）の第八章「裸体と性」に詳しい[10]。ただ、キモノとの関係で改めて注目すべきことが一つある。それは人前での肌の露出とキモノの「開放性」との関係である。高温多湿の日本で、男の労働者が褌一丁で働く姿は常態化していたし、当時の庶民は男女共にちょっとした作業をするにも半裸になることが多かった。

たとえば、イギリスの旅行家・随筆家のイザベラ・バード（Isabella Bird）の『日本奥地紀行』（原著一八八〇年）には、次のような叙述がある。宿では「一人の下男が私の夕食のために米をといだが、その前にまず着物を脱いだ。それを炊く下女は、仕事を始める前に着物を腰のところまで下ろした。これはちゃんとした女性の間で習慣となっていることである」（渡辺 二〇〇五：三〇九より引用）。また、アメリカの画家で英語圏初の日本美術書を書いたジョン・ラファージ（John LaFarge）は、日光への旅の道中で寄った茶屋で、「女の馬子たちは腰まで衣服を脱ぎ、男の眼もはばからずに胸や脇の下を拭ったりこすったり」（同頁）したのを目撃したという。さらに、日本の女子教育に大きな足跡を残したアリス・ベーコン（Alice Bacon）は、「開放された浴室や裸の労働者、じめじめした季節に着物をまくり上げて下肢をむき出しにすること、夏に田舎の子どもがまったく裸でいること、暑い季節には大人さえも、家のまわりや田園ではちょっぴりしか衣服を身につけないのが必要とされること」（同：三一一）を指摘している。こうした振る舞いが緩やかなキモノの作りと着脱の容易さに起因することは明らかである。

実は、同様の指摘は一六世紀後半に来日したポルトガルの宣教師ルイス・フロイス（Luis Frois）によってなされていた。第二次世界大戦後に原稿が発見された『ヨーロッパ文化と日本文化』（執筆は一五八五年）は、当時の彼我の差を対句（couplet）形式で綴ったもので、男女の衣服について次のように記している。

フロイス曰く、「われわれの衣服は身体にぴったり合い窮屈である。日本の衣服はきわめて緩やかなので、容易にそして恥ずることなく、すぐに帯の上、裸になる」（フロイス 一九九一：一二二）、「われわれは手と顔を洗うために、ただ手首を捲り上げるだけである。日本人は同じことをするために、帯から上を脱いで裸になる」（同：一三〇）、「ヨーロッパでは暖まるために火に向かって一方の足を露わにすることは奇異の感を与える。日本では暖をとるために火に向かって立っている者［男］が恥じることもなく公然と臀［尻］をまくる」（同：一三二）、「われわれの間では夏でも冬でも身体が見えるほど薄い衣服を着ることはない。日本では夏にはほとんど丸見えになるくらい薄いものを着る」（同：三八）、「ヨーロッパの女性は、その袖が手首にまで達する。日本の女性は、腕の半ばまで達する。そして胸や腕を露出することを不面目のこととは思わない」（同：四六）、「ヨーロッパの女性は帯をきわめてきつく締める。日本の高貴の女性は大そう緩くしめるので、いつも垂れ下がる」（同：四六）、等々。[11]

当然、キモノにも種類と時代による差はあり、時と場によって着こなしは違う。もちろん男女差や階級差も大きい。にもかかわらず、少なくともヨーロッパの衣服との比較で言うと、その基本的構造にさほど大きな変化はなく――キモノの変化は裁ち方（cut）ではなく、布地（cloth）や模様／柄（pattern）に現れた――、それがフロイスとバードらを隔てる三〇〇年以上の時を越えて、ほぼ同じ印象を与えたのではないかと思われる。

近代西洋諸国によって「淫ら」な国とされた日本は、明治時代になるとすかさず全国各地に違式詿違条例を制定して、不面目なイメージの払拭に努めた。禁止された習慣の中には、春画や性具の販売（第九条）の他に、入れ墨（第一一条）、混浴風呂の経営（第一二条）、裸体や肌を見せて醜態をさらすこと（第二二条）、男女相撲（＝盲目男性と晴眼女性の取り組み）の見世物（第二五条）、肌を露出しての乗馬（第二六条）、戸口を開けた目隠し簾のない公衆浴場（第三七条）、俳優や歌舞伎役者以外の者の女装や男装（第六二条）など、今日では想像しにくい習慣が含まれていた。違式詿違条例は今日の軽犯罪法の走りである。法を犯した者が罪に問われたとしても軽微であったが、それがキモノの特性や着用と陰に陽に関係していたことは特筆に値する。

註

1 同じことはシカゴ美術館（Art Institute of Chicago）所蔵のウェストン・コレクションの日本での展示にも言える。このコレクションには、同美術館理事のロジャー・L・ウェストン（Roger L. Weston）が、一九九〇年代頃から収集した百数十点の肉筆浮世絵が含まれている。肉筆画は一点ものなので、版画とは比べものにならないほど高価かつ貴重であり、個人コレクションとしては世界有数の規模と質を誇るとされる。二〇一八年一一月から翌年一月にかけて、シカゴ美術館で開催された展示会「浮世を描く――ウェストン・コレクション浮世絵の傑作（Painting the Floating World: Ukiyo-e Masterpieces from the Weston Collection）」のカタログ（Katz and Hatayama 2019）には、田村水鷗、宮川一笑、鳥文斎栄之、月岡雪鼎らの肉筆春画が掲載されている。しかし、それに先駆けて二〇一五年四月から六月に大阪・長野・東京で開催された「シカゴ　ウェストンコレクション　肉筆浮世絵――美の競艶」のカタログ（永田二〇一五）に、春画は皆無であった。

2 細木藤七『挿画　違式詿違条例　全』（一八七八年）（国立国会図書館デジタルコレクション収蔵）には、第九条「春画及ヒ其ノ類ノ諸器物ヲ販売スル者」の「春画」に、「ワライエ」というルビが振られている。「笑い絵」のことである。細木の著作は、違式詿違条例を世間一般に知らしめるため、挿絵を添えて分かりやすい言葉で説明したものであった。この事実は当時の人びとが春画をポルノではなく、笑いの対象として捉えていたことを暗に示している。

3 「春画はポルノか」という問題は、春画研究の一大テーマである。白倉敬彦は春画をポルノ扱いすることに異を唱えた代表的人物で、彼の立場は、白倉敬彦『江戸の春画』（二〇一七年）や、白倉敬彦・田中優子・早川聞多・三橋修『浮世絵春画を読む（上）』（二〇〇〇年）収録の論文「春画をどう読むか」に簡潔に示されている。白倉が痛烈に批判したのは、春画を自慰用のポルノと見なしたイギリスの日本美術史家、タイモン・スクリーチ（Timon Screech）であった（Screech 2009, スクリーチ 二〇一〇）。

4　日本語版では、表表紙に喜多川歌麿の作品が、裏表紙には鳥居清長の作品が掲載されていて、英語版と逆になっている。

5　第四章で述べたエドモン・ド・ゴンクール『歌麿』（原著一八九一年）の出版が、バートン卿を含む西洋のオリエンタリストの作品の発表と時期的にほぼ一致することは、リカル・ブル（Ricard Bru）が指摘している（ブル 二〇一五：四八二）。

6　菱川師宣『欠題組物』には、全一四図とも男性は一人しか描かれていないが、女性は同一の図に二人または三人が描かれているものがある。

7　菱川師宣の『床の置物』には、一人の男性の行商人が持ち込んだ張形（ペニスの形をした淫具）を、六人の女性が「これはちょっと小さい、大きいのがほしい」などと言いながら品定めしている姿を描いた図がある。彼女たちは大名屋敷の奥女中のようだ。この菱川師宣の作品は春画の文献でよく見かけるもので、大英博物館春画展のカタログには、同館所蔵の性具（鼈甲製・黒檀製の張形）の写真も掲載されている（クラーク・ガーストル・石上・矢野〔編〕二〇一五：三〇八―三一七、Clark, Gerstle, Ishigami and Yano eds. 2013: 308-317）。

8　この部分は奥村政信の組物『閨の雛形』に関する叙述だが、浮世絵春画一般に当てはまる。

9　ペリー提督に贈られた春画は、今日、国立アメリカ自然史博物館（Smithsonian National Museum of Natural History）のペリー・コレクションに収蔵されている（笹原 二〇〇一：二〇五）。

10　幕末から明治初期にかけて訪日した西洋人が残した膨大な記録を、一四のテーマに分けて一冊の本にまとめた渡辺京二の貢献には大きなものがある。ただし、各所で異論反論がないわけではない。たとえば混浴と行水について、渡辺は西洋人の観察記録をもとに、当時の日本人の非性的身体感覚を強調しているが、江戸時代の庶民の記録を考証した杉田聡は、湯屋における男の女に対する性的眼差しや性暴力の存在を明らかにした。また、杉田は湯屋の物理的特徴についても触れて、内部は昼間でもかなり暗く、裸体は湯気でかすんでいたと主張している（杉田 二〇一八：六五―七二）。つまり、建物の造りが現在とは違い電気もなかった時代に、浴場で裸はどのくらい見えたのかという疑問である。当時の混浴風呂は「入込み湯」と呼ばれていて、明治初期の違式詿違条例にも「男女入込みの湯」（第一二条）という言葉が使われた。

11

フロイス『ヨーロッパ文化と日本文化』で対比された日欧の習慣を、今日的観点から検討した著作として、『ヨーロッパ最初の日本描写　一五八五年――ルイス・フロイス著『ヨーロッパ文化と日本文化』英語評論版（*The First European Description of Japan, 1585: A Critical English-Language Edition of Striking Contrasts in the Customs of Europe and Japan by Luis Frois, S. J.*)』（Frois 2014）がある。緒言を書いたイギリスの人類学者のジョイ・ヘンドリー（Joy Hendry）は、フロイスの日本滞在が二〇年以上の長期にわたったこと、その間に彼は日本語を覚えて日本人の思考や行動様式を深く理解したこと、そして何よりも記述が直接の体験に基づいていることを踏まえて、『ヨーロッパ文化と日本文化』は今日の民族誌とは書き方こそ違うものの、その根幹において現代人類学と理解を共有していると述べている。私も通読して同様の印象を得た。

「現代人類学の祖」と仰がれるブロニスラフ・マリノフスキー（Bronislaw Malinowski）以降、人類学者は宣教師の報告書をキリスト教的バイアスがかかっていると見なして、あまり参照してこなかった。むしろ、その宗教的偏見や偏向をやり玉に挙げて、自分たちが書いた民族誌の真正性（authenticity）と権威（authority）を強調してきた。この点はマリノフスキー著『西太平洋の遠洋航海者』（原著一九二二年）の序章に明らかである。たしかに、フロイスの本にも日本の宗教に関する記述に偏りは見られるが、こうしたお決まりの批判と語りを無反省に繰り返すのは生産的ではない。虚心坦懐に宣教師の記述を読んで、資料／史料として使えるものは積極的に活用すべきであろう。

第六章　国内外の博物館に見るキモノ

今日「博物館」と呼ばれる施設は、大航海時代以降、ヨーロッパ人が遠く離れた異世界で遭遇した「奇妙な」人びとの「珍品」を収集して、本国の王侯貴族がそれらを自分の邸宅に陳列した「驚異の部屋（ドイツ語 Wunderkammer　英語 cabinet of curiosities）」を原型としている。時の流れと共に博物館の位置づけは変わり、一九世紀初頭に初めてオランダに登場した民族学博物館は、異民族のモノが鎮座する聖なる空間「テンプル（temple）」から、展示を通じて異文化を共に考える対話の場「フォーラム（forum）」に変化した（吉田 一九九九）。もっとも、民族誌が文字による異文化の表象だとすると、博物館はモノの展示による異文化の表象である点は変わらない。

本章では、国内外の代表的な博物館におけるキモノ展示を比較検討するが、資料の制約上、国外は日本関係の収蔵品数がヨーロッパで最多のイギリスに限定し、調査時期は二〇〇〇年代を中心とする。館内での写真撮影はすべて許されていたが、手続き上の問題があるので、ここでは各博物館および新聞社提供の写真を掲載することにする。

1　大英博物館

ロンドンにある大英博物館（British Museum）と日本の関係は深い。同博物館の歴史は、医者で博物学者のハンス・スローン卿（Sir Hans Sloane）が、一七五三年、自身のコレクションを国に寄贈したときに遡る。その寄贈品の中に、第二章で触れたケンペルが江戸時代の日本で収集して、没後にスローンが遺族から譲り受けた文物が含まれていた。ケンペルの遺稿を英訳して『日本誌（*The History of Japan*）』（原著一七二七年）を出版させたのもスローンだと言われる。

今日、大英博物館の日本コレクションは約三万七千点で、その一部が二〇〇六年秋にオープンした「三菱商事日本ギャラリー（Mitsubishi Corporation Japanese Galleries）」（以下「日本展示室」）で公開されている。同展示室には三部屋（第九二室〜第九四室）が割り当てられていて、中国展示ほどではないが一国の展示としてはかなり大きい。言うまでもなく、大英博物館は世界屈指の博物館なので、そこに自国の文物が展示されるかどうか、またどのように展示されるかが各国の関心事となる。

日本展示室の特徴は、日本の歴史を「古代・中世（Ancient and Medieval）（紀元前一万三五〇〇年〜紀元後一六〇〇年）」、「江戸（Edo）（一六〇〇年〜一八六八年）」、「近代（Modern）（一八五三年〜現在）」に大別して、各時代に特徴的な美術品や工芸品を展示していることにある。たとえば、古代には土器・土偶・埴輪・銅鐸などを配置し、中世には仏教美術を中心に山水画、絵巻、能面、陶器、武具、刀剣などを配置している。いわゆる「文化史」的な展示のため、庶民の日常生活に関わる文物は少ないが、各展示物に施された解説は他の博物館より充実している。

大英博物館の日本展示は、一瞥して東京国立博物館との類似を感じさせる。三笠宮彬子女王によると、その一因は、日本の陶器に強く惹かれた大英博物館「第二代創設者」のオーガスタス・W・フラ

写真6-1　大英博物館日本展示室の中央に展示されていた甲冑
© The Trustees of the British Museum

ンクス（Augustus W. Franks）が、欧文付きの蜷川式胤《にながわのりたね》著『観古図説陶器之部』（第一部〜第五部は一八七六年〜一八七八年に刊行）を熱心に読み、日本的観点から日本文化を理解しようと努めたことにある。その他にも、アメリカのエドワード・モース（Edward Morse）の大森貝塚発見以前に、日本の古墳発掘にあたったウィリアム・ガウランド（William Gowland）の貢献や、日本人の美術観に大きな影響を与えたウィリアム・アンダーソン（William Anderson）らの存在が大きいという。彬子女王曰く、「今日、イギリスの大英博物館と日本の東京国立博物館は、日本の美術（art）・工芸（artefact）に関する歴史観を共有しており、日本美術の枠と見做されている文物を同じように展示している」(Princess Akiko of Mikasa 2015: 41 筆者訳)。

二〇〇九年、私が大英博物館を四回目に訪れたとき、日本展示室の中央には甲冑（写真6-1）と刀剣類が置かれていた。日本語と英語を並記したキャプションボードによると、これらの武具は「武士権力の象徴 Symbols of samurai authority」であり（表記の順序は日本語が先である）、兜は一七世紀の加賀前田藩に由来、鎧は同藩の甲冑師・雲海光尚の作、刀は備前長船の祐定《すけさだ》の作、等々とあった。日本刀を中心とする武具が、欧米の博物館における日本展示のハイライトであることは、二〇〇〇年前後に国立民族学博物館が行った調査（栗田・園田・吉田二〇〇一）でも明らかになっている。

この文脈で特筆すべきは、公式の記録がある日本の文物で最初にイギリスに渡ったのは、一六一三年、第二代将軍・徳川秀忠が国王ジェームズ一世に贈った二対の甲冑と、それに付随する複数の大刀と脇差だという事実である。二対の甲冑は現存しており、リーズの王立武具博物館（Royal Armouries Museum）に収蔵されている（Irvine 2004: 156, 2005: 3）。

不思議なことに、ヨーロッパとの交易が始まった安土桃山時代以降、武具と並んで人気を呼んだ女性のキモノは、大英博物館には展示されていなかった。[1] 実は、キモノの存在感が薄いのは欧米の博物館に共通の現象で（特別展などを除く）、先述の国立民族学博物館調査からも窺える。ただし、大英博物館のデータベースを検索すると、同博物館には kimono（キモノ）と分類されている収蔵品が、二〇二四年春の時点で約一九〇点もある。その多くは女性の小袖・振袖・打掛だが、なぜまったく展示しない／しなかったのだろうか。[2]

理由は定かではないが、展示がないからといって来館者がキモノを目にしないわけではない。むしろ現実は逆である。なぜなら、近現代を除いて、浮世絵を含む多くの絵画に登場する人物、特に女性はほぼ常にキモノを着ているからである。それはあくまで海外で kimono と認識されている衣服のことだが、日本展示におけるキモノの間接的な存在感は相当なものである。キモノのつくり（形状）は固定しているので、専門家は素材・製法・模様・産地などに注目しがちだが、いったん服としてのキモノを離れて、絵やその他諸々の文物に描かれたキモノを視野に入れれば、日本展示の至るところでキモノを目にすることに気づくだろう。

2　ヴィクトリア&アルバート博物館

おそらく、服としてのキモノを大々的に展示している点で例外的な主要博物館は、ロンドンのヴィクトリア&アルバート博物館（Victoria and Albert Museum 以下「V&A」）である。同館で二〇二〇年に開催されたキモノ展については、すでに本書の冒頭で述べた通りだが、私が訪れた二〇〇六年春には、大きなスペースがキモノ展示に割り当てられていた。展示品の多くは大正時代に人気を博した銘仙（詳細は第八章第二節を参照）であった。銘仙は時代的に新しく庶民の間で好まれたので、国内外共に美術に特化した博物館で展示されることは少ない。写真6-2はV&Aで見かけた銘仙で、大正時代に一大生産地であった群馬の伊勢崎でつくられたと推定されている。

印象的だったのは、キモノ展示のすぐそばに、数点の立派な甲冑（鎧兜）、五点ほどの兜、一五点ほどの太刀（明治天皇から駐日英国公使ハリー・パークス卿〔Sir Harry Parks〕に贈られたものを含む）、そして海外で人気のある鍔を一五点ほど一挙に展示していたことである。V&Aの収蔵品の中には、第一四代将軍・徳川家茂が、幕末のイギリスの外交官ラザフォード・オールコック（Rutherford Alcock）を介して、ヴィクトリア女王に贈った完璧な甲冑（写真6-3）があるが、それは同館の日本コレクションの目玉となっている。こうしたキモノと武具の並列展示に、《日本人男性＝サムライ

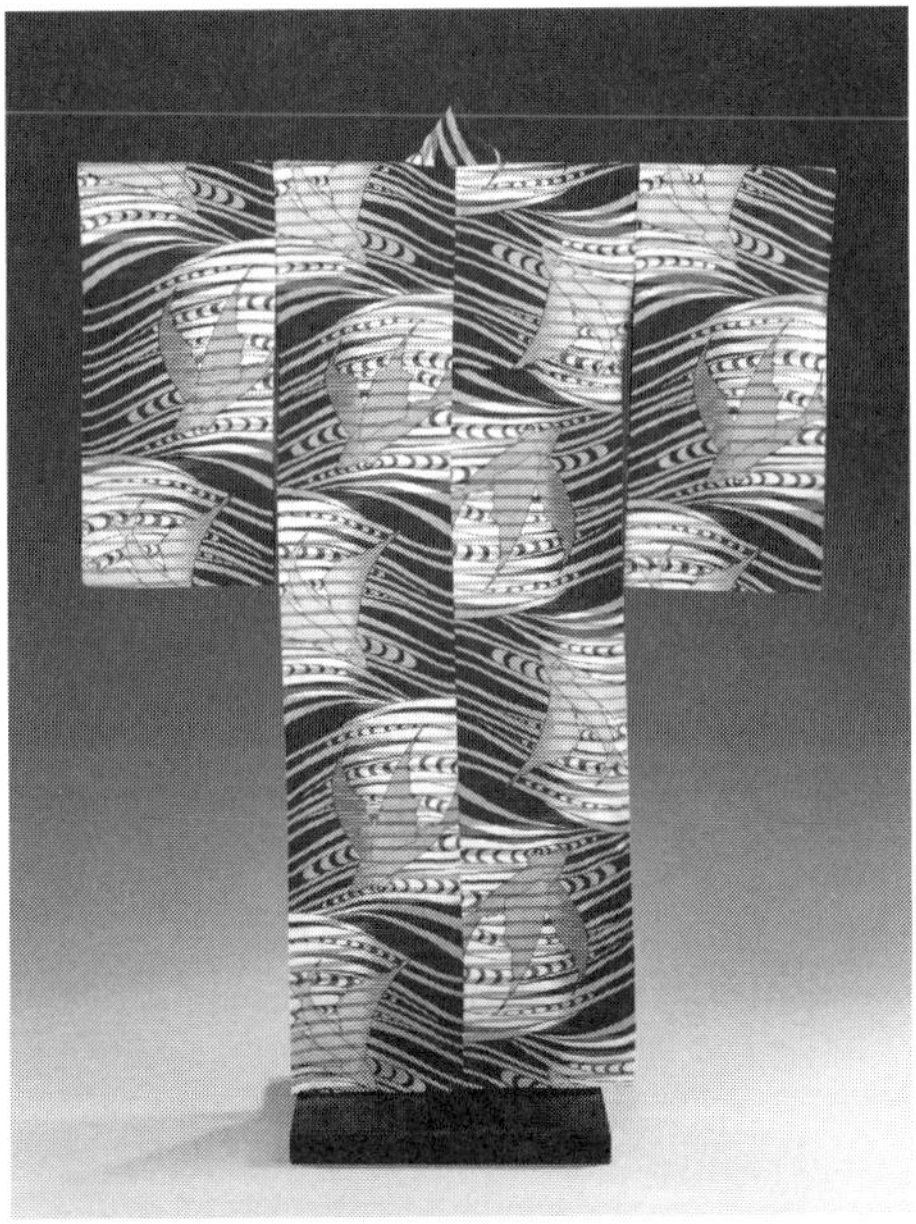

写真6-2　ヴィクトリア&アルバート博物館収蔵のキモノ（銘仙）
© Victoria and Albert Museum, London

写真6-3　第14代将軍の徳川家茂がヴィクトリア女王に贈った甲冑
© Victoria and Albert Museum, London

=刀》対《日本人女性=ゲイシャ=キモノ》という、ジェンダー化された《菊と刀》の日本イメージを見てとることは難しくない。

今日（二〇二四年春）、V&Aの日本コレクションは約六万三七〇〇点で、大英博物館のそれをはるかに上回る（同館のデータベースによる）。[3] そのうち、kimono（キモノ）として登録されているものは、型紙を含めて約二六五点であった。深井晃子らの『ヨーロッパに眠る「きもの」――ジャポニスムからみた在欧美術館調査報告』（二〇一七年）によると、V&Aのキモノと裂《きれ》（切れ端または織物の意）の入手法は「寄贈」と「購入」に大別される。前者の代表格は先述のヴィクトリア女王だが、家茂は甲冑の他に裂を五〇点ほど贈呈していた。それが後にV&Aに寄贈されたのである（深井・長崎・周防・古川二〇一七：四二）。後者の「購入」の場合は、①万博や国際博覧会の終了後に展示品を購入したもの、②日本の物産を扱った商店や美術商から購入したもの、[4] ③日本に駐在した外交官や収集家など個人コレクションから購入したもの、に大別できる。[5] 詳述はしないが、こうした一見子細な情報が重要なのは、モノの流れを通じて当時の人間関係や社会関係、ひいては国際関係も窺い知ることができるからである。

一八五二年設立のV&A（当時の名称はサウス・ケンジントン博物館〔South Kensington Museum〕）は、いわゆる「芸術の粋」を収集・展示するのではなく、「デザインの諸原理を実際に応用してつくった優美な形、および工場主・職人・大衆のために調和のとれた色彩を提示する」（Irvine 2005: 19 筆者訳）ことを目的としていた。こうした姿勢は現在まで貫かれており、コロナ禍の最中に開催された二〇二〇年のキモノ展にもそれは反映されていた。

以下はV&Aの学芸員アナ・ジャクソン（Anna Jackson）による五部構成のヴァーチュアル・ツアー（Curator's Tour, *Kimono: Kyoto to Catwalk*）の要点である。

第一部：ファッションは欧米に特有の現象だと見なされているが、決してそうではない。事実、日本のキモノは世界のファッションに大きな影響を与えた。それは一般に考えられているような古めかしい伝統服ではなく、常に変化するダイナミックな衣装である。

第二部：支配階級の装束であったキモノは江戸時代に一般化した。また、女性用のキモノの帯はこの時代に見る見る太くなった。当時の階級制度で商人は最下位に置かれたものの、実際に呉服屋のご贔屓筋となったのは武士ではなく豪商であった。庶民の様子は浮世絵に見てとれる。そこに描かれた花魁や歌舞伎役者は、キモノ界のファッション・リーダーであった。

第三部：欧米との関係では、江戸時代初期にキモノはオランダを通じてヨーロッパに入ったが、日本の「鎖国」により供給不足となり、多くがインドから輸入された。そしてキモノは次第にヨーロッパ化した。明治時代になると、禄を失った旧武士階級の人びとが欧米人に先祖伝来のキモノを売ったり、機を見るに敏な商人が欧米人好みの柄のキモノを輸出したりした。

第四部：一九世紀後半のジャポニスムの時代に、キモノはヨーロッパ人女性のファッションを変革した。特に際立っていたのは、キモノを模した「緩やかな」シルエットの登場である。二〇世紀初頭の日本には銘仙が登場して、それまでになかった明るい色彩や大胆なデザインのキモノが人気を博した。

第五部：第二次世界大戦後の日本でキモノは一時衰退したが、新たな感性をもった内外のデザイナーによって、日本の伝統と世界の伝統が融合し始めた。キモノは文字通り「着る物」であり、ローカルかつグローバルな存在である。それは常に再創造されている。[6]
一九八六年以降、V&Aの日本展示は東芝日本美術展示室（Toshiba Gallery of Japanese Art）で行われている。同博物館が特定のスポンサーの支援を受けたのは東芝が初めてであった。外国企業から支援を受けると、その国の意向が反映されやすいが、V&Aの日本展示に特に影響はないという[7]（Irvine 2005: 25）。

3　ピット＝リヴァーズ博物館

世界的に名高い民族学博物館のピット＝リヴァーズ博物館（Pitt Rivers Museum）は、名門オックスフォード大学の附置施設で、同大学の自然史博物館（Oxford University Museum of Natural History）に隣接している。その名称は、収集家でもあったピット＝リヴァーズ将軍（一八二七～一九〇〇）が、オックスフォード大学と二年間の交渉を経て、一八八四年、自身のコレクションを同大学に寄贈したことに由来する。

寄贈に当たって彼は一つの条件を付けた。それは収蔵品について講義可能な人類学者を雇うことだった。条件を満たすべく任命されたのが、「人類学の父」ことエドワード・タイラー卿（Sir

写真6-4　ピット＝リヴァーズ博物館のメインロビー。展示品を収めた多数のガラスケースの奥に、北米ハイダ族のトーテムポールがそびえ立っている
© Pitt Rivers Museum, University of Oxford（1901. 39. 1）

Edward Tylor）である。任命は開館前年の一八八三年で、タイラーはイギリスの大学史上初の人類学教員（職位は「准教授」に匹敵するreader）となった。入館して奥のほうに見える巨大なトーテムポール（写真6‐4）は、タイラーが北米のハイダ（Haida）族から一九〇一年に購入したものである。

今日、世界の多くの民族学博物館では、展示は民族別または地域別になっている。つまり、同じ部類のモノ（たとえば仮面）を、異なる複数の民族や地域から集めて並置するのではなく、同一の民族や地域（たとえば日本）に属するモノの群を一か所に展示している。そうすることによって、当該民族や地域の文化の全体像が把握できるようになっているのである。だが、ピット＝リヴァーズ博物館では、主にモノの部類を基準とした展示が行われていて、たとえば約四〇もの日本の能面は、インドやヒマラヤの仮面と隣り合わせに展示されている[8]。能面も仮面も共に「マスク（mask）」と分類されているからである。そのためか、同博物館の展示にはモノの「羅列」という印象がつきまとう。

この独特な展示法は一九世紀後半の西洋思想の名残りである。イギリスでは一八五一年にロンドンで第一回万博が開催され、人類文明の偉大な「進歩」が高らかに謳われた。その後、一八五九年にはチャールズ・ダーウィン（Charles Darwin）の『種の起源』が刊行され、生物進化論は社会進化論へと変貌していった[9]。ピット＝リヴァーズはこうした思想的潮流に影響されて、同一部類のモノを「単純」から「複雑」の順に並べ、人類進化の歩みを示そうとしたのである。もっとも、展示法は時代と共に変化しており、現在ではモノの機能や用途に注目した方法も取り入れている（Cousins 2004: 5-9, 20-27）。

問題はこの「偉大なモノの館」にキモノがどのように展示されているかである。結論から言えば、キモノそのものの展示は極めて少ない。私は一九九二年からオックスフォードを訪問するたびにピット＝リヴァーズ博物館を訪れているが、武士の甲冑は目にしたものの、キモノを見た記憶はない。

その最大の理由は、同博物館にはキモノの収蔵品が少ないことにある。データベースによると、二〇二四年春の時点で kimono と分類されている「もの（object）」は九六点ある。だが、その中には布切れ・人形・絵などが含まれていて、完成品のキモノは一〇領ほどに過ぎない。それも子ども用を含めた日常着が中心である（データベースに写真が付いていないので正確な判別は難しい）。kosode（小袖）

写真6-5　ピット＝リヴァーズ博物館所蔵の団扇。表（左側）に花嫁と手伝いの女性が描かれている
© Pitt Rivers Museum, University of Oxford（1989. 44. 2）

でキーワード検索すると一領だけ出てくるが、大英博物館やV&Aに比べると、いかにも貧相である。

　では、ピット＝リヴァーズ博物館の来館者は、キモノをまったく目にしないのであろうか。答えは「否」である。大英博物館と同じで、服としてのキモノそのものは展示されていなくても、日本の文物の多くにはキモノ姿の人びと（特に女性）が描かれているからだ。写真6-5を見てみよう。一つの団扇の表と裏が写し出されている。表面（写真左）には花嫁と手伝いの女性のキモノ姿が描かれている。この団扇は一九〇九年、あるイギリス人夫妻が日本滞在から持ち帰ったもので、裏面（写真右）には宿泊先のホテルの名前が書かれている。団扇という日常品を夫妻がわざわざ持ち帰ったのは、日本人女性のキモノ姿に

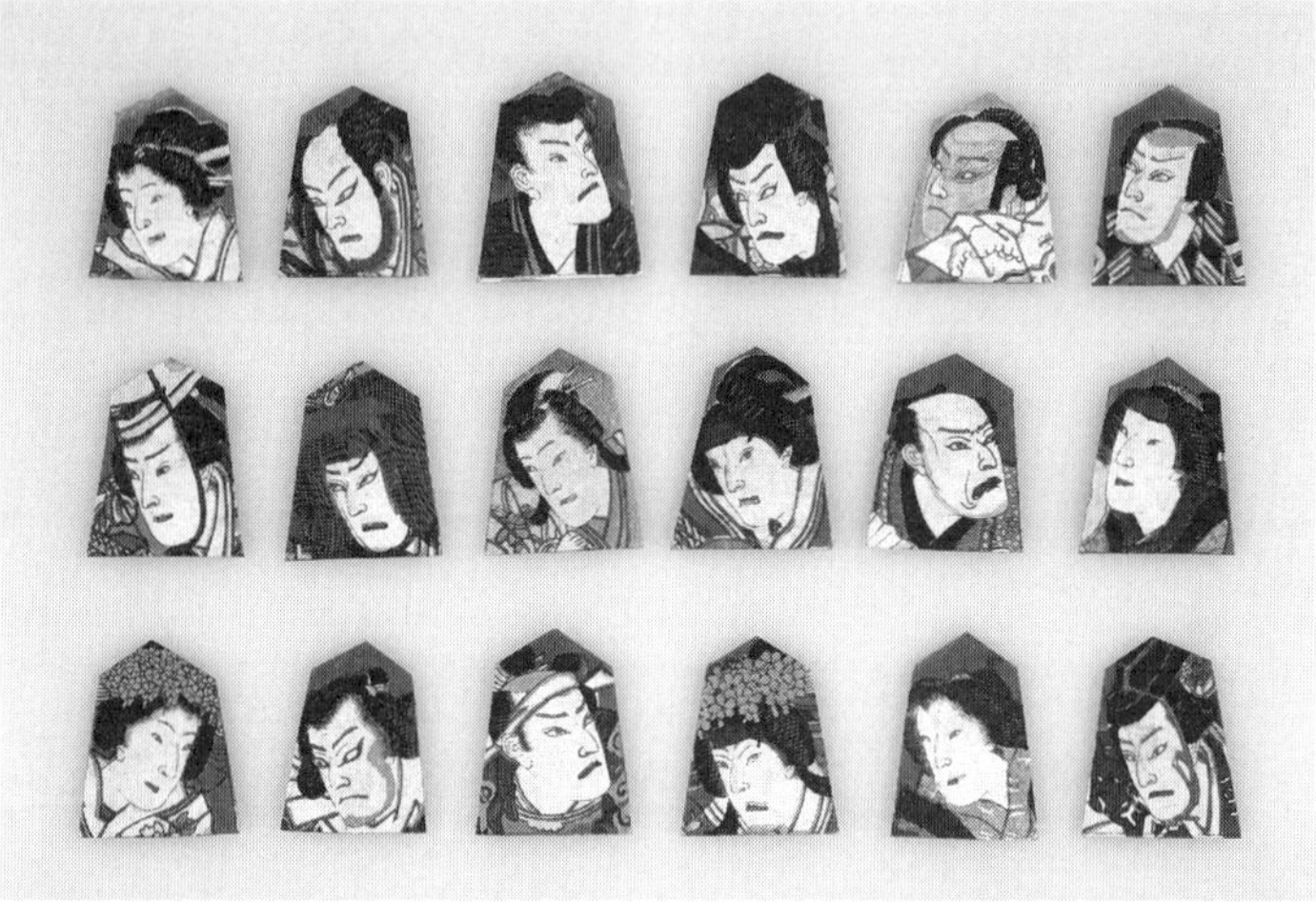

写真6-6　ピット＝リヴァーズ博物館所蔵の日本のはさみ将棋。明治時代に「人類学の父」エドワード・タイラーが収集した
© Pitt Rivers Museum, University of Oxford（1917. 53. 494. 10-. 18）

魅かれたからだろう。

また、写真６‐６はタイラーが明治時代に入手したはさみ将棋である。描かれている人物は歌舞伎役者のように見えるが、当然、男女共にキモノを着ている。第一章で述べたように、タイラーの研究主眼は信仰のように目に見えない現象にあったが、彼は物質文化にも通じていた。写真のはさみ将棋は、おそらく日本在住の宣教師や教授に頼んでイギリスに送ってもらったのだろう（以下を参照）。

このようにして見ると、ピット＝リヴァーズ博物館を訪れた人びとは、衣装としてのキモノを見ることはほとんどないが、さまざまな日本の文物に描かれたキモノは頻繁に目にすると言ってよい。

なお、同博物館の日本コレクションの中には、第四章で触れた『日本事物誌』の著者で、東京帝国大学教授を務めたチェンバレンが、タイラーの求めに応じて寄贈したものが含まれている。また、アイヌ・コレクションの一部は、一九世紀末にアイヌ語辞典を編纂したジョン・バチェラー（John Batchelor）が日本で収集したものを、後に同博物館が取得したものである（Ölschleger 2005: 134）。さらに、日本人女性のセミヌード写真を撮ったシュティルフリートの作品も、同博物館は多数所有している。一八七八年にシュティルフリートがロンドンを訪れた際、創設者のピット＝リヴァーズが彼から購入したと言われる[10]（グローヴァー・三井 二〇一七：二〇六）。

4　東京国立博物館

今日、外国人観光客にも人気のある東京国立博物館（以下「東博」）は、一八七二（明治五）年三月、文部省博物局が湯島聖堂の大成殿で日本初の展覧会を開いたときを創立としている。この展覧会は翌年開催された一八七三年ウィーン万博の準備を兼ねていた。一八六七年のパリ万博にも佐賀藩の団長として参加した佐野常民は、ウィーン万博開催後、明治政府に提出した報告書の中で近代博物館建設の必要性を強く訴えた。ジャポニスムの契機となった欧米主要都市での万博は、国内における本格的な博物館の誕生の契機となったのである。

一八八一年、上野公園内にイギリスのジョサイア・コンドル（Josiah Conder）設計による洋風の旧本館が完成すると、その一部は第二回内国勧業博覧会の会場として使用された。現本館とほぼ同じ位置に建てられた二階建てのレンガ造りであったが、関東大震災（一九二三年）によって大きく損壊した。しかし、陳列品の被害は少なかったため、翌年には現存する表慶館（一九〇九年開館）で展示が再開され、一九三八年に現本館が開館するまで展示事業は継続した。

人類学者にとって興味深いのは、この期間に東博の性格が大きく変わったことである。従来は動植物や鉱物の標本等も展示するなど、東博は自然史博物館的な性格を備えていたが、一九二五年、それらの資料は東京博物館（現国立科学博物館）に譲渡された。その結果、東博（当時の名称は東京帝室博物館）は美術博物館へと大きく舵を切り、太平洋戦争終結までの期間は、「帝室博物館が美術博物館としての性格をいっそう明確にして、現在の博物館の運営の基礎を築いたという点で、博物館の歴史の上でも特に重要な時期であった」（東博ホームページより引用）[11]。先述の大英博物館と東博との日本文化観の類似は、こうした歴史的経緯が背後にあったと考えられる。

東博のキモノ・コレクションについて、『東京国立博物館図版目録　小袖服飾篇』（一九八三年）によると、「小袖」が一〇四領、「振袖」が二四領、「打掛」が三四領、「腰巻」が五領、「帷子《かたびら》」が五八領、「単衣《ひとえ》」が二一領、「間着《あいぎ》」が七領、「被衣《かつぎ》」が一一領、「産衣《うぶぎ》」が一二領、「夜着《よぎ》」が一四領、合計二九〇領となっている。二〇二四年春時点で、国立文化財機構所蔵品統合検索システム（ColBase）を見ると、以降の約四〇年間でコレクションは全体的に増えているが、江戸時代のものが多い。鎌倉時代から安土桃山時代のものも多少あるが、それらは重要文化財指定を受けている。以上の他にも、海外では一括りにkimonoと分類されている武士の服飾があるので（『東京国立博物館図版目録　武家服飾篇』二〇〇九年)、東博のキモノ・コレクションは質量ともに世界最大級と言ってよい。

だが、そのわりに同館でのキモノの展示は少ない。現在、キモノは本館二階の第一〇室で常設展示されているが、季節によって入れ替えはあるものの、一〇領を越えることはあまりない。衣装としてのキモノの全体像が理解できるように、根付・印籠・櫛・笄《こうがい》・簪《かんざし》なども一緒に展示されているが、それらは全部合わせても五〇点ほどである。三〇〇点ほどの根付と印籠を小さなスペースに展示しているピット＝リヴァーズ博物館に比べると、あまりに「禁欲的」である。同じことは他の常設展示室にも言えるので、この差は空間の捉え方や使い方の違いに起因するかもしれない。概して、西洋人は空間そのものに意味を認めず、たとえば家の内壁を家族の写真などで埋めていくのに対して、東洋人は空間そのものに意味を見出そうとする。ゼロの発見につながったインドの「無(nothingness)」概念や、日本の「間《ま》」概念は、そうした世界観の反映と言ってよい(Lee 1959: 55-56)。

いずれにせよ、東博でキモノがあまり重視されていないように思われるのは、①小袖類は江戸時代に大きく発展したので、美術史的観点からすれば比較的新しく、国宝・重要文化財級の貴重品は少ない、②美術博物館に特化した東博にとって、キモノは日本美術・工芸の一部に過ぎないので、そこに焦点を当てる必然性はない、といった理由が考えられよう。なお、東博の第一〇室と隣の第九室には、それぞれ浮世絵の名品と能装束や歌舞伎衣装が常設展示されている。

最後に、二〇二〇年に東博の平成館で開催された特別展「きもの KIMONO」について、簡単に触れておこう。図6-1は開催時に配られたチラシで、菱川師宣作「見返り美人図」が大きく配置されている。上段にある英文字のKIMONOには、「アイデンティティをファッションする（Fashioning Identities）」という副題が小さく付いている。また、右上端には「それは、ニッポンの花道《ランウェイ》」とある。私が興味深く思ったのは、「花道」に付いているルビの「ランウェイ（runway）」は、ファッション・ショーの世界では基本的に「キャットウォーク（catwalk）」と同じ意味で、後者はV＆Aの特別展「キモノ（Kimono）」の副題「京都からランウェイ（Kyoto to Catwalk）」に使われた言葉だということである。開催時期もほぼ同じだったが、これは単なる偶然であろうか。

それはともかく、東博の特別展「きもの KIMONO」は、鎌倉・室町時代の国宝および重要文化財の逸品を皮切りに、安土桃山時代から江戸時代にかけての名品はもとより、近現代（明治・大正・昭和・平成）の作品を国内外から一堂に集めて公開したものであった。衣装としてのキモノの他に、屏風・人物像・図巻・美人図・遊女図・浮世絵などの絵画や、根付・印籠・櫛・笄・簪などを随所に配置して、各時代のキモノを社会的・文化的文脈全体の中で理解できるように工夫されていた（写真6－7）。

意外だったのは、通常あまりスポットが当たらない武士装束、特に信長・秀吉・家康が実際に着用した陣羽織や胴服が展示されていたことであった。また、銘仙などの「東京国立博物館で展示が回避されてきた近現代の作品」（小山 二〇二二：六八）も、大きく扱われていた。さらに、特別展の最後を飾ったのは音楽グループＸ ＪＡＰＡＮのリーダーＹＯＳＨＩＫＩの前衛的作品であった、ということも意外であった。ＹＯＳＨＩＫＩは呉服屋の長男として生まれ、近年はファッション界にも進出している。

図 6-1　東京国立博物館の特別展「きもの KIMONO」のチラシ(筆者所蔵)。「浮世絵の祖」と言われる菱川師宣作「見返り美人図」が大きく配置されている

写真 6-7　東京国立博物館の特別展「きもの KIMONO」の内覧会での様子
出所：朝日新聞社提供

V&Aの特別展と比較すると、逸品や名品は圧倒的に多いものの、キモノを応用したファッションやグローバルな観点からの展示は少なかった。だが、この差は先に述べた両博物館の性質の違いに起因すると考えてよい。むしろ、イギリスと日本の差がはっきりと表れたのはカタログのつくり方である。V&Aのカタログ（全三三五頁）は展示物に関する説明は少ないが、二五篇もの論考を載せて専門書の様相を呈している。その中にはジャクソンと長崎巌の共著（Jackson and Nagasaki 2020）や、東博の学芸研究部工芸室長の小山弓弦葉の論考（Oyama 2020）も含まれている。一方、東博のカタログ（全三九九頁）には展示品の詳細な説明はあるが、論考と呼べる考察は僅かしかない。その代わり、写真や図柄はより美しい。興味深いことに、この文字依存型と視覚依存型の本づくりの差は、英語と日本語のトラベルガイドにも見られる。前者は文字が圧倒的に多く、後者は写真やイラストで埋まっているのが常である。[12]

註

1　大英博物館の日本展示室におけるアイヌの扱いは軽いが、アットゥシ（樹皮の繊維でつくった織物）は大きく展示されていた。これと対照的なのがオランダのライデン国立民族学博物館（Wereldmuseum Leiden）で、私が二〇〇六年春に訪れたときは、日本展示の入口付近にアイヌの衣服が目立つように置かれていた。担当学芸員のケン・フォス（Ken Vos）氏によると、この配置は意図的とのことであった。つまり、アイヌも日本の一部であるという観客へのメッセージである。残念ながら、ライデン国立民族学博物館を訪問したときの記録を紛失してしまったので、本章でこれ以上は述べない。

2　大英博物館でキモノの存在感が薄いことは、日本語版『大英博物館のAからZまで（改訂版）』（二〇〇〇年）にも窺える。同書にはアルファベット順に世界の文物が記載されているが、キモノの項目はない。日本の収蔵品で記載があるのは以下の通りである。鎧（Armour）、猫（Cats）の掛け軸、北斎（Hokusai）、馬（Horses）の屏風、印籠（Inro）、能面（Masks）、根付（Netsuke）、日本刀と鍔（Samurai swords and sword guards）、源頼朝像（the first Shogun）、茶器（the arts of the Tea ceremony）、虎（Tigers）の掛け軸、浮世絵（Ukiyo-e）、歌麿の美人画（Utamaro's women）（ケイギル 二〇〇〇）。

3　ヨーゼフ・クライナー（Josef Kreiner）らが二〇〇〇年前後に行った調査では、V&Aの日本コレクションは約四万二千点で、ヨーロッパ最大であった。同時期の大英博物館の日本コレクションは約三万点である（Kreiner 2005a: 43）。

4　代表的な商店として、深井晃子らはロンドンのリバティ商会（Liberty & Co.）を掲げている（深井・長崎・周防・古川 二〇一七：四一）。深井らの調査対象となったキモノ類の購入先に、ジャポニスム時代に名を馳せた古物商ジークフリート・ビング（Siegfried Bing）の記載はないが、V&Aは彼から非常に多くのものを購入している（Irvine 2005: 23）。

5　深井晃子らの著書に掲載された「収蔵品リスト」（深井・長崎・周防・古川 二〇一七：一三二―一三七）を基に筆者が分類した。

6　五部構成のヴァーチュアル・ツアーはユーチューブで公開されている。第一部のアドレスは以下の通り。
https://www.youtube.com/watch?v=oEf0iFNTVGw

7　国際交流基金（Japan Foundation）は、海外での日本文化紹介に大きな役割を果たしている。ただ、基金自身の日本観が出過ぎているという批判は、国立民族学博物館調査でも指摘されており（栗田・園田・吉田 二〇〇一：一六六）、一九八〇年にV&Aで開催された展示会「ジャパン・スタイル（Japan Style）」も国際

8　交流基金主導で、同博物館は直接関わっていなかったとのことである（Irvine 2005: 25）。

9　ピット＝リヴァーズ本人が博物館に寄贈した個人コレクションには、江戸時代の能面が五二点含まれていた（Pitt Rivers Museum 1996）。

10　社会進化論は単に生物進化論を応用したものではない。大航海時代を皮切りに、「野蛮人」や「未開人」と接した西洋人は人類の進歩について考え始め、西洋文明を頂点とする社会進化論を徐々に発展させた。ダーウィンの生物進化論は、そうした既存の思潮に乗って作り出されたと考えるほうが適切である。この点については、マーガレット・ホジャン（Margaret Hodgen）の労作を参照（Hodgen 1964）。

11　『レンズが撮らえた　オックスフォード大学所蔵　幕末明治の日本』（二〇一七年）の編者で、ピット＝リヴァーズ博物館の写真部門学芸員のフィリップ・グローヴァー（Philip Grover）によるシュティルフリートの解説は、以下のアドレスにある。https://pittrivers-photo.blogspot.com/2017/04/focus-raimund-von-stillfried-1839-1911.html

12　以上の説明はインターネット上で公開されている東博の「館の歴史」（全一二節）（https://www.tnm.jp/modules/r_free_page/index.php?id=143）に拠った。初代館長の町田久成に焦点を当てた研究として、関秀夫『博物館の誕生――町田久成と東京帝室博物館』（二〇〇五年）がある。

13　この差は何気ない日常生活の局面でも見られる。たとえば、アメリカの家庭で開かれるパーティーの招待状には、公共交通機関が発達している一部の都市を除いて、どうやって会場まで車で辿り着くかということが、文字で長々と書いてあることが多い。不思議と地図はあまり使わない。対照的に、日本では文字に頼らず、行先を図示することが多い。ワープロや携帯電話の絵文字が日本で発達した一因は、文字（テクスト）より図（グラフィック）に訴える日本人の傾向にあるようだ。

第七章　国内外のギフトショップに見るキモノ

概して、人類学的な博物館研究には、博物館での展示が観客の異民族イメージに大きな影響を与えるという前提がある。たしかに、モノの物質性（materiality）がもつインパクトは強く、たとえガラス越しであっても実物を身近に見ると観客は心を揺さぶられる。しかし、前章で述べたように、キモノの博物館展示は国内外ともにさほど多くない。にもかかわらず、博物館が「キモノの国・日本」というイメージ形成に果たす役割は大きい。ということは、日本に限らず異民族のイメージ形成にとって、博物館の展示そのものはあくまで一つの経路に過ぎず、その他にも経路はあるということになる。本章で取り上げる博物館内のギフトショップは、その最たる例である。

1　ミュージアムショップ（一）――大英博物館

まず写真7‐1を見てみよう。これは大英博物館（British Museum）の正面入口（出口兼用）脇にあるギフトショップに置かれた日本のお土産で、撮影日時は二〇〇六年三月である。一見して分かるように、ここには実際の展示で存在感の薄かったキモノが溢れんばかりに登場する。

ギフトショップに置かれているモノはその時々によって変わるが、これほど狭いスペースに大量のキモノ・イメージが消費されていることも珍しい。まず、上段中央にはキモノを纏った女性を表紙に

写真 7-1　大英博物館ギフトショップの中の日本（その 1）。日本のお土産はキモノのイメージで溢れている（2006 年、筆者撮影）

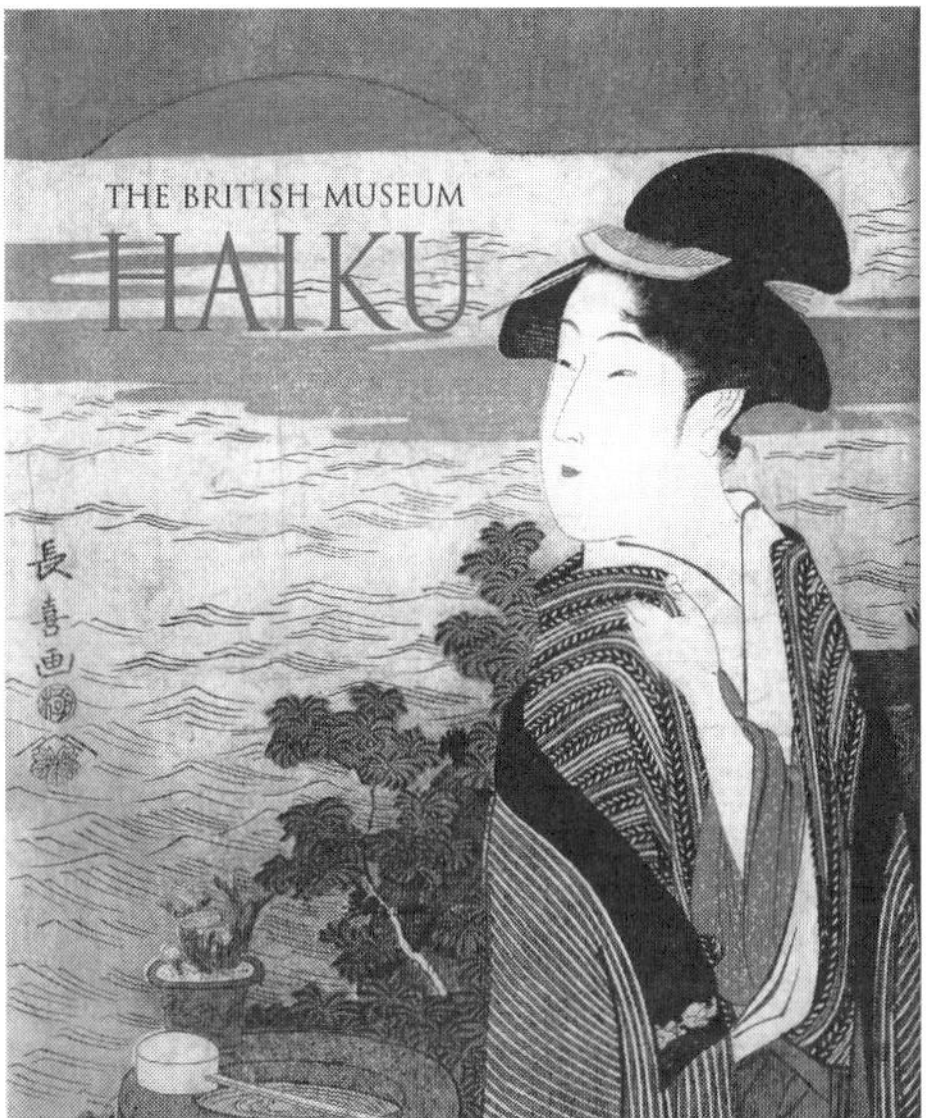

写真 7-2　大英博物館ギフトショップの中の日本（その 2）。デイヴィッド・コブ編『俳句』の表紙を飾った栄松斎長喜作「初日の出」（筆者所蔵）

描いた『俳句（*Haiku*）』という本が置かれている（写真7 - 2）。この本は英国俳句協会（British Haiku Society）の創設者デイヴィッド・コブ（David Cobb）の編集で、大英博物館出版局（British Museum Press）から刊行されている（Cobb 2002）。収録された俳句のテーマに合わせて三九の挿絵が添えられていて、その三分の一以上は浮世絵である。この本の表紙には、歌麿と同門の栄松斎長喜による「初日の出」という作品が使われていて、本文では一八世紀の俳人・田川移竹の「元日や　昨日に遠き　朝ぼらけ」と組み合わされている。

　『俳句』の左手前にはガラス製の文鎮が三種類置かれている。一つはシーボルトの「お抱え」絵師であった川原慶賀の美人画をデザインしたものである（写真7 - 3）。箱の入れ物には「芸者（Geisha）」という説明書きがあるが、派手な簪と前帯からすると花魁であろう。大英博物館のデータベースにも、「花魁を前景にした妓楼（a house of pleasure, with a courtesan standing in the foreground）」という説明がある。[1] また、川原のスペルもKawaharとなっていて最後のaが脱落している。日本文化に通じていれば、こうした誤りに気づきそうなものだが、この文鎮が「本物」であり「真正性（authenticity）」を備えていることは、版画の所有権が大英博物館理事会（Trustees of the British Museum）にあり、販売者が大英博物館会社（British Museum Company）であることによって保証されている。

　さらに、『俳句』と文鎮の両脇には美人画を利用した二種類の湯呑茶碗が置いてある。右側のもの（写真7 - 4）は歌麿の作である。その後ろにある円形の団扇には、中国風の衣装を身につけた女性が描かれているので、日本と中国を混同した可能性がある。もっとも、西洋では扇子や団扇が「一般化さ

写真 7-5　大英博物館ギフトショップの中の日本（その5）。鳥高斎栄昌作「郭中美人競」の一図を表紙に使ったノート（筆者所蔵）

写真 7-3　大英博物館ギフトショップの中の日本（その3）。川原慶賀の美人画をデザインしたガラス製の文鎮（筆者所蔵）

写真 7-6　大英博物館ギフトショップの中の日本（その6）。葛飾北斎作「神奈川沖浪裏」をデザインしたTシャツ（筆者所蔵）

写真 7-4　大英博物館ギフトショップの中の日本（その4）。喜多川歌麿の美人画をデザインした湯呑茶碗（筆者所蔵）

れた東洋（the generalized East）」のイメージと強く結び付いているので、驚くにはあたらない。むしろ注目すべきは、以上のお土産に描かれているのはすべて女性だということである。元来、「着物」は男女の別を問わないが、海外で日本を象徴するキモノのジェンダーは女性なのである。

写真7‐1の下段に目を移すと、中央に二種類のノートが立て掛けられていて、その両脇には二種類のノートが平積みされている。これらもすべて浮世絵美人画を表紙に利用している。写真7‐5はそのうちの一つで、「郭中美人競」「岡本屋科照」「榮昌画」と書かれているので、鳥文斎栄之の高弟・鳥高斎栄昌の代表作「郭中美人競」に登場する女性であろう。このノートの大きさは四方十数センチで、中の紙にはただ罫線が引いてあるだけである。製造元はFound Image Pressなので、大英博物館が外部から調達したようだ。

また、下段の手前にはネクタイが一本ずつ置かれているが、いずれも漢字と仮名をあしらったデザインである。英語圏で漢字は非常に強い視覚的インパクトをもっていて、文字というよりデザインとしてTシャツ類に使われることが多い。デザインである以上、文字の意味はほとんど問題にならない。日本のTシャツに意味不明の横文字が書かれているのと同じである。なお、下段の左脇には北斎の「神奈川沖浪裏」のTシャツが数点置いてあった（写真7‐6）。The Great Wave（大波）として知られるこの浮世絵は、海外で日本の芸術を代表するほど人気の高い作品である。

この他にも大英博物館の館内には大小多数のギフトショップがあって、なかには専門書を揃えた書店級の店もある。それらのどこでも目にして、僅かなお金で買えるのが絵葉書である。ある場所を訪れた人から時として海を渡って配達される絵葉書が、異民族のイメージ形成に果たす役割については、観光人類学の研究が示す通りである。絵葉書の題材はそれを所有・収蔵する博物館のものに限られるが、大英博物館の場合、日本関係の絵葉書は圧倒的に浮世絵が多い（図7-1）。

図 7-1　大英博物館ギフトショップの中の日本（その 7）。浮世絵を題材にした絵葉書 4 枚（筆者所蔵）

近年、世界の主要な博物館はネット上での情報開示に力を入れている。学術研究にもっとも重要なのは収蔵品のデータベースだが、実はオンライン・ショップもかなり充実している。大英博物館の場合、特別展以外は入場無料なので（ただし正面入り口付近には寄付箱が置いてある）、館内のレストランやギフトショップの売上は経営に少なからず影響するようだ。上記のお土産を購入した二〇〇六年三月の時点で、同博物館のオンライン・ギフトショップの「アジア」に分類された品物は五二点、そのうち一五点（全体の約三割）が日本のものであった。[2]日本を題材にしたお土産の人気の高さが窺える。

博物館のギフトショップについて先駆的な論文を書いたジェニーン・コスタ（Janeen Costa）とゲーリー・バモシ（Gary Bamossy）によると、お土産にどのくらい力を入れるかは国によってかなり差がある。もっとも熱心なのはアメリカで、その理由は資金調達とモノを通じた一般向けの芸術教育であるる。反対に、オランダはほとんど関心を示さず、展示物の商品化は避けるべきであるという考えが強い。事実、ライデン国立民族学博物館（Wereldmuseum Leiden）のギフトショップは小さく、売られているものは本が中心である。また、国によって観客の買い方も異なり、パリのルーヴル美術館では日本人が最大の顧客だという。さらに、イタリア人は本をよく買うが、アメリカ人は本を読まず（!）、かわりに宝石やビデオを好むとのことである（Costa and Bamossy 1995: 309-322）。

2　ミュージアムショップ（二）――東京国立博物館

海外の博物館が、それぞれの国の日本イメージに合ったお土産を売ることは、たとえそれがステレオタイプを増幅するとしても、頭ごなしに否定すべきではない。売る側はまったくの営利目的ではないし、お土産という「記憶装置」を通じて、来館後も日本文化に接する機会を提供しているからだ。また、買う側の観客としても、貴重な美術品・工芸品のレプリカやミニチュアを、身近な場所に置いておくことができる。だが、日本を代表する東博のギフトショップに、大英博物館と同じようなものが数多く置いてあるという事実は、別の説明を要する。

現在、東博のギフトショップは本館エントランス・ホールの脇にあり、真上にある第一〇室（「浮世絵と衣装」の展示場）とほぼ同じスペースがあてがわれている。それだけでも、東博がお土産の販売に力を入れていることが窺えるが、一九九〇年にオープンした東博のギフトショップは、かつて本館地下に配置されていた。のみならず、地上の入口近くには、赤色のボードに白抜きの文字で「MUSEUM SHOP ミュージアムショップ」と日英両語で書かれた案内板が出ていた。英文字のほうが数段大きかったので、外国人を意識した案内だったかと思われる。以下、資料としては少し古いが、大英博物館と比較するため、同時期（二〇〇七年三月）の東博について記す。[3] なお、当時の東博本館の入口付近と館内のギフトショップの写真は、掲載許可が下りなかったので省略する。

まず、東博は日本（および東洋）に特化しているので、当然のことながら日本関係の品揃えは豊富である。たとえば、海外のギフトショップではまず見かけない金屏風のミニチュアも、「常設展示」のように置いてある。値が張るからだろうか、客が気軽に触れないように置き場所が工夫されている。第二章で述べたように、南蛮貿易の時代から屏風は漆器・磁器・キモノと並んでヨーロッパ人に重宝されていた。注目すべきは、ここでもキモノ姿の女性が描かれたものが多いということである。

次に、絵葉書などのカード類や文房具は大英博物館とだいたい同じ傾向が見られ、浮世絵を利用したものが非常に多い。菱川師宣作「見返り美人図」や喜多川歌麿の美人画はもちろん、葛飾北斎の版画集「富嶽三十六景」や歌川広重の版画集「東海道五十三次」から選りすぐった作品、およびいまだに正体の分からない東洲斎写楽の歌舞伎絵などが絵葉書に使われていた。浮世絵の歴史全体から見れば、必ずしも彼らだけが傑出した絵師ではなかったが、海外では彼らの人気が群を抜いているので、外国人観客の多い東博はそれを意識したのだろう。Tシャツについても、大英博物館と同様に、北斎の「神奈川沖浪裏」や「凱風快晴」（通称「赤富士」）、および写楽のイコンとなっている大首絵「三世大谷鬼次の奴江戸兵衛」などをデザインしたものが数多く売られていた。

その他に目を引いたものとして、直径五センチから一〇センチほどの磁器の小皿がある。大英博物館に並んでいた歌麿の湯呑茶碗とは種類もデザインも違うが、江戸時代に有田や伊万里でつくられた日本の磁器は、オランダ東インド会社を通じてヨーロッパに大量に輸出され、ドイツのマイセン等に多大な影響を与えた。その名声は今日まで続いているので、この品揃えも外国人を意識したものと思われる。だが、彼らの眼を意識したお土産の極みは、ギフトショップの柱壁に一〇点ほど掛けられていた扇子であろう。日本人がわざわざ入場料を払って、東博に扇子を買いに行くとは考えにくいので、これは海外における日本の典型的イメージである「扇子をあおぐキモノ姿の女性」と確実に関係している。この女性像の原型とでも言うべきものが、第四章で述べた『ナショナル・ジオグラフィック』（一九一一年一一月号）の日本特集に掲載された芸者の写真である。英語で folding fan または Oriental fan と言えば、ほぼ間違いなく日本／日本風の扇子を指している。

このようにして見ると、東博と大英博物館は「日本の美術（art）・工芸（artefact）に関する歴史観を共有しており、日本美術の枠と見なされている文物を同じように展示している」(Princess Akiko of Mikasa 2015: 41 筆者訳)ばかりではない。ギフトショップの品揃えも似たり寄ったりなのである。少なくとも、二〇〇七年の時点ではそうであった。

おそらく、当時も現在も学芸員・研究スタッフはギフトショップに直接関わっていないだろうが(この点については本章第六節を参照)、両博物館の店頭に並んでいるお土産の「真正性」は、この類似によって保証されている。大英博物館からすれば東博のお墨付きをもらったことになるし、東博からすれば世界屈指の大英博物館のプレスティージを共有できるからだ。この意味で両者は「共犯」関係にあると言ってよい。換言すれば、外からのオリエンタリズムと、内からの「オート・オリエンタリズム(auto-Orientalism)」や「戦略的セルフ・オリエンタリズム」(小暮二〇〇八:七二)が同居しているのである。

最後に付言すると、東博は刀剣・甲冑と武士装束の常設展示に大きなスペースを割いているが(第五室、第六室、第一三室)、それらを題材としたお土産はきわめて少ない。大英博物館を含む西洋の博物館も同じ状況にある。おそらく理由は単純で、審美的に魅力的な刀剣のお土産をつくるのは難しいからであろう。下手すると観光地でよく見かける子どもの玩具のようになってしまう。逆に兜の精巧な人形は値が張る。そのことは、端午の節句の人形の高価さを考えてみれば分かるだろう。また、武士装束は女性のキモノに比べて色彩的に地味なので、お土産としてのアピール力が弱い。このジェンダー差は世界の民族衣裳に共通である。そのためか、国内外ともに博物館の日本展示の華は甲冑・刀剣なのに、ギフトショップではほとんど見かけない。逆に、キモノはさほど展示されていないのに、ギフトショップにおける存在感は圧倒的である。

3　カルチャーセンターのギフトショップ――パリ日本文化会館

博物館のギフトショップに匹敵するのが、いわゆる「文化センター」のそれである。その代表例として、エッフェル塔から歩いて一〇分程度のセーヌ川沿いにあるパリ日本文化会館（Maison de la culture du Japon à Paris）を挙げることができる。一九九七年に開館した同会館は、国際交流基金が保有する地上六階・地下五階の大きな建物で、二〇〇五年末の時点で、ギフトショップは一階の通りに面したところにあった。

写真7‐7は窓際に並べられた陶磁器の一群で、その多くは有田・伊万里の食器、湯呑茶碗、急須、西洋風のカップとソーサーなどである。反対側には、徳利と猪口や一般的なカップが多数並び、一人の年配の女性が興味深そうに物色していた（写真7‐8）。店内には専門書を含む日本関係の書籍も多く、私の訪問直前にノーベル賞作家・大江健三郎の講演があったせいか、彼の作品が目立った。人文社会科学の専門書もかなりあり、『菊と刀』のフランス語版も並んでいた。

パリ日本文化会館のギフトショップは、お土産屋というより小さな物産展という印象である。かなり多くの客で賑わっていて、客も一見して「上品で趣のある人」が多かった。日本人からすれば何気

写真 7-7　パリ日本文化会館のギフトショップの中の日本（その 1）。歩行者にも見えるように窓際に置かれた有田焼・伊万里焼などの陶磁器（2005 年、筆者撮影）

写真 7-8　パリ日本文化会館のギフトショップの中の日本（その 2）。日本人からすれば何げない食器がフランス人の関心を集めていた（2005 年、筆者撮影）

写真 7-9　パリ日本文化会館のギフトショップの中の日本（その 3）。漆塗りの盆とこけしのキモノに日欧交易史の片鱗が垣間見える。後方には装飾用の大きな和傘がある（2005 年、筆者撮影）

ないものに見入っている人びとや、建物入口のホールに大きな浮世絵の複製が数枚貼ってある光景を目の当たりにすると、ジャポニスムは決して過去のものではないという感を深くした。

さらに、写真７－９を見ると、棚の最上段左側には、世界の至る所で見かけるようになった招き猫が、そして右側には漆塗りの盆が置いてある。その下の二つの段の左側には小振りの招き猫、ダルマ、こけしがあり、右側にはキモノ姿の女の子のこけしが何体も並んでいる。こうした細々としたモノを見ると、ただ漠然と日本的なものが置いてあるように思われるが、そこにヨーロッパにおける日本の文物の歴史を見出すのは難しくない。

第二章で述べたように、ヨーロッパが日

本と接触した一六世紀半ばから約一〇〇年間、日本の美術品や工芸品（特に刀剣、鎧兜、屏風、漆塗り、陶磁器、キモノ）は、まずポルトガル・スペイン・イタリアといった南欧諸国から入り、その後はオランダ・イギリス経由で入った。しかし、一七世紀半ば以降は「鎖国」の影響で搬入ルートが限定され、需要もほぼ漆塗りと陶磁器とキモノの三点に絞られるようになったのである（Kreiner 2005: 8）。つまり、パリ日本文化会館の窓際に並べられた陶磁器、漆塗りの盆、そしてこけし人形に描かれたキモノは、一七世紀半ば以降のヨーロッパにおける日本のイメージそのものなのである。

4　国際空港のギフトショップ（一）——成田国際空港

こうした状況を誇張した形で表しているのが、国際空港のギフトショップである。たとえば、成田国際空港には日本の「伝統品」を販売する一角があって、二〇〇〇年代後半に私が何回か立ち寄ったときは、キモノを着せたマネキンを店頭に置いて、その横に日本人形をずらりと並べた店があった（写真7‐10）。

近くの別の店には多くのキモノと法被が入口付近に置かれていた（写真7‐11）。京都に本店がある「京小物」の専門店には、和傘の下に扇子がいくつも並べられ、最上段の扇子には浮世絵美人画が使われていた（写真7‐12）。写真右端にはキモノを着たマネキンも見える。

写真 7-10　成田国際空港のギフトショップの中の日本（その1）。女性用キモノのマネキンとずらりと並んだ日本人形（2006 年、筆者撮影）

写真 7-11　成田国際空港のギフトショップの中の日本（その2）。子ども用の法被も外国人には人気がある（2006 年、筆者撮影）

写真 7-12　成田国際空港のギフトショップの中の日本（その3）。本格的な和雑貨を販売するこの店には、キモノや織物も置いてあった（2007年、筆者撮影）

写真 7-13　成田国際空港のギフトショップの中の日本（その4）。歌麿作「難波屋おきた」は江戸・浅草寺界隈の茶屋に勤めていた女中を描いたものである（2006年、筆者撮影）

極めつけは写真7‐13の「煎茶 Japanese Green Tea」である。これは京都の老舗の日本茶専門店の商品で、歌麿の「難波屋おきた」を包装紙に用いている。日本ではめったに見ないデザインだが、《日本人女性＝キモノ》という海外の日本イメージに沿った商品づくりである。煎茶のような深い緑茶は世界的に珍しく、お茶好きのイギリス人にも重宝されているので、[4]海外で抜群の人気を誇る浮世絵美人画と煎茶の組み合わせは、趣味を解する外国人向けのお土産にピッタリかもしれない。

5 国際空港のギフトショップ（二）――羽田空港国際線

以上の光景は二〇〇〇年代後半のものだが、それから一五年ほど経った二〇二三年一月末日、羽田空港国際線ターミナルに直結してオープンした「羽田エアポートガーデン」という商業施設に、「ジャパンプロムナード」という一角が登場した。そこには、以前の成田国際空港とは品揃えが違うものの、日本の「伝統」をモチーフにした商品が多数見受けられた。

たとえば、写真7‐14の店の入口脇には、菱川師宣作「見返り美人図」を大きく描いたパネルが置かれていて、上のほうには「東京国立博物館 Tokyo National Museum」という二段組の文字列が、同博物館のロゴと共に見えた。店内には「全国で初出店となる国立博物館公認ショップ」があり（同店のネット案内による）、商品棚の上段には北斎作「神奈川沖浪裏」、俵屋宗達作「風神雷神図屏風」、

写真 7-14　羽田空港国際線ターミナルの中の日本（その 1）。菱川師宣作「見返り美人図」と「東京国立博物館 Tokyo National Museum」の文字列を配した店頭脇のパネル（2023 年、筆者撮影）

写真 7-15　羽田空港国際線ターミナルの中の日本（その 2）。キモノ風のドレス（2023 年、筆者撮影）

写真 7-16　羽田空港国際線ターミナルの中の日本（その3）。傘の専門店の中央に大きな「蛇の目洋傘」が見える（2023 年、筆者撮影）

北斎作「凱風快晴（赤富士）」のパネルが「展示」され、写楽や広重の浮世絵をデザインした缶入りの和菓子が販売されていた。

　また、写真7・15の和雑貨店は、店頭（右側）にキモノ風のドレスを置いて、同じように「ゆったり」したワンピース（左側）を多数用意していた。写真7・16は洋傘店だが、パリ日本文化会館のショップのように、真ん中に大きな「蛇の目洋傘」――蛇の目傘を現代風にアレンジしたもの（同店のネット案内による）――を立てていた。外国人の多い国際空港のギフトショップで「日本」を強調するのは、いつの時代でも同じである。

＊　＊　＊

　第四節と第五節のまとめとして、二つのことを指摘しておきたい。第一は、国際空港のギフトショップは、それぞれの国のイメージに合った商品で溢れているということである。事実、中国で茶・パンダのぬいぐるみ・チャイナドレスの三点セット（写真7‐17、7‐18、7‐19）を見ないことはない。また、オランダのアムステルダム・スキポール空港では、実に多くの木製チューリップ（写真7‐20）や、かつて東インド会社が中国や日本から輸入した磁器に由来する製品のミニチュア（写真7‐21）が店頭に並んでいる。

写真 7-17　上海浦東国際空港の中の中国（その1）。お茶（2007 年、筆者撮影）

写真 7-18　上海浦東国際空港の中の中国（その2）。パンダのぬいぐるみ（2007 年、筆者撮影）

写真 7-19　上海浦東国際空港の中の中国（その3）。いわゆる「チャイナドレス」（2007 年、筆者撮影）

第二は、そうした商品を買い求めるのは外国人観光客ばかりでなく、これから外国を訪れる自国の観光客が、外国人へのお土産として買うことも多いということである。この場合、自己は他者の眼差しを内面化したうえで、彼らの期待に沿って（あるいは先取りして）自らを「見せて」いる。つまり、「見

写真 7-20　アムステルダム・スキポール空港の中のオランダ（その 1）。木製チューリップ（2006 年、筆者撮影）

写真 7-21　アムステルダム・スキポール空港の中のオランダ（その 2）。東インド会社を通じて広まった東洋製磁器に由来する製品のミニチュア（2006 年、筆者撮影）

せる」という行為は、実在しようがしまいが、存在を想定された他者に「見られる」ことを前提としており、一見、能動的であるが実は受動的でもある。その意味で「見せる」は両義的行為だと言えよう。

6 ギフトショップは「第二の展示室」

本章を閉じるに当たって、博物館や国際空港のギフトショップとお土産について、若干の考察をしておきたい。

第一に、博物館のギフトショップで観客が過ごす時間は予想以上に長い。ショップの規模が大きくなればなるほど、人はそこで多くの時間とお金を費やすし、博物館側にとっても大きな収入源となるので、当然、経営戦略がある。日本の国公立博物館の場合、ギフトショップの経営は専門業者に委託か「場所貸し」していることが多く（全国科学博物館振興財団 二〇一三：一）、業者は販売品目に関する承認を博物館から得ているようだ。しかし、従来の博物館研究および学芸員教育では、ギフトショップのお土産が観客に与える影響について、ほとんど注目してこなかった。この点について、一般財団法人全国科学博物館振興財団は、二〇一三年三月発表の「科学博物館におけるミュージアムショップの在り方　調査検討委員会報告書」で、ミュージアムショップを「第二の展示室」と位置付けて、次のように結んでいる。

日本のミュージアムでは「付帯施設」として、長らく真剣に取り組まれてこなかったミュージアムショップやレストラン、カフェだが、利用者にとっては実は重要な存在である。［中略］かつては、日本のミュージアムでは「経営」という言葉すらなかった。「お宝を見せてやる」的な姿勢だったのだ。しかし、ミュージアムの利用者満足を考えたとき、人間の自然な感性から目をそらしてはならない。展示を見て知的関心が高まったらそれを自らの何かに形を変えて持ち帰りたい、知的空間で心身が疲れたら、その延長上で高ぶりを和らげ、確認したいというのが利用者の欲するところなのである。ミュージアムが社会になくてはならない機能であるとするならば、ミュージアム経営の視点から実践、研究していく余地がまだまだあるといえる。

（全国科学博物館振興財団二〇一三：三〇―三一）

第二に、ギフトショップで売られているものは、たとえ大英博物館のような世界有数の博物館であっても、すでに見たように「怪しい」ものが含まれている。また値段も決して安くない。にもかかわらず、多くの人がそれらを購入するのは、館内に展示された実物のイミテーションを自宅に置いたり友人にあげたりすることで、本人や第三者がいつでも好きなときに見て触ることができるのが一因であろう。要は「模倣（imitation）」による博物館経験の「伝染（contagion）」である。この意味で、お土産にはかつてジェームズ・フレーザー卿（Sir James George Frazer）が『金枝篇』（原著初刊一八九〇年）で指摘した呪術の二類型、つまり「模倣呪術（imitative magic）」と「感染呪術（contagious magic）」の要素が備わっていると言えよう。[5]

第三に、博物館のギフトショップは出入口付近にあることが多く、館内と館外の境に位置している。[6] この境界的／リミナル（liminal）な空間配置は、ディズニーランドのようなテーマパークはもちろん、神社仏閣の参道にひしめく土産物店も同じである。参道はいわば「聖」と「俗」の境に位置しているのだ。また、国家間を移動する際に通過する国際空港も、国と国の境というリミナルな空間を占めている。これらの事実は、ギフトショップは人びとが一時を過ごした非日常的世界から日常世界に戻る際に通過する「儀礼」的な場である、ということを示唆している。ギフトショップに置かれたお土産が、館内の展示品の特徴を誇張したりホスト国の伝統を強調したりするのは、儀礼は季節のお祭りのように社会的時間の流れの過渡期（transition）に行われることが多く、進行の過程で「形式性」を反転させた「乱痴気騒ぎ」が発現するという構造（Leach 1961: 124-136）と関係していると思われる。

第四はオリエンタリズムにおける女性化との関連である。近代を制した西洋のオリエンタリズムの特徴は、《見る＝知る＝支配する》立場にあった《強者＝西洋》が、《見られる＝知られる＝支配される》立場に置かれた《弱者＝非西洋》について、自己優越的に語ることにあった。そして、男性に比されたオクシデント（西洋）との対比で、オリエント（非西洋）は女性化され、劣位・服従・未熟・感情・虚偽・不徳・無能といった否定的属性を付与されたのである。こうした言説空間の中で、女性のキモノをモチーフにしたお土産を自国のギフトショップでこぞって売る日本人は、西洋的オリエンタリズムの一方的な「被害者」ではない。むしろ、日本の象徴としてキモノを「見せる」ことによって、オリエンタリズムを増長する「共犯者」だとさえ言えよう。

写真 7-22　都庁展望室の中の日本（その1）。浮世絵美人画や十二単をデザインしたハンカチ（2022 年、筆者撮影）

写真 7-23　都庁展望室の中の日本（その2）。花魁を包装紙にしたパスタ（2022 年、筆者撮影）

最後に指摘すべきは、ある国を代表する博物館や空港のギフトショップに置かれたお土産は、その国の観光地で見かけるお土産とよく似ているという事実である。たとえば、地上二〇二メートルの高さから東京の街を一望する都庁の展望室は、無料ということもあって外国人旅行者に人気のスポットである。二〇二二年、南展望室にはさまざまなお土産が置かれていたが、その多くは東京国立博物館や成田国際空港のお土産と似たり寄ったりであった。浮世絵をデザインしたハンカチ（写真7-22）や、花魁を描いた袋に入ったパスタ（写真7-23）はその典型である。[7] 後者は成田国際空港にあった歌麿「難波屋おきた」を包装紙に使った煎茶を想起させる。

こうしたお土産が外国人観光客の眼を意識していることは間違いない。皮肉にも、丹下健三が設計したポストモダン（脱近代）調の都庁舎の最上階に置かれたお土産は、日本の「伝統」として愛でられた女性のキモノをデザインに使っているのである。[8]

註

1 大英博物館がこの絵をイズリエル・ゴールドマン（Israel Goldman）から購入したのは一九九三年で、以前の所有者はレディー（Lady）の称号をもつヘンリエッタ・セイモア（Henrietta Seymour, 1809-1890）であった。

2 これらの内訳は、本（五点）、カード（四点）、Tシャツ（二点）、文鎮（一点）、ノート（一点）、根付（一点）、そして折り紙（一点）であった。「アジア」以外に分類された日本のお土産はかなりの点数に上るが、いずれも比較的安価である。参考までに、博物館のお土産で値が張るのは宝飾品類で、ギフトショップの売り上げに大きく貢献する。たとえば、ニューヨークのメトロポリタン美術館（Metropolitan Museum of Art）では、エジプト・ギリシャ・中国を題材とした宝飾品類の売り上げがもっとも多い（Costa and Bamossy 1995: 316）。

3 二〇二四年春現在、東博のミュージアムショップはオンラインでも販売している。品揃えは二〇〇七年当時とはかなり違っている印象を受ける。一昔前の外国人客をターゲットにした「オリエンタリズム的お土産」が減り、日本人客にもアピールする「本物志向」が増えたようだ。

4 一九九八年、イギリスのオックスフォード・ブルックス大学（Oxford Brookes University）で二か月ほど客員講師を務めたとき、同大学の日本研究者ジョイ・ヘンドリー（Joy Hendry）と一緒に、彼女の師であった人類学の泰斗ロドニー・ニーダム（Rodney Needham）の自宅を訪ねたことがある。そのときにニーダムが出してくれたのが、日本製または中国製の磁器の湯飲みに注がれた緑茶であった。イギリスでは日本の緑茶の評判が高いようで、ロンドン三越（一九七九年開業、二〇一三年閉店）で買った緑茶も、日本では考えられないような値段がついていた。

5 日本のテーマパークを研究したヘンドリーは、その特徴を、現地の建造物の精巧な「模倣」と、現地から直輸入したモノや、現地から派遣された人びと（民族衣装を着た売り子やライブ・パフォーマンスの踊り子など）との「接触」、という二点に求め、フレーザーの呪術論と関連付けている（Hendry 2000: 199）。私見によれば、長崎のハウステンボスはこの二点をもっともよく体現している。建造物の精巧さはオランダ人をも驚愕させるというし、ライデン国立民族博物館学芸員のケン・フォス（Ken Vos）氏によれば、同博物館の収蔵物をハウステンボスに貸し出したこともあるという。

6　この点で特異だったのは、北海道の白老にあったアイヌ民族博物館（一九六五年に営業を開始した「ポロトコタン」等を経て、一九八四年に開館。国立アイヌ民族博物館の整備に伴って二〇一八年に閉館）である。この博物館に入るためには、まず多くの土産物店がひしめく建物を通らなければならず、観客はオープン・スペースのチセ（家）で行われる伝統舞踊のライブ・パフォーマンスや民具の展示を見る前に、お土産を見る（ときには買う）ように仕向けられていた。白老にはアイヌ出自の人びとが多く、和人相手の観光が地元の経済に貢献してきたという経緯があるので、この配置はさまざまな考慮が働いた結果だったようだ。いずれにせよ、同博物館を訪れた観客は、木彫り熊に代表されるアイヌのお土産にまず触れた――そして帰りも同じ場所を通るので二重に触れた――わけで、土産物店に置かれたモノが観客のアイヌ・イメージに及ぼす影響は非常に大きかったと思われる。特に、中高生の研修旅行を含むツアーの団体客の場合、博物館内で過ごす時間は限られていたので、なおさらである。

7　後者の「あだち菜パスタ」は、もともと東京足立区内だけで販売されていたが、近年は区外からの引き合いも多いという。この製品はＮＰＯ特定非営利活動法人の「あだち菜うどん学会」（二〇一五年設立、名誉会長はビートたけし氏）が手掛けていて、姉妹品の「あだち菜うどん」の包装には歌舞伎絵が使われている。詳細は以下のサイトを参照。https://adachina.tokyo/

8　対照的に、ニューヨークのエンパイア・ステート・ビル（Empire State Building）の最上階では、近代を象徴する摩天楼のミニチュアがお土産の目玉となっている。

第八章　キモノと日本社会が歩んだ道

——幕末から今日まで

本章では、日本が「開国」した一九世紀半ばからグローバル化時代の今日まで、キモノが社会的にどのような道を歩んだかという問題を取り上げる。力点は衣装としてのキモノの歴史ではなく、日本が近代の覇者である西洋と接触を重ね、人・モノ・資本・情報の動きが地球大の規模で加速している中で、キモノに対する視線がどのように変化したかという問いにある。

当たり前すぎて普段は意識されないが、今日の日本人の日常服は「洋服」である。この語が「和服」と対になって日本語に加えられたのは明治時代だと言われる。「洋服」とは西洋の服という意味だから、その着用は日本人の衣装文化（sartorial culture）に根本的変化をもたらしたと言ってよい。この変化は国内の要因によるものではなく、幕末以降の日本と西洋との接触に起因する。つまり、「和服」と「洋服」の歩みは、日本と西洋の関係を反映しているのである。

以下、この関係を、①幕末から明治期（一九世紀半ばから二〇世紀初頭）、②大正から昭和前期（二〇世紀前半）、③昭和後期（二〇世紀後半）、④平成以降（二〇世紀末から現在）、という四つの時代に大別して論じる。第二期は、ヨーロッパ史における「両大戦間期（interwar period）」（第一次世界大戦と第二次世界大戦の間の期間）とだいたい一致する。なお、本章では元号を西暦と同時に記す。

1　幕末から明治期――一九世紀半ばから二〇世紀初頭

新時代のエリート男性と洋装

ここで言う「幕末」とは、一八五三（嘉永六）年の黒船来航から一八六七（慶応三）年の大政奉還までの期間を指す。日本と欧米列強の本格的接触はこの時期に始まったが、当時の写真に写し出された人びとの服装を見ると、洋装姿の日本人はごく僅かであった。[1] ただ、そこにはいくつかのパターンが見出せるように思う。

第一に、洋装はほぼ男性に限られていた。第二に、洋服姿の男性の多くは、後の明治政府高官や新体制で重要な役割を果たした人物であった。典型的な例として、雄藩の長州からイギリスに「密航」した伊藤俊輔（＝伊藤博文）や志道聞多（＝井上馨）らが挙げられる。[2] 第三に、徳川幕府が欧米に派遣した若い優秀な人材や、幕府の友好国から指導を受けた幕府軍の面々も洋服姿であった。前者の代表は一八六七（慶応三）年のパリ万博で徳川昭武に随行した渋沢栄一である。後者の中には維新後に新政府と函館で戦った榎本武揚がいる。[3] 第四に、日本人の洋服姿が国内で見られたのは、主に都市とその周辺の外国人居留地であった。そして第五に、洋装はほぼ公的な場に限られていた。

このように、日本と西洋との接触が頻繁になるにつれて、洋装は一部の男性を中心に見られるようになったが、一八六八年の明治維新後も、天皇や公家の服装はすぐには変わらなかった。平安時代以降、公家が参内するときは衣冠だったからである。このことをよく表しているのが写真８‐１である。これは、公家出身で王政復古の立役者であった岩倉具視が、一八七一（明治四）年一一月から一八七三（明治六）年九月まで、総勢一〇七人を率いて欧米一二か国を巡検した使節団（いわゆる「岩倉使節団」）の中心人物の写真である。中央の岩倉だけが、衣冠ではないが丁髷のキモノ姿で写っている。ただし、それ以前の使節団とは違って、岩倉が靴を履いている点に注意したい。古写真研究家の石黒敬章によれば、右端の大久保利通は、この頃から新時代の権威の象徴として髭を生やし始めた（石黒二〇一四b：七二）。

この状況が大きく変わったのは、一八七一（明治四）年に「服制改革内勅」が出て、翌年「太政官布告」第三三九号で大礼服の規程がなされてからである。明治天皇自身の内勅として発せられた前者は、衣冠制度は中国に倣った「軟弱ノ風」であり、「神功征韓」（＝神功皇后による三韓征服）を成し遂げたときの姿ではない、それゆえ、「朕」は新日本の服制を改めて風俗を一新し、神武天皇以来の「尚武ノ国体ヲ立ント欲ス」、という内容であった。[4] ここには、洋装化は単なる西洋化ではなく、武の国・日本の再発見だという位置付けが汲み取れる。また、明治日本が西洋文明の受容に当たって、中国の地位を再考したことが窺われる（フェデリカ二〇一四：六）。

後者の太政官布告は、「大礼服及通常礼服ヲ定メ衣冠ヲ祭服ト為シ直垂狩衣上下等ヲ廃ス」という通達であった。[5] その内容は、判官員（＝文官）と非役有位（＝官職にはないが位階を有する者）の儀礼服は大礼服とし、公家の衣冠は祭服とするというものであった。以降、洋装はエリート層の男性の間で急速に広まった。一八七三（明治六）年に撮影された明治天皇の軍服正服姿（写真８－２）は、こうした変化を象徴するものであった。[6]

写真 8-1　1872 年、サンフランシスコで撮影された岩倉使節団の写真。左から木戸孝允、山口尚芳、岩倉具視、伊藤博文、大久保利通
出所：Wikipedia Commons, https://commons.wikimedia.org/wiki/File:Iwakura_mission.jpg

写真 8-2　1873 年、内田九一の撮影による明治天皇。当時、天皇の髭はまだ薄かったが、この後、指導者層の男性に広まった。髭は洋装の一部である
出所：Wikimedia Commons, https://commons.wikimedia.org/wiki/File:Meiji_Emperor.jpg

女性の洋装を奨励した「思召書」

では、女性はどうだったかと言うと、表に出ることが少なかったため、男性ほど急激な服装の変化はなかった。それでも、時代の進展と共に洋装化の波は押し寄せ、新たな動きを牽引したのは明治天皇の妃・美子《はるこ》皇后（崩御後の追号は昭憲皇太后）であった。一八八七（明治二〇）年、昭憲皇太后は洋装奨励の「思召書」を下し、[7]次のように述べた。日本の古代には「衣裳の制」があり、衣《きぬ》を上半身につけ、裳《も》を下半身につけた、しかし、南北朝の頃からの「因襲」で、裳をつけずに衣を長くするようになり、一七世紀後半の延宝時代になると太い帯を締め始め、今日では「衣ありて裳なき」という「不具」な状態になった、だが、これは元来の日本の姿ではない、西洋の女性服を見ると、衣と裳に分かれているが、それは日本の「旧制」と同じである、動きやすいので、その裁縫を模するのは「当然の理」だが、生地は国産品を使うようにすべきである、そうすれば、「製造の改良」や「美術の進歩」はもとより、「商工にも益」を多くもたらす、これが「媒介」となれば衣服だけではなく、世の中全体が新しくなるであろう、と。

この思召書は、日本人女性の洋装化は決して西洋の物真似ではなく、むしろ日本古来の姿に立ち戻ることだということを強調している点で、先述の「服制改革内勅」と軌を一にする。洋服を仕立てる際には国産の生地を使うべしという文言は、殖産興業を意識したものであろう。生糸と蚕種は幕末の日本の輸出品の大部分を占め、内勅が出た一年後の一八七二（明治五）年には、フランスの技術支援によって官営の富岡製糸場が開業した。これは日本の近代産業史における画期的な出来事であった。

図 8-1　楊洲周延筆「於鹿鳴館貴婦人慈善会之図」1887 年（早稲田大学図書館所蔵）に描かれた上流階級の日本人女性の洋装

それにしても、同時期に開催された欧米列強の万博で愛でられたキモノ——小袖に代表される日本の「伝統服」——を、「因襲」という言葉で皇后が言い表したことに、彼我の視線の違いを感じざるをえない。「因襲」は、五か条のご誓文の第四条「旧来ノ陋習ヲ破リ、天地ノ公道ニ基クヘシ」にある「陋習《ろうしゅう》」と、内容的にほぼ同義である。

　こうした時代を象徴したのが、一八八三（明治一六）年落成の鹿鳴館であり、一八八九（明治二二）年の大日本帝国憲法発布式であった。鹿鳴館を設計したのは東京国立博物館の旧本館を手掛けたコンドル（第六章参照）で、幕末に締結された不平等条約の改正を目指した外務卿の井上馨らの建議によって、欧米列強の貴賓と舞踏会や園遊会がそこで催された。浮世絵師の楊洲周延《ようしゅうちかのぶ》による「於鹿鳴館貴婦人慈善会之図」（一八八七（明治二〇）年作）は、当時の上流階級の女性の服装をよく表している[8]（図8-1）。一方、明治宮殿の正殿で催された大日本帝国憲法発布式では、天皇・皇后以下、男女ともに大礼服を着用していたとされるが異論もある。

　植木淑子によると、昭憲皇太后が初めて洋服姿で公の場に姿を現したのは、一八八六（明治一九）年七月三〇日、華族女学校（一八八五（明治一八〕年開校、学習院女子大学の前身〕への行啓の際であった。これは、その一か月ほど前に、宮内大臣の伊藤博文が出した婦人服制に関する通達に沿ったものである。それ以前の宮中の女性の服装は、公家の伝統を引き継ぐ装束であった〔植木 二〇一三：四〇五—四〇六〕。また皇太后は、寝間着以外は昼も夜も洋服で過ごしたので、洋装は女官や臣下の女性の間で急速に広まった〔彬子女王 二〇一九：四四八〕。小沢健志〔監修〕『レンズが撮らえた　幕末明治の女たち』〔二〇一二年〕には、「鹿鳴館の華」と呼ばれた鍋島栄子〔公卿広橋胤保の五女、鍋島直大侯爵の妻〕をはじめ、当時の上流階級の女性が「和」から「洋」に転じた様子が如実に写し出されている。

近代と伝統の間で揺れるキモノ

こうした急激で極端な西洋化が、国内外からの批判と嘲笑に晒されたことは言うまでもない。しかし、ここで注意しなければならないのは、服制に関する天皇の内勅や皇后の思召書が示すように、明治政府の欧化政策は日本の伝統を真っ向から否定するものではなく、むしろそれを再確認しつつ、近代化と折り合いをつけながら遂行されたということである。その意味で、明治の改革は近代化でもあり「復古」でもあった。

一八六八〔慶応四〕年に復活した神祇官はその典型であろう。神祇官とは、古代律令制の二官の一つで、国家の祭祀を司った中央機関である。形式上、その地位はもう一方の太政官より高く、中国の律令制にはない日本特有のものであった。この神祇官が明治初期に復活した背景には、本居宣長の国学思想を受け継いだ平田篤胤《ひらたあつたね》による国粋主義的な神学観が、幕末の尊王運動に大きな影響を与えたという事実がある。天皇を神格化して祭政一致を理念とした明治政府は、神祇官を復活させて再び太政官の上に置いたものの、一八七一（明治四）年、いったん神祇省に降格させた後、翌年廃止した。理由は主な任務とした宣教の成果が上がらなかったからだとされる。

祭政一致の理念は後の国家神道に生き続けたが、近代国家日本の礎となる大日本帝国憲法（一八八九〔明治二二〕年発布）では、条件付きながら信教の自由が保障された。その結果、西洋文明の精神的支柱であるキリスト教は、国内のさまざまな勢力からの批判や攻撃に晒されつつも、私立学校における教育などを通じて徐々に浸透していったのである。

同様の例として、鹿鳴館時代の後に起きた「民法典論争」がある。この論争は、フランスのグスタフ・ボアソナード（Gustave Boissonade）が起草し、一八九〇年に公布された民法（一八九三年施行予定）に対して、穂積八束らの保守的思想家が猛烈な異議を唱えて、延期を申し立てたことに端を発する。穂積が「ボアソナード民法」と揶揄した一八九〇年民法（一般に「旧民法」という）は、キリスト教に由来する西洋的個人主義に基づいているので、日本の伝統的価値とは相いれないというのが反対の理由であった。穂積の「民法出でて忠孝滅ぶ」という言葉はあまりに有名である。結局、一八九〇年民法は無期延期に追い込まれ、一八九八年には保守派と進歩派の妥協によって明治民法が施行された。

明治民法は不平等条約の改正に必要な西洋的近代性を備えていたが、いわゆる「家制度」の確立を通じて、当時登場しつつあった家族国家観に法的基盤を提供するなど、日本の「伝統」を色濃く反映していた。ただし、ここで注意しなければならないのは、明治民法は単なる伝統の尊重でも回帰でもなく、日本が直面した西洋的近代との葛藤から生まれた新時代の産物だったということである。つまり、西洋との邂逅なしには、回帰する伝統はありえなかったのである（桑山 二〇〇四）。

このように、幕末から明治期の「和」と「洋」の関係は、一方が他方を凌駕したというより、特定の状況における両者のせめぎ合いによって決定された。換言すれば、西洋の衝撃があまりに大きかったため、それに反発する動きが国内で同時進行的に起きて、社会は両極間を揺れ動いたということである。この揺れは、昨今のグローバル化に対する反動としてナショナリズムが強化される一方で、ナショナリズムはグローバル化の刺激なしには覚醒されなかったという状況に似ている。こうした《和＝日本＝伝統》と《洋＝西洋＝近代》という、一見相反する動きの力学（ダイナミックス）という観点から女性のキモノを見ると、いくつかの興味深い事柄が浮かび上がってくる。

第一に、「キモノ」という言葉の歴史そのものが、西洋との接触を物語っている。長崎巌によれば、「小袖」はすでに平安時代に「大袖」との対比で用いられていた。袖の大きさは体の動きに影響するので、大袖は労働をせずにすむ支配階級の公家が着用し、小袖は労働に勤しむ被支配階級の庶民が着用した。その頃の小袖は袖口が小さく、袖の形も円筒状であった。やがて、武士が実権を握った鎌倉時代になると、彼らもやや大きな袂が付いた服を着始め、生地も無地の麻から模様入りの絹へと変わった。その後、小袖は富裕層を中心に庶民にも広がり、「世の服装は小袖中心の様相を呈するようになった」（長崎 二〇二〇：一〇）。

一方、「きもの」という言葉は、鎌倉時代から衣服一般を指す言葉として使われていたが、小袖の隆盛を受けて、安土桃山時代には「きもの」と「小袖」がほぼ同義となった。第二章で言及した宣教師のロドリーゲスが、「Kirumono（着る物）」や「Kimono（着物）」と呼んだのは、この小袖に間違いないと長崎はいう（同：一三）。そして、明治の文明開化の時代になると、公家や指導層は率先して洋装化を進めたので、大袖を着用する階級は存在しなくなった。それは「大袖」の対語であった「小袖」の存在意義が失われたことを意味していた。以上の経緯を経て、「町人階層を中心に明治時代以降も引き続き着用された伝統的な衣服に対する言葉としては、『きもの』という呼称だけが残ることになった」（同：一四）という。

長崎は「和服」と「洋服」という対語が日本語に加わったのは大正時代だとしているが、『日本国語大辞典』によれば、一八七一（明治四）年には「軍服洋服《ぐんふくヤウフク》の仕立屋」という表現がすでに使われていた。また、今日「キモノ」は女性の晴れ着を連想させることが多いが、森理恵はその理由を西洋におけるキモノ・イメージの逆輸入に求めている。森によれば、元来は「着る物」を意味した「キモノ」が、「洋服」との対比で「和服」を指すという「日本化」がまず起きた。さらに、西洋ではキモノが芸者と強く結び付いていたため、言葉の「女性化」が起きたのではないかという（森 二〇一九：三六）。語源の研究に曖昧さは付き物だが、今日のキモノ概念は西洋との接触なしにはありえなかったと言ってよい。

第二に、鹿鳴館に象徴された服装の欧化主義は、その反発として「和服回帰」とでも言うべき文化ナショナリズム（cultural nationalism）を生み出した。鹿鳴館時代は、一八八七（明治二〇）年、不平等条約改正に失敗した井上の外務大臣辞任に伴って、僅か四年ほどで終焉を迎えた。外国の貴賓と舞踏会や園遊会を開いたのは、ごく一部の上流階級に過ぎず、庶民のほとんどは外出するときでも和服を着ていた。

こうした階級差には留意しなければならないが、当時、女性の身体に関わる問題として議論の的となったのは、洋装の際に使用したコルセットであった。植木によれば、この時代の貴婦人のドレスはバッスル・スタイル（bustle style）で、「上衣は体にぴったりとし、スカートはボリュームがあり、特に後腰を大きく膨らませるのが特徴」（植木 二〇一三：四一三）であった。それはコルセットで胴を締めつけることを要求したので、西洋でも問題視されていたようだが、日本人女性の体には合わないばかりか、健康を損なうという批判が起きたのである。[9] 在米の織物研究家ヨシコ・ワダ（和田良子）は、次のように述べている。

一八九〇年代の日本の社会批判は、自文化の伝統を盲目的に否定した過去に向けられた。その力点は女性の服装にあり、コルセットは女の体に悪いなどという主張も登場した。その結果、多くの女性の間で和服回帰が起こり（原文は women reverted to wearing *wafuku*）、キモノは象徴的意味を帯び始めたのである。つまり、キモノこそは日本の伝統を体現しているというメッセージが、国内外で長らく流布するようになったのだ。以降、キモノは日本の女性らしさ（Japanese femininity）と同義となり、実際には明治時代までどの階級の男女も着用していたのに、キモノは女性用のエキゾチックで胴長の上衣（exotic feminine garment）だという西洋人の誤解を皮肉にも助長したのである。

（Wada 1996: 153 筆者訳）

ヴィクトリア&アルバート博物館（Victoria and Albert Museum）の学芸員アナ・ジャクソンは、この和服回帰を「キモノ・ルネサンス（kimono renaissance）」と呼んでいる（Jackson 2015a: 117, 2020: 158）。日本に限らず、社会が外圧によって急激に変化すると、女性は伝統的価値の貯蔵庫（repository）と見なされやすい。それも、だいたいは男性がイメージした伝統である（Milhaupt 2014: 62）。その意味で、女性のキモノをめぐる議論は単に衣装文化の問題ではなく、日本のナショナル・アイデンティティ、いわば「国体」に関わる問題であった。

第三に、明治中期の和服回帰を物質的に可能にしたのは、皮肉にも西洋から日本に移植された当時の先端技術であった。少なくとも、女性の絹のキモノが徐々に普及した原因の一端は、明治期に導入された西洋の新技術にあった。概して、日本人研究者は技術の起源ではなく日本への適応を強調するが、与えた側の西洋の文献には起源「も」明記されている。一例として、ジャクソンは生糸の生産技術を挙げている。すでに述べたように、富岡製糸場はフランスの技術支援によって開業したが、東京への遷都によって皇室・公家という最大の顧客を失った京都の織物業界でも、実は同じような動きが見られたのである。京都の近代化政策を担った第二代京都府知事の槇村正直は、一八七二（明治五）

図 8-2　楊洲周延筆「女官洋服裁縫図」1887 年（江戸東京博物館所蔵）
出所：東京ミュージアム・コレクション、https://museumcollection.tokyo/works/6249578/

年、佐倉常七ら三人の西陣織工をフランスのリヨンに派遣して、新しい紡績技術を習得させた。そこで彼らはリヨン人の技師が考案したジャガード織機に出会い、翌年、莫大な資金を投じて購入した織機一式を複数携えて帰国したのである。このジャガード織機によって西陣織の量産性は高まり、絹製のキモノはより多くの人の手に渡るようになった。化学染料の輸入によって、従来にはない美しい色が出せるようになったことも、キモノの魅力が増した一因である[10]（Jackson 2015a: 118, 2020: 156-158　川村 二〇一三）。絹のキモノの大衆化をもたらした銘仙については、後述の大正・昭和前期で論じる。

第四に、いま述べたことと関係するが、アメリカから輸入されたミシンは、日本人女性にとって裁縫の伝統的価値を再発見させる契機となった。アイザック・シンガー（Isaac Singer）が実用ミシンの特許を取ったのは一八五一（嘉永四）年である。シンガー社が日本に進出したのは一九〇〇（明治三三）年だが、一八八七（明治二〇）年の楊洲周延筆「女官洋服裁縫図」（図８-２）には、中央の昭憲皇太后の左で洋服をミシンで縫っている女官が描かれているので[11]、宮中およびその周辺ではもう少し早くから使われていたようだ。

当時、こうした稀少で高価な器機を使えたのは、ごく一部の上層階級に限られていたが、ミシンは和服の裁縫には不向きであった。和服は仕立て直しを前提としており、それは手縫いを必要としたからである。仕立て直しとは、古い衣服をほどいて新たにつくりかえるという意味で、今日風にいえばリフォームである。この洋服と和服の基本的相違から、明治中期の社会的文脈では、ミシンが《西洋＝近代＝進取》を象徴し、それとの対比で手縫いは《日本＝伝統＝保守》を意味するようになった。クリスティン・ガス（Christine Guth）が指摘したように、「ミシンが西洋的近代（western modernity）を象徴するようになると、その使用は［反動として］日本人のアイデンティティに関する国粋的（nativist）な議論を生んだ。日本人女性にとって、裁縫は単なる家事ではないという考えは、こうした言説の結果でもあり原因でもある」（Guth 2015: 111 筆者訳）。

この縫物言説の背後にあったのが明治政府の方針である。刀根卓代は、「再考『衣の民俗』――認識の変容を考える」（二〇二二年）という論考で、針を使うことがいかに日本人女性にとって重要であったか、そして、それを政治がいかにつくりあげていったかを指摘している。事実、明治中期の学校教育では女子の裁縫に特別な意味が付され、一八九三（明治二六）年の文部省訓令（第八号）「女子就学並裁縫教員に関する件」には、「裁縫ハ女子ノ生活ニ於テ最モ必要ナルモノ」という一文があった（刀根二〇二二：八）。家族のために針仕事をして、家計にも貢献するという主婦の理想像が、「良妻賢母」と結び付いたことは言うまでもない。

以上の考察から、幕末から明治末期にかけて、キモノにまつわる社会の諸相を図式的に整理すると、

表8-1　キモノから見た日本社会（幕末・明治期）の諸相

服装	洋服	和服
時代性	近代	伝統
志向	西洋	日本
階級	エリート	庶民
ジェンダー	男性	女性
権力	強者	弱者
生活圏	公	私
地域	都会	田舎

およそ表8‐1のようになるだろう。もちろん、現実ははるかに複雑で、二極間を揺れ動いたことは言うまでもない。

2　大正から昭和前期――二〇世紀前半

前節で「キモノ」という言葉の日本化と女性化について触れた。女性化の要因の一つは欧米におけるキモノと芸者の連想だが、パリやロンドンといった大都市で開催された万博で、女性のキモノや反物が展示されたことも大きかったであろう。参加国は国の威信をかけて万博に臨んだので、そこで展示されたキモノは最高級品だったはずだ。そのことは、万博終了後に展示品が王族に寄贈されたり収集家に購入されたりして、今日それらの多くが欧米の美術館や博物館に収蔵されていることを見れば明らかである。おそらく、こうした事情によって、「キモノ」という言葉は「高級化」したのではないかと思われる。つまり、それまで小袖・振袖・打掛・単衣・帷子・羽織などと個別に呼ばれていた日本の「伝統服」のうち、モチーフ・表現・構図・意味内容の四点（長崎二〇二〇：一〇四）で秀でたものを、「キモノ」と呼ぶようになったと考えられるのである。[12]

そして、この過程でこぼれおちた庶民の日常服や仕事着は、大正末期に柳宗悦を中心とする民芸運動によって掬い上げられ、イギリス人の盟友バーナード・リーチ（Bernard Leach）らの活動を通じて、日本のフォーク・クラフト（folk craft）として知られるようになったのだと思われる。ヴィクトリア&アルバート博物館で、小袖類はdress（礼装・正装）、農民や町人の服はfolk craftと位置付けられているのは（Earle 1986）、そのことを裏付けている。[13]

本書で議論の対象としているのは、西洋人が「見た」キモノや彼らの視線を意識して日本人が「見せた」キモノである。それゆえ、「キモノ」という言葉は基本的に高品質な女性の小袖類を指すが、明治以降「和服」が「洋服」との対比で使われるようになり、「和服」の中には今述べた意味でのキモノが含まれるので、「キモノ」と「和服」の使い分けは文脈に拠ることとする。

庶民は何を着ていたか

ここでいったん華やかなキモノから離れて、庶民、特に農民は何を着ていたかという問題を考えてみたい。日本民俗学の基礎を築いた柳田國男は、一九三九（昭和一四）年、名著『明治大正史　世相篇』（一九三一年）に続いて、『木綿以前の事』を上梓した。あまり知られていないが、この書は庶民の女性の生活に焦点を当てており、最初の五章は衣服の歴史を取り上げている。第二章「何を着ていたか」（一九一一〔明治四四〕年初出）の冒頭で、柳田は「公家・武家の生活はしばしば政治の表面に顕われ、歴史として後世に伝わっていることが多い」が、「多数無名の我々の先祖の、当時としては最も有りふれた毎日の慣習」（柳田 一九七九：二二）はほとんど知られていない、また議論の対象にさえなっていないと問題提起している。

柳田によれば、「衣服の嗜好はこの二三十年の間に、我々の目前においても著しく変わった」（同：二四）。「この二三十年」とは明治中期から後期を指している。また、著しい変化とは、庶民の服の素材が手製の「不細工でしかも丈夫な織物」から、「紡績の糸で織ったつやのある木綿」（同：二四）に変わったことを指している。綿の歴史が日本では短いことはよく知られている。種子はすでに平安時代に入ってきたが、なかなか栽培に成功しなかった。そのため、綿は長いあいだ中国や朝鮮からの輸入に頼った高級品だったが、一六世紀末には日本でも栽培可能となり、江戸時代には庶民にまで広がった。では、「木綿以前の事」として「多くの日本人は何を着たかといえば」と柳田は問い、「勿論主たる材料は麻であった」（同：二五）と自問自答する。

綿が麻より好まれた最大の理由は、肌触りがよいことにあった。その他の理由として、柳田は次の三点を掲げている。①染織しやすいので、麻では難しい鮮やかな色や模様が出せる、②遠目は絹に近くて柔らかいので、ごわごわした麻より服のラインが美しい、③綿は麻より耐久性に劣るが、その分、次々と取り換えるのでファッション――柳田の言葉では「変化の趣味」――を楽しめる（同：三一五―三一六）。正統派の文献史学からすれば、柳田の著作は細部での実証性を欠く壮大な仮説に過ぎないが、研究対象が史料に現れにくい庶民なので致し方ない面もある。

本書で扱うキモノとの関連で重要なのは、上流階級や富裕層向けの絹の和服は、「決して働く人々の着物の料とするには適しなかった」（同：二五）という柳田の指摘である。曰く、「今まで町の人などの着ていたものは、一言でいうならば労働に不向きであった」、「階段の上り降りに裾がよごれるとか、ドアの把手に袖口が引掛かるとかの、新しい建築との折り合いが悪いというだけではない」、「儀式に列する少数の男女以外、あんなぶらぶらとした袖を垂れて、あるいていた者は一人だって有りはしない」、「もともと働かないための着物を、いつも着ていようというのだから無理ができる」（同：七〇—七一）、等々と辛辣な批判が続く。

極めつけは、海外で日本の象徴となったキモノ（小袖類）をもって、日本人女性の衣装の歴史を語ることの「愚かさ」を説いた以下の一文である。当時、キモノはその美しさを称えられる一方で、労働には不向きという批判が西洋人によってなされていた（後述のように同じ批判は国内からも出ていた）。

日本のキモノの労作に不便であることは、外国人がまずこれを評し、ついで日本人も盛んにこれを唱えるようになったが、おおよそ世の中に是くらい当たり前のことはない。何となればこの衣装は、本来労働をしない時の衣装であったからである。ちょうど百人一首のお姫様たちが少しも活気のないのと同じことで、あのようなものを着ているところを見て、日本の女が働くことを知らなかったごとく、考えるならばこちらが悪いのである。この三千年間の永い辛苦の歴史を、あらゆる日本の女性がこれを着て越えて来たかのごとく、想像している人がもし一人でもあったら、それは面を伏せ顔を赤らめても、到底追付かないほどの恥かしい無知である。

（柳田 一九七九：三四二—三四三、一部新字体に改変）

日本の衣装史研究には、民俗学が扱う「歴史のない人びと（people without history）」の影が薄いので、柳田の警告には留意したい。

銘仙の登場

とはいえ、大正から昭和初期にかけて、絹のキモノが多くの女性に届くようになったのは事実である。その大きな要因は銘仙の登場にあった。明治初期に京都の職人がフランスから持ち帰ったジャガード織機が、西陣織を求めやすくしたことはすでに述べたが、銘仙の中心地は関東であった。当時、足利・桐生・伊勢崎・秩父・八王子が五大産地と言われ、一九三〇（昭和五）年、伊勢崎では全国で四五六万人分のキモノを生産し（同年の国勢調査で、日本の総人口は約六四四五万人、男は約三二三九万人、女は約三二〇六万人）、売上高は現在の約二兆円に上ったという。[14]

銘仙は平織の絣《かすり》の絹織物で、元来、生糸にはならない屑繭《くずまゆ》を原料とした。そのため安価で、西陣織が天皇家や公家に贈る献上品だったとすると、銘仙は地方の庶民にも手が届く実用品であった。「キモノ界のジーンズ」（Cliffe 2017: 51）とでも言えば、世界の人びとにその特徴が分かってもらえるだろう。

写真８‐３から明らかなように、先染めの絹糸を使った銘仙は色が鮮やかで、柄も伝統的な和服にはない斬新なものが多かった。そのため、昨今のレトロブームの中で、「大正ロマン」の一翼を担っているほどで、銘仙を着た人物が登場するアニメも目にするようになった。[15]

銘仙はその大衆性ゆえに、既成観念には囚われない自由さと大胆さがあった。オーソドックスな日本文化のソトにいる海外の人びとが、今日でも銘仙に魅了されるのはそれ故である。そもそも、銘仙には近代西洋的要素が含まれていたので、西洋人にとっては親しみやすいのではないかと思われる。この関連で注目すべきは、二〇世紀前後に欧米を席巻した二つの芸術運動、アール・ヌヴォー（Art Nouveau）とアール・デコ（Art Déco）が銘仙に与えた影響である。

フランス語で「新しい芸術」を意味するアール・ヌヴォーは、身近な草花や昆虫といった自然界をモチーフにした曲線美が特徴で、ジャポニスム時代に西洋人が発見した日本の美に触発されたと言われる。その意味で、アール・ヌヴォーの日本への紹介は「還流」であった。[16] 銘仙の織にはいくつかの種類があるが、「解《ほぐ》し織」と呼ばれる技術の開発によって、複雑な曲線の表現が可能になった。

一方、「装飾美術」を意味するアール・デコは、第一次世界大戦前のフランスに登場したが、花開いたのは一九二〇年代・三〇年代のアメリカの都市であった。その特徴はモダンで直線的かつ幾何学的な模様にある。ニューヨークのクライスラービル（Chrysler Building）は、その傑作と言われている。

写真 8-3　2020 年、ヴィクトリア＆アルバート博物館で開催されたキモノ展（*From Kyoto to Catwalk*）の絵葉書集（筆者所蔵）。表紙のキモノは銘仙で、産地は伊勢崎と推定されている

写真８‐３の銘仙が伊勢崎産だと推定されるのは、その地でアール・デコ風の銘仙が多くつくられたからである。[17] いずれにせよ、大正・昭和前半に特に庶民の間で人気を博した日本の銘仙は、近代西洋との出会いから生まれた。

近代的自我とキモノ

思想史的に言えば、大正時代の一つの特徴は、国家レベルでは、明治時代以降の欧化政策と日本回帰の間を揺れ動く一方で、個人レベルでは、日露戦争（一九〇四〜一九〇五）後の本格的な産業化と都市化のもと、「個」を重視する近代的自我が芽生えたことにある（桑山 二〇〇四）。前者の国家レベルは、急激な西洋化への反動でナショナリズムが高揚し、国家があらゆる面で「近代」と「伝統」の間を揺れ動くという、非西洋社会の近代化によく見られる現象である。後者の個人レベルは、もっとも根本的には農村経済と都市経済の差に起因する変化である。家族や世帯で生計を共にする農村では、個人の裁量に任された財の獲得や消費は限られていたが、俸給生活者の多い都市では、個人が財布の紐を握るようになるので、行動や思想の自由度が増すのである。

この近代的自我が日本人女性の間で芽生えたのは、明治末期から昭和初期にかけてであった。そして、それを象徴したのが、平塚らいてう（一八八六〜一九七一）（写真８‐４）たちが一九一一（明治四四）年に結成した青鞜社である。同社が刊行した『青鞜』の創刊号に載った平塚の言葉、「元始、女性は実に太陽であった」はあまりに有名である。青鞜社は短命だったが、彼女たちが取り上げた女性の社会進出にまつわる問題、とりわけ封建制の温床と目された「家」からの解放は、島崎藤村や田山花袋ら同時代の自然主義文学と通底するものがあった。日本政府および保守派の思想家は、これを西洋的個人主義の悪影響と見て警戒すると共に、天皇を家長とし臣民を赤子《せきし》に見立てた家族国家を創り上げていった（桑山 二〇〇四：二二六―二三一）。「伝統」と「近代」のせめぎ合いである。

衣装に目を転じると、こうした国内外の大きな動きは人びとの服装、特に女性のそれに現れた。「伝統」の「貯蔵庫」である女性の身体を覆う服の変化は、社会の変化を劇画的に写し出す。写真８‐４は若き日の平塚らいてうで、彼女は「和服」姿である。より正確には、羽織の下は上半身がおそらく絣のキモノで、下半身は袴である。髪型は明治半ばに登場した束髪、その中でも前髪を突き出した庇髪《ひさしがみ》である。一見、当時の若い女性に典型的な服装だが、堀場清子『青鞜の時代――平塚らいてうと新しい女たち』（一九八八年）によると、これは「典型的な風俗の転換」（堀場 一九八八：一六）なのだという。「風俗の転換」とは本章でいう「和服回帰」を意味する。以下は堀場の主

写真8-4 「着物と袴」姿の平塚らいてう。髪型は大正時代に女学生の間で流行した庇髪である
出所：日本近代文学館提供

張である。

平塚の母は徳川将軍家の一族、それも御三卿の田安家の奥医師の娘で、鹿鳴館時代にはバッスル・スタイルの洋装をしていた。らいてう（本名は明《はる》）が生まれた一八八六（明治一九）年、この時代は終わりつつあったが、その頃に母と姉と三人で撮った写真には、洋服姿の小さな明が写し出されていた。だが、明が高等女学校に進む頃には、「万事が国粋主義の時代になっていた。平塚家の洋館も日本造りに変えられ、光沢［明の母］は洋服から丸髷に、明たち姉妹も洋服を脱いで、紫の矢絣の着物に袴の女学生となった」（同：一六）。

平塚を含めて、『青鞜』初期の同人は日本初の女子大学である日本女子大学校（現・日本女子大学）の出身生が多かった（同：二〇）。だいたいは良家の娘だったので、洋服を着たこともあったであろう。そうした観点からすると、たしかに写真８‐４の服装は典型的な「和服回帰」のように見える。だが、はたして本当にそうだったのだろうか。

実は、一般の女性が袴をはいて公の場所に姿を現したのは、そう古いことではない。むしろ新しい。刑部芳則の近著『洋装の日本史』（二〇二二年）によると、袴を見た目で和服と見なすのは早計で、「洋服の代用品」と考えたほうが適切だという。手短に刑部の考えを紹介すると、欧化政策によって一部の女性は優美な洋服を着たものの、価格があまりに高くて、かつ窮屈で着心地が悪く、活動にも不便であることから、一般には普及しなかった。また、同様の問題はキモノにもあったので、明治半ばに「衣服改良運動」が起こった。この時期に、華族女学校の幹事兼教授の下田歌子は女性用の袴を考案した。下田が袴姿で宮中に参内したところ、一部の人びとから猛然と批判されたが、上下が別の着物と袴という組み合わせは、むしろ先述の昭憲皇太后の思召書に沿うものとして評価された。その後、華族女学校ほか多くの女学校で袴が制服に取り入れられ、若い女性に広がっていった。刑部は次のように述べている。

この着物に袴というスタイルは、大正時代には女子生徒の洋式制服と、職業婦人の洋服とに変化する。そう見ると着物に袴は洋服と和服との衣服改良を図る最高の代用服であったと考えられる。大正時代に登場する一般女性たちが着る洋服へとつなぐ役割を果たしている。「思食書」［昭憲皇太后の思召書］の趣旨を洋服だけに求めるのは単純な見方である。［中略］従来の服飾史では、女性用の袴を洋服の代用品だとは見なしていない。それは単に袴は和服であり、洋服ではないという見た目でしか判断していないからである。美子皇后［昭憲皇太后］の「思食書」との関連性と、美子皇后の存在を意識して下田歌子が女性用の袴を考案したことから考えれば、洋服の代用品と見なせるのである。[18]

（刑部 二〇二二：一一四、一二〇）

もちろん異論はあるだろう。だが、女性の袴が登場した経緯に鑑みれば、それは明治中期の洋服と和服の双方の欠点を克服する試みから生まれた新たな「伝統」であるという解釈は成り立つ。実際、そのように解釈したほうが、新しい時代を切り開こうとした平塚には相応しいように思われる。

写真8-5　1928（昭和3）年、ビーチ・パジャマ・スタイルで銀座の街を歩くモガ。一部のモガが着ていた洋服は、洋裁学校に通っていた女性が自分でつくった可能性もある（Cliffe 2017: 48）

出所：Wikimedia Commons, https://commons.wikimedia.org/wiki/File:Kagayama_mogas.jpg

一九世紀末の欧米に現れたフェミニズムにならって、平塚たちは「新しい女」と呼ばれた。この呼び名には非難と侮蔑の両方の念が含まれていたが、彼女たちは決して古い道徳や価値観から自由であったわけではない。そのことは、平塚自身が後に「新しい女」は「より厄介な敵として自分自身の中の因襲感情と常に戦っていなければならなかった」（平塚 一九八七：二三七—二三八）と述べたことからも窺われる。その点で、次世代に登場した「新しい」日本人女性は、異世界の住人であった。「モダンガール」、略して「モガ」と呼ばれた彼女たちは、ひときわ目立つ洋装で街に繰り出したのである（写真8-5）。

モガの外見的特徴は洋装と断髪（今日のボブスタイルに近い）であった。平塚たちとは対照的に、モガが社会に与えたインパクトはその政治的主張ではなく、百貨店・映画館・劇場・ダンスホール・カフェーなど、当時の「ハイカラ」で「文化的生活」の舞台となった華やかで、しかし時として淫靡な大都会を、際立った装いで闊歩する姿にあった。それは良妻賢母とは真逆の女性像であった。モガのイメージはメディアがつくりあげたとも言われるが、「享楽」的で「軽薄」と評された彼女たちの姿は、谷崎潤一郎の小説『痴人の愛』（一九二五年）に登場するカフェーの女給ナオミと重なった。平塚は、『婦人公論』一九二七（昭和二）年六月号に掲載された「かくあるべきモダンガアル」という一文で、次のようになじっている。

ともかく婦人の洋装が流行しはじめたほんの三、四年前のあの無恰好さに較べて、今日銀座街頭のこのモダンガアルの自由な軽快な姿勢はなんとした変わり方でしょう。実際彼女たちの中には洋服を着て生れて来たかと思われるほど、しばらく見ない中にしっくりと洋装が身について来た人も少なくありません。［中略］もしああいう女性をモダンガアルと呼ぶのなら、金と時さえあれば誰でもすぐ容易になれそうに思われる。［中略］彼女たちはそうした高価な服装を通じ、装身具を通じ、念入りの厚化粧を通じて彼女自身を表現することにいかにも生甲斐を見出しているように思われます。いえただに生甲斐を見出しているばかりなく、その自己表現は、いかにも自由で、解放的で、大胆で、新味があります。［中略］この種のいわゆる刹那的享楽主義に陥った女性、流行の尖端を歩いて、男性の肉欲の対象としての女性の誇張的表現に浮身をやつし、魂を忘れ、統一を失った自己崩壊的な女性、こういうのがほんとうにモダンガアルでしょうか、そう言えるでしょうか。

（平塚 一九八七：二二三―二二六）

もっとも、平塚たちの「新しい女」とモガには一つの共通点があった。それは、『青鞜』がしばしば「婦人在来の美徳を乱す」(堀場 一九八八:一六九)という理由で発行禁止になったように、モガも「エロ・グロ・ナンセンス」と揶揄された当時の退廃的風潮と相まって、批判的な輩から「征伐」されたり、公共の秩序を乱したという理由で警察に引き渡されたりしたことである(森井 二〇一八:二三九)。たしかに、モガの登場は「伝統」的な日本人女性像、なかんずく良妻賢母の理念を崩すものであった。その一方で、明治時代の洋装が男性エリートの政治的権威を象徴したのに対して、大正時代の若い女性の洋装は、たとえ表層的であったとしても、新しい時代における自由と解放を表現したと言えるだろう[19](Jackson 2015b: 161)。

大正デモクラシー下の風俗

概して、大日本帝国憲法発布以降の日本の風潮を「国粋主義」の一語で総括しがちだが、これまで幾度となく指摘したように、実際には、日本は「伝統」と「近代」、「和」と「洋」の間を揺れ動いてきた[20]。少なくとも、満州事変(一九二八〈昭和三〉年勃発)以前の日本、特にいわゆる「大正デモクラシー」が花咲いた時代には、治安当局が案じるほど庶民の自由意思による活動が見られた。当然、そこに服装も含まれていた。

では、当時の大多数の女性は、どのような格好をしていたのだろうか。この疑問に答えてくれるのは、考古学をもじって「考現学」を提唱した今和次郎《こんわじろう》が、一九二五(大正一四)年七月号の『婦人公論』

に寄稿した「東京銀座街風俗記録」である。今によると、銀座の街を歩いていた女性の何と九九パーセントが和服姿であった（図8-3）。この研究には歴史的意義があるので、以下、詳しく見てみよう。

　今が吉田健吉らと共に銀座の服装調査をしたのは、一九二五（大正一四）年五月の四日間である。それは治安維持法が公布された数週間後のことで、男子普通選挙法の公布と同時期であった。文明人は自らの「風俗」に無自覚なので、「人類学者が未開発民族の研究に使っている方法を文明人の研究にも適用してみたい」（今一九八七：八七）という思いがあったという。調査地は京橋から新橋の間の約一キロの区域で、対象は前方から来る歩行者のみであった。録画技術が発達していなかった時代なので、歩行者が何を身につけていたかの判断は、すべて調査者の一瞬の観察に依った。

　今は被調査者を、男（四三%）、女（二四%）、学生（一二%）、店員（八%）、労働者（七%）、子ども（五%）、その他（一%）に分けた。

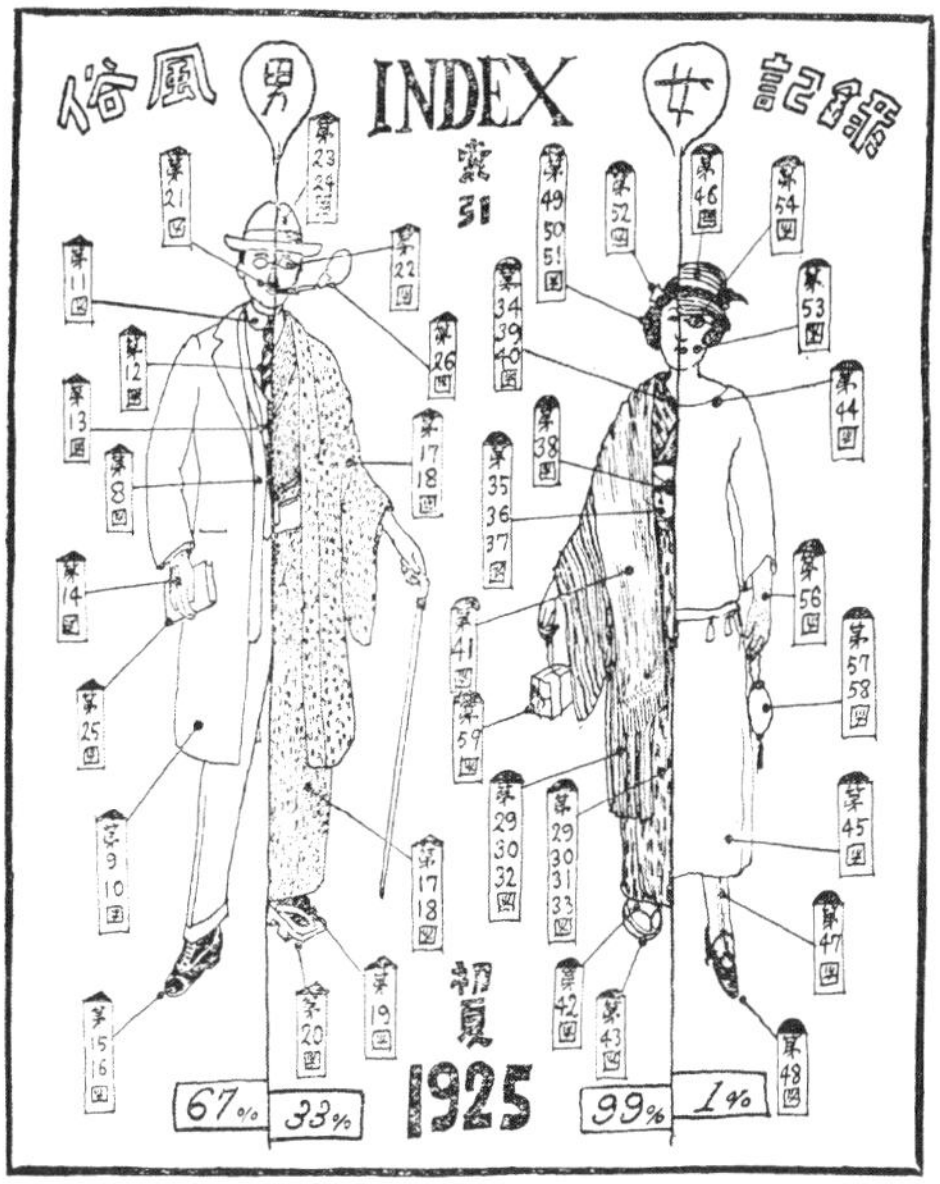

図8-3　今和次郎「東京銀座街風俗記録」収録の図。1925（大正14）年初夏、銀座を歩いていた女性の99%が和服を着ていたとされる
出所：今（1987：106）

この分類には一種の奇妙さと曖昧さが伴うが、「男」と「女」はそれぞれ成人男性と成人女性を示す。「学生」以下の範疇の男女比は明らかにされていない。実は、被調査者の総数さえ論文を読む限り明記されていないのだが、[21] ここでは今の分析結果だけ紹介する。

まず、「男」の服装は「洋服」が六七パーセント、「和服」が三三パーセントであった。「洋服」に関しては、「色」、「外套」、「カラー」（＝ワイシャツの首回り）、「ネクタイ」、「靴」などの項目もあるが、「和服」については「ほとんどすべての人びとがまだ羽織を着ている」（同：一一五）、「袴より前掛けのほうが多かった」（同：一一五）、柄は「縞と絣の率はほとんど接近している」（同：一一七）、「足袋はほとんど全部黒足袋だ」（同：一一八）程度の記述しかない。その他の調査項目には「髭」「眼鏡」「帽子」「携帯品」などがある。

一方、「女」の服装は「洋服」が僅か一パーセントで、他はすべて「和服」であった。今の論文の冒頭には、「震災［関東大震災］以前からしきりに華美に傾いていた東京人の風俗」（同：八六）という一節がある。おそらく、モガ（とモボ）を指していると思われるので、[22] この結果は今自身にとっても驚きだったようだ。ただし、ここが重要なのだが、今の分析は項目によって異なる資料を使っていて、「洋服」の比率が一割以上という結果もある。また「女学生」の場合、約三割が「洋服」だったので（詳細は後述）、今日語り継がれている「一パーセント」だけが独り歩きしないように要注意である。

「女」の「和服」の分析は多岐にわたっているが、銘仙が約半分を占めるという結果はよく引き合いに出される。その他では、「洋風」の柄は一割程度に過ぎないのに、帯は「西洋風の好みのあざやかなもの」が結構多く、約二割という結果が出た。これは再三述べた「和」と「洋」、「伝統」と「近代」の邂逅の結果である。一方、「洋服」の記述はほとんどない。その他の項目で注目されるのは「結髪」である。ここでは和洋逆転が起きて、「西洋ガミ」が四二パーセント、「日本ガミ」が三一パーセントとなっている（残りは束髪）。今曰く、「日本クラシックは負けです」（同：一三八）。

今の分類と数字の扱いには多少の疑問が残る。だが、時代が大正から昭和へと移り変わる頃の東京銀座でさえ、女性の大多数は和服を着ていたという発見はきわめて興味深い。ただ、ここで注意しておかなければならない点が二つある。一つは、和装であれ洋装であれ、服装は単に衣服だけの問題ではなく、身につけるものいっさいを指す包括的な概念だということである。拡大解釈すれば、髪型や化粧も含まれる。そのため、美しいキモノを着ていても、大正時代に散見されたように、西洋風の髪型でスカーフを巻くなど、全体として見れば和洋折衷の場合が実は多い。この点は英語圏の研究者がよく指摘するところである。もう一つは、数だけが問題なのではない、ということである。事実はむしろ逆で、数が少ないからこそ世間の耳目を集め、議論の的となることがある。モガはその典型であろう。換言すれば、モガの「統計的意義（statistical significance）」は小さかったが、「象徴的意義（symbolic significance）」は大きかったのである。[23]

百貨店が庶民に広めた絹のキモノ

さて、庶民の間で絹のキモノが普及したのは、銘仙に依るところが大きいことはすでに述べた。ここで、その販売・流通に目を向けると、百貨店（デパート）の存在が浮かび上がってくる。当時、百貨店が日本人の生活の近代化（事実上の西洋化）に果した役割は極めて大きく、代表格の三越ではありとあらゆる分野の舶来品が展示販売された。ただ想起すべきは、三越の起源は江戸中期に三井高利が開いた「越後屋」という呉服店にあり、一九〇四（明治三七）年――それは日露戦争が勃発した年であった――、アメリカ式の百貨店を目指して経営体制を刷新したときの社名は「三越呉服店」であったという事実である（和田 二〇二〇：一四）。つまり、三越には「伝統」と「近代」の両側面があり、呉服店である以上、キモノが「伝統」の主力商品であったことは言うまでもない。このことは、高島屋・大丸・松坂屋・松屋など、呉服屋から発展した他の百貨店にも当てはまる。

では、なぜ高級志向の百貨店が、安価な銘仙を販売するようになったのだろうか。これには一九二三（大正一二）年の関東大震災後の景気低迷が関係しているようだ。経済史家の山内雄気によると、一九二〇年代後半、個人支出と織物消費は共に低迷していた。だが、絹織物消費だけは拡大して、その最大の要因は銘仙市場の活性化にあった。そして、それをもたらしたのが百貨店による銘仙の特売会であったという。もともと、百貨店は中産階級以上の高所得者層を顧客としていたが、震災後は大衆も視野に入れるようになった。特売会は利幅が小さいが、低価格のため販売量を期待できるので、百貨店は銘仙特売会の回数を増やしていったのである。

たとえば、震災年の一九二三年には、東京と大阪の百貨店を合わせても銘仙特売会は一〇回に過ぎなかったが、一九三〇（昭和五）年には七八回に激増している。もっとも、そのうち五三回は大阪での開催だったので、震災によって東京という大市場を一時的に失った分を大阪が吸収したことになる。山内によると、特売会での銘仙の価格は中小の小売商のそれを下回るほどで、銘仙の廉売は小売店との軋轢を表す「百貨店問題」の象徴にさえなったという。生産者（機業家）にとっても、販売先としての百貨店の存在は大きく、伊勢崎では両者の間を取り持つ問屋が、百貨店に関する情報を生産者側に提供する体制ができあがっていた（山内 二〇〇九：三一一〇）。

このように、たとえ高級品ではなくても、絹のキモノに庶民の手が届くようになった背景には、都市で成長した百貨店の存在があった。とはいえ、それは本来の上客を百貨店が手放したことを意味しない。事実、高級呉服店としての百貨店の機能は現在まで続いているし、「キモノの国・日本」という海外の日本イメージに、百貨店が果たした役割は非常に大きかった。

時代はやや遡るが、和田博文『三越誕生！――帝国のデパートと近代化の夢』（二〇二〇年）には、次のような逸話が紹介されている。日露戦争後、キモノを求める外国人が急増して、多くの人が三越を訪れた。その中には、ポーツマス条約（一九〇五年）を仲介したアメリカ大統領、セオドア・ルーズベルト（Theodore Roosevelt）の娘アリスがいた。彼女は三越呉服店が気に入って二回も訪れた。そして、三越側は優美なキモノと付属品一式を贈った。

また、新聞記者の磯村春子（一九八六年放送のNHK朝の連続テレビ小説『はね駒』のモデル）が、外国人女性を三越に連れて行くと、「かうも美《うる》はしき衣服を用ひらるゝは誠に幸福ならずや」と感嘆し、刺繍を施した帯地の売り場では、なかなか立ち去ろうとしなかった（和田 二〇二〇：五三―五四）。三

図8-4　橋口五葉作「此美人」1911年（TOPPANホールディングス株式会社印刷博物館所蔵）

越は日本人には西洋的生活様式を見せ、西洋人には日本のキモノを見せたのである。

おそらく、銘仙が「キモノの国・日本」の創出に貢献したとしたら、それは求めやすい価格であったがゆえに、日本国内で絹のキモノを着る女性が増え、服装上の階級差や地域差が次第に小さくなったことにあるだろう。それによって、日本人女性の服装は同質化されていき、日本は名実ともに「キモノの国」になったのである。一九一一年に柳田が発した辛辣な批判は、徐々に当てはまらなくなったと言えようか。と同時に、対外的に見た場合、銘仙によって同質化された日本の中のキモノは、西洋人女性の服との対比でその独自性に注目が集まり、結果として彼我の差が強調されるようになった。このウチの同質化とソトとの差異化という二重のプロセスは、日本のナショナル・ドレス（民族衣裳）としてのキモノの登場、ひいては日本人のナショナル・アイデンティティの形成にとって決定的に重要であった[24]。

最後に二つのことを付け加えておきたい。第一は、明治末期までの呉服店の売り方は「座売り」といって、畳に正座した店員が客の要望を聞いたうえで、奥から商品を取り出してきて見せるというやり方であった。ところが、百貨店はガラス張りのショーケースを設置して、客が自由に見て回れる空間をつくりだしたのである。この展示を兼ねた販売法は、欧米で開かれた万博に日本が出品したときに学んだものであった。ここにも「和」と「洋」、「伝統」と「近代」の邂逅が見られる。

第二は、必ずしも銘仙に限られないが、特売会以外に百貨店がキモノを売るためにとった戦略として、ポスターの図案懸賞があった。一九一一（明治四四）年、一位になった橋口五葉の作品「此美人」（図8-4）はつとに有名である。それは、当時流行していた「元禄模様」のキモノを着た女性が、江戸時代の版画を綴じた本を手にした図案であった。右上端に「三越呉服店」と書かれたこのポスターは、全体がアール・ヌヴォー調にまとめられていた。

和から洋への転換はいつ起きたか

ここで、次の時代（昭和後期）に移る前に、どうしても論じておかなければならないことがある。それは大正・昭和前半に進んだ洋服の普及である。第二次世界大戦後、日本人の服装は大きく変化して、和服が洋服に取って代わられたことは多言を要さない。だが問題は、いくら連合国占領下の改造圧力が強かったとしても、やっと絹のキモノを手に入れた庶民の女性が、それをやすやすと捨てて一夜にして着慣れない洋服に転じるものだろうか。派手な洋服と化粧が米兵相手のパンパン（街娼）と結び付いていた時代に、少しでも見間違われるような服装をすることには相当な抵抗があったはずである。

実は、戦前から東京神田で写真屋を営んでいた私の家に残された大量の写真を見ると、終戦後、僅か数年で男性はもちろん、若い女性が洋服を着こなしているのである（写真8-6、写真8-7）。それも、見様見真似でつくった服ではない。ということは、一般の日本人女性の洋装は決して戦後に始まったのではなく、都市と田舎の地域差はあったとしても、すでに戦前からかなり普及していたのではないかと考えられるのである。

従来のキモノ研究では、国内外共にこの「和」から「洋」への転換の過程があまり論じられておらず、研究上のエアーポケットのようになっている。のみならず、戦前と戦後の断絶ばかりが強調される嫌いがある。この間隙を埋めるためにはキモノだけ見ていても不十分で、洋服の側からも考察する必要がある。

まず、今和次郎の研究に再び目を向けてみよう。あまり知られていないが、彼は一九三三（昭和八）年、日本が国際連盟を脱退し、アメリカでニューディール政策が始まった年に、東京銀座で女性の服装に関する再調査を行っている。日時は二月二五日の土曜日、午後三時、天気は快晴であった。結果は「和装」が八一パーセントで、「洋装」が一九パーセントである。一九二五（大正一四）年の調査では、「洋服」が僅か一パーセントに過ぎなかったので、八年間で「洋装」は大幅に伸びたことになる。ただし、今回は被調査者に「女学生も子どもも、女子と名のつくすべて」が含まれていたので、「子どもは七割まで洋服、女学生は五割まで洋服」という仮定で計算し直すと、「婦人」の洋装率は約三パーセントにまで下がったという（今 一九七二b：一六七）。当時は防寒上の理由で冬は夏より和服の着用率が

写真8-6　終戦3年後の1948（昭和23）年夏、東京圏の写真同好会が大磯で撮影された写真。写真に写っている6人の女性はすべて洋服を着ている。和服姿の男性はいない。バスの中の子どもも全員洋装である（筆者所蔵）

写真8-7　1949（昭和24）年冬、箱根（明星ヶ岳）で撮影された写真前列に写っている5人の女性は、すべて洋服を着ている。和服姿の男性もいない。この集団は東京の写真商会の社員や関係者であった（筆者所蔵）

高かったので、前回と同じ五月に調査をしたら、洋装率はもう少し上がったと思われる。いずれにせよ、昭和に入ってしばらくした時点でも、日本人女性の洋装はほとんど進んでいなかった、というのが今による調査の結果である。洋装の普及に関する多くの人の予想を裏切るこの結果について、今は「印象と事実との違い」（同頁）と述べている。

しかし、『今和次郎集』収録の服装に関する複数の論考に目を通すと、今の数字は必ずしも一貫していない。むしろ、上記の調査結果と合わないことが多い。たとえば、一九三〇年代には洋裁学校が盛んになり、家庭でも洋服を裁断裁縫できるようにスタイルブックが流布したので、「銀座通りで数えてみると、一〇〇人のうち三五人までは洋装ということになった」（今 一九七一a：三八五―三八六）という。これは同じ年代に行われた先の調査を否定するような結果である。また今は、一九二三（大正一二）年の関東大震災以降、動きやすい洋服が一般女性の間で広まったと随所で論じているが、その統計的裏付けは示されていない。そもそも、そうした発言は彼自身が集めた衝撃的な数字――成人女性の洋装率は、一九二五（大正一四）年で一パーセント、一九三三（昭和八）年で三パーセント――とも矛盾している。

さらに今は、一九三四（昭和九）年四月三一日『時事新報』掲載の記事で、都会人の知らない興味深い現象として農村における洋装化を掲げ、次のように発言していた。

農村の婦人たちの間に洋服が着られだしたことです。野良着まで洋服風の裁断のものが着られるようになりました。こうして洋服が着られている地域が拡大されているし、またおいおいと着用者の密度も充実してくると思うのです。今日の農村は、まるで、かつての文明開化を思わせるものがあるのです。洋服を着出したことによってお互いの身分も階級も消されてしまって、皆が朗らかな表情をして、お互いの姿を見合ったり、見せ合ったりしているのが今日の農村の現実です。［中略］田舎の小さい町の駅あたりのサービスガールの洋服姿を、町のあんちゃんがうれしいものを見るような表情で、ちょっと振返って見るとか、または、新調の子ども服を着せたよちよち歩きの手をひいて、うれしい顔をして道を歩いている父さんなどは、新版農村風俗といえるのです。
（今 一九七二a：三四一）

これが銀座で再調査をした翌年（一九三四〔昭和九〕年）の「新版農村風俗」ならば、今の農村を見る眼は「印象と事実の違い」を自ら証明するほど狂っていたか、[25] 銀座での数字に問題があったかのどちらかであろう。今の考現学的貢献には大きなものがあるが、和装と洋装の割合に関する限り、再考の余地はかなり残されているようだ。

では、大正・昭和前半の時代に、日本人女性の洋装はどのくらい進んでいて、その要因は何だったのだろうか。この問いに答える力量は私にはないが、一つのヒントは袴の着用にある。先に述べたように、刑部によれば女性用の袴は「洋服の代用品」で、袴をすぐさま和服と見なすのは「見た目でしか判断していない」（刑部 二〇二三：二一〇）。もちろん、形状的にそれは男性用の袴を基にしているが、幕末以降の服装変化という大きな歴史の流れの中に置くと、若い女性向けにつくられた袴は、当時の衣服改良運動で幾度となく指摘された和服の欠点、特に外での活動に向かないという問題を克服する過程で登場したと言えそうだ。そして、その欠点と対比されたのが、洋服の動きやすさであったことを想起すれば、女袴を機能的に「洋服の代用品」と見なすことには一理あるかと思われる。衣服に限らず、モノの形状や起源にこだわると、それがある社会で果たす機能を見失いやすい。

要は、明治中期の「和」と「洋」のせめぎ合いから女袴が生まれたということだが、そのように考えると、次の時代に登場した高等女学校の洋式制服との連続性がうまく説明できる。刑部によれば、東京の山脇高等女学校は、一九一九（大正八）年に洋式制服を取り入れ、一九二三（大正一二）年には全学年の生徒に着用を求めた。当時は「生活改善博覧会」が文部省の後押しでよく開かれていて、百貨店は女生徒のための改良服を競うように出品したという。山脇の制服は三越呉服店洋服部の出品であった（同：一三〇―一三一）。

いわゆる「セーラー服」の誕生はこうした動きの延長線上にあり、最初に採用した女学校はおそらく名古屋の金城女学校で、一九二一（大正一〇）年のことであった（同：一四一）。セーラー服は瞬く間に広まり、数年後の一九二三（大正一二）年には、全国の高等女学校四六二校のうち、一四七校が「洋服・洋式の制服・標準服」を採用するに至ったと言われる。比率で言えば約三二パーセントである（同：一五〇）。この数字は今和次郎が二年後に銀座で行った最初の調査結果――「女学生」の約三割は「洋服」――と見事に一致する。

セーラー服は女子児童（尋常小学校）にまで広がった。一九三七（昭和一二）年に『婦人之友』が一八都市（うち四都市は満州と朝鮮）で行った調査によると、国内（内地）でもっとも着用率が低かった金沢（約六九パーセント）を除いて、すべての都市で八割を越えていた。函館に至っては一〇〇パーセントである（同：一八九）。刑部によれば、戦後につながる日本人女性の洋装化を牽引したのは、こうした学校時代にセーラー服に袖を通した児童や女学生であり、卒業後に「職業婦人」として働いた女性であった。刑部曰く、「とくに小学校から洋服を着るようになり、高女［高等女学校］で洋式の制服を着るという服装感覚を持つ若い女性が増加することの意味は大きい。ここに日本の女性の洋服が普及する要因があるといってよいと考える」（同：二〇〇）。

女学校卒業後、彼女たちの多くは洋裁学校に進んだ。もちろん、家庭に経済的余裕がある者に限られていただろうが、特に人気が高かったのは、一九二六（大正一五）年、ファッションデザイナーの杉野芳子が設立したドレスメーカー女学院（現・ドレスメーカー学院）と、裁縫家の並木伊三郎が一九二三（大正一二）年に開いた文化裁縫女学校（現・文化服装学院）であった。当時、百貨店でしか買うことのできなかった高値の洋服を、生徒たちは自分でつくる力を身につけていったのである。それを支えたのは家庭用ミシンの普及であった[26]。

ただし、女学校であれ洋裁学校であれ、卒業後は多くの女性が和服を着た。刑部はその一つの理由をモガの存在に求めている。モガは「不良」扱いだったので、見間違われることを嫌ったのである。また、花嫁修業の一環として習うお稽古事も、たいていはキモノが似合うものであった（同：一五八―二〇〇）。

このように進んだ洋装化に歯止めをかけたのが戦争であった。一九三七（昭和一二）年、盧溝橋事件に端を発した日中戦争が起こると、日本人の生活は徐々に戦時体制に組み込まれていった。そのことは今和次郎が書き残した文章からも明らかだが、刑部は割烹着にたすき掛けを会服とした大日本国防婦人会（一九三二〔昭和七〕年発会）の姿や、一九四〇（昭和一五）年発表の男性用「国民服」に触発された「婦人標準服」試案の過程で、洋裁家と和裁家が対立したことなどに注目している（同：二〇二―二一二）。

この時期に起きた大きな変化は、やはりモンペの着用であろう。元来、モンペは農作業用であったが、国内決戦の空気が漂い始めると都市部でも着用され始めた。女学校ではセーラー服にモンペまたはズボンという服装が登場した（同：二三六）。しかし、何と言っても決定的だったのが、戦時中の物資の不足である。材料がなければ服はつくれなかったからだ。

状況が改善した戦後日本は「洋裁ブーム」に沸いた。刑部は、それは突如訪れたものではなく、戦前からの「長い積み重ね」（同：二五〇）、つまり洋服着用の歴史的連続性によるものだと主張する。

明治二〇年代（一八八七～九六）の衣服改良運動の流れから始まり、大正八年（一九一九）以降の服装改善運動によって未成年者の洋装化が実現する。そのときに女子生徒の制服や子供服を裁縫する洋裁がミシンとともに発展し、成人女性の洋装化の実現に向かっていたところで戦争に突入してしまった。洋服の生地の輸入は途絶え、物理的には成人女性に洋服を普及させることはできなくなった（物理的な洋裁の断絶）。一方で多くの女性が工場や学校で軍服などを縫製したり、自分たちが着る更生服［手持ちの衣料をほどいてつくり直した服］を裁縫する作業は続けられた（洋裁作業の継続）。戦争が終わり、アメリカからの洋服生地が輸入され、成人女性の洋装化の実現に向けて再始動する。

（刑部 二〇二二：二五〇―二五一）

刑部の考えには専門家の間で異論反論があるだろう。しかし、幕末以降のキモノの歴史を文献で辿っていくと、第二次世界大戦の敗戦を境にして、和服が突如消えて洋服が突如現れるという、あまりに唐突で奇妙な現象に出くわすのである。これは現実というより研究上の問題ではないのか。服の形状や起源ではなく、機能を重視した刑部の洋装発展段階論は、この問題を解決する一助となる。

写真8-8　都心の私立高等女学校に通っていた女学生のセーラー服姿。1942（昭和17）年10月撮影（筆者所蔵）

最後に、私の家に残された写真の中から、以上に関連するものを三枚紹介する。写真8－8は、一九二六（大正一五）年生まれの女性が、都心の女学校に通っていたときのセーラー服姿である。五年間の課程を終える年だったと思われる。次の写真8－9は、正確な撮影年は分からないが、一九四〇（昭和一五）年から一九四三（昭和一八）年の間に箱根強羅で撮られたもので、同じ女性が前列（左から二番目）に洋服姿で写っている。後列左の男性は後に彼女の夫となった人物で、国民服を着ている。そして、写真８‐10は終戦後の一九四九（昭和二四）年に撮影されたものである。真ん中の女性が紹介中の人物で、彼女は女学校卒業後にドレスメーカー女学院（通称ドレメ）に通った。おそらく、物資の供給が十分でないときに、自分でつくった洋服を身につけていたのだろう。

写真 8-9　前列左から２番目の洋服姿の女性は写真 8-8 と同一人物。1940（昭和 15）年から 1943（昭和 18）年の間に箱根（強羅）で撮影（筆者所蔵）

写真 8-10　中央のブラウスとスカート姿の女性は写真 8-8 と同一人物。終戦 4 年後の 1949（昭和 24）年 8 月の撮影（筆者所蔵）

3　昭和後期──二〇世紀後半

「刀」から「菊」へ

一九四五年八月一五日、日本は終戦を迎えた。無条件降伏であったから、完全な敗戦である。その一五日後の八月三〇日、アメリカの軍事史に大きな足跡を残したダグラス・マッカーサー（Douglas MacArthur）元帥が厚木飛行場に降り立った。以降、彼は連合国軍最高司令官（Supreme Commander of the Allied Powers：ＳＣＡＰ）として、敗戦国日本に五年ほど君臨した。本部が置かれた第一生命館を昭和天皇が訪れると、マッカーサーは独特のアクセントでWell Come（よく来た）と言ったと伝えられる。写真に写った二人の体格の差は、勝者と敗者の力の差を象徴していた。

この瞬間を境に、アメリカにとって日本は「刀」から「菊」に変わった。菊は刀をかざした「残忍」な兵士とは真逆の、美しいキモノを纏った「優美」な女性の表象／象徴であった。終戦直後、芝生の上でポーズをとる一輪の菊に群がった占領軍兵士の姿はすでに見たが（写真2‐9）、戦禍に見舞われた都市の裏路地に咲いた菊を待ち受けていた運命は残酷であった。

一九四五年八月一八日、終戦から僅か三日後のこと、内務省は占領軍専用の慰安所設置の検討を全国の警察に指示した（「外国軍駐屯地における慰安施設設置に関する内務省警保局長通牒」）。占領軍による日本人女性に対する暴行が危惧されたので、「芸妓、公私娼妓、女給、酌婦、常習密売淫犯者等」を集めて慰安施設をつくり、その他の場で事が及ばないようにして一般女性の「保護」を目指したのである。ただ、人材確保が予想外に難しかったため素人も募ることになり――そのときの政府の呼びかけは「新日本女性に告ぐ」であった――、八月二六日には「特殊慰安施設協会（Recreation and Amusement Association：RAA）」が組織された。その翌日には数百名のアメリカ兵が東京大森のRAA施設に押し寄せ、性の「民間外交」が始まったのである。ジョン・W・ダワー（John W. Dower）による『敗北を抱きしめて――第二次世界大戦後の日本人（*Embracing Defeat: Japan in the Wake of World War II*）』（原著一九九九年）には、次のようなくだりがある。

そこには小人数の娘たちが集められていたが、ほとんどが経験のない女性たちであった。ベッドも、ふとんも、ついたても、まだなかった。プライバシーのない姦淫が、ところかまわず行われ、廊下でなされる場合もあった。この光景を目にした日本人による後の証言は、アメリカ文明なるものの「本性」をさらけだした、恥知らずの「動物的性交」だったと怒りをあらわにしていたものが多い。当時の警察署長は、すすり泣いたと言われる。

（ダワー 二〇〇四：一四五、Dower 1999: 129）

施設の女性が相手にしたアメリカ兵の数は、一日に一五人から六〇人ほどだったと言われる（同頁）。兵隊の中には、「直ちにゲイシャ・ガールを抱けるというので、馳せ参じた連中」（芝田 二〇一一：

七二）もいた。ＲＡＡは占領当局の意向によって一九四六年一月に閉鎖されたが、同時期に撮影されたと思われる写真８‐11からは、本物の芸者であろうが施設の女性であろうが、西洋人がイメージした芸者と彼女たちの身体を包んでいるキモノが、いかに性と一体化していたかが見て取れる。

写真 8-11 「戦時中の空襲の効果を調べるため日本に急遽派遣された米国戦略爆撃調査団（US Strategic Bombing Survey）の面々とポーズをとる日本人女給」（Dower 1999: 129 筆者訳）。この接待場所が RAA の施設であったかどうかは不明

出所：Dower（1999: 129）

先に『ナショナル・ジオグラフィック』の日本特集を検討した際に、キモノ姿の日本人女性の総称としての「ゲイシャ・ガール」について触れた。ゲイシャ・ガールが同紙に初めて登場したのは一九一一年の日本特集であった。その後、太平洋戦争前にいったん姿を消したが、戦後一九五〇年代になって再び登場した。ただ、戦前とは一つ大きな違いがあって、それは、日本社会の急激な近代化に伴って、芸者が「日本人女性の代表という位置付けから、伝統的日本の代表へ」（小暮 二〇〇八：六五）と変化したことであった。そうしたノスタルジックなアメリカ人の眼差しを、共犯的に支えたのが日本人男性のエリートで、両者の視線は日本航空の国際線スチュワーデスにも注がれた。それはキモノ姿で乗客をもてなす女性乗務員

写真 8-12　1960 年に就航した日本航空（JAL）国際線の機内では、キモノ姿のスチュワーデスが乗客をもてなした。羽田格納庫の案内板より（2023 年、筆者撮影）

の誕生という、今日にまで語り継がれる独特なサービスを生んだ。小暮修三によれば、このサービスは「職業ホステスのゲイシャ・ガール化」（同：七二）であり、外国人の眼を意識した日本人の「戦略的セルフ・オリエンタリズム」（同：七二）であった。[27]

　このスチュワーデス――現在の呼称はキャビン・アテンダント（Cabin Attendant：CA）――のキモノ姿は、日本航空の社史でも特別な位置を占めているようだ。一九六〇年、同社は日本初のジェット旅客機DC‐8「富士号」を国際線（羽田～サンフランシスコ）に就航させた。今日、操縦席からラウンジまでの機首部分は羽田格納庫に保管されているが（株主に予約制で公開）、案内板の写真にはキモノ姿のスチュワーデスが乗客をもてなしている姿が見える（写真8‐12）。富士号のファーストクラスのラウンジには、文化勲章を受章した画家による装飾画、西陣織のシートカバー、本物の障子、畳風のカーペット、金色の扇などが備え付けてあり、「日本の伝統美をアピールしたさまざまな演出」が施されていた。キモノ姿の女性のサービスによって、日本航空は「DC-8の内装とともに日本の伝統美で日本のエアラインであることを世界にアピール」した、と案内板は説明している。

一九六〇年代といえば、第一回東京オリンピック（一九六四年）が行われ、その六年後の一九七〇年には大阪で万博が開催された時期である。平和国家として再生した日本を国際的にアピールし、戦時中の「刀」のイメージを払拭するためには、「菊」を前面に打ち出すことが国家の利益にかなっていたのだろう。と同時に、日本を非武装化させたアメリカおよび旧連合国にとって、かつての「残忍」で手ごわい敵を「女」の領域に閉じ込めておくことは、当分の間、好都合であったはずだ。事実、戦前の日本の航空機産業は、真珠湾攻撃に使われたゼロ戦のように敵国に大きな脅威を与えたが、戦後はアメリカによって解体されたため、今日に至るまで完全に復活していない。[28]

キモノの戦後史

さて、戦後日本におけるキモノの足跡については、ファッション研究家の小形道正が興味深い考察をしている。「衣服をめぐる人間との関係――現代社会における和服の変容より」（二〇二〇年）という小論で、小形は女性の和服を念頭に置いて、次の三つの段階を設定した。[29]

①第一期（終戦から一九五〇年代）――和服が生活着として着用された時代

大きな流れとしては、和服から洋服へという変化が見られた。ただ、年配の世代を中心に、日常生活で和服を着ていた女性は多かった。この時代には、レーヨン、ナイロン、ポリエステルなどの化学繊維の生地を使って、洋服との折衷を試みた「新しいキモノ」（たとえばツーピース仕立て）が登場した。この試みは戦前の和服改良運動の流れを汲んでいたが、あまり受け入れられることなく消滅した。女性による裁縫の重要性は変わらず、服は家庭でつくるものであった。母親が無償の愛というかたちで家族につくった服は「贈与」として捉えることができる。[30]

②第二期（一九六〇年代から一九八〇年代）
——キモノが盛装／正装として着用され、一種の芸術作品として鑑賞された時代

生活着としての和服は影を潜め、非日常的な盛装／正装としてのキモノが登場した。それは女性の人生の節目で着用され、たとえば成人式には振袖、結婚式には打掛、子どもの結婚式には留袖、そして夫の葬式には喪服という着方が定番となった。要は儀礼用である。そのため、「正しい着物」が重視され、全国に数多くのキモノ教室が開設された。皮肉にも、このように規範化され、かつ豪華で値の張るキモノは、ますます日常生活から遠ざかっていった。また、日本の高度経済成長に支えられて登場した消費社会において、キモノは一種の芸術作品として扱われ鑑賞の対象となった。キモノを含めて、この時代の服はつくるものではなく買うものであり、衣服と人間の関係はかつての「贈与」から「所有・蒐集」へと変わった。

③第三期（一九九〇年代以降）――キモノがレンタルされコスプレ化した時代

平成元年は一九八九年なので第三期は平成・令和の時代を指す。この時期になると和服はコスプレの様相を呈することになった。バブル崩壊後、キモノ産業は衰退の一途を辿ったが、洋服を含む被服賃借料の総額は上昇し続けた。つまり、キモノはレンタルする時代になったのである。特に、新技術のインクジェットの発達により、従来の常識を破った柄のキモノがお手軽な値段で登場すると、若い女性はこぞってそれを着て古都・京都の街に繰り出した。解いては縫い直して着るという、家族内の世代を跨いだキモノの語りは姿を消して、レンタル・キモノは「変身」のための道具となった。

写真8-13　1957（昭和32）年、神田鎌倉町の新年会の様子。写っている女性の年齢層は50歳台前半から60歳台前半である（筆者所蔵）

以上が小形の論である。彼の時代区分「第一期」を補足すると、写真8‐13は、一九五七（昭和三二）年、私が生まれ育った東京神田鎌倉町（現・内神田二丁目界隈）で、婦人部の新年会が開かれたときの様子である。全員がキモノ姿で羽織を着ている。私の記憶では、ここに写っている初老の女性たち（中央の二人は明治三〇年代生まれ）は、夏の暑い盛りを除いてだいたい和服を着ていた。当時、冬は今以上に寒くて防寒設備も不十分だったので、冬の和服の着

写真 8-14　1959（昭和 34）年発行の「皇太子殿下御成婚記念」切手（筆者所蔵）

用率は高かった。そのことは今和次郎の調査との関連で述べた通りだが、その他の理由として、明治生まれの年配の女性にとって、やはりキモノこそ新年会という「儀礼」に相応しかったのであろう。

時代区分「第二期」の始まりを象徴したのは、一九五八（昭和三三）年にご成婚された美智子妃殿下（現・皇太后）の優美なキモノ姿である。それは若い女性の憧れとなったばかりでなく、全世界に日本の伝統美をアピールした。もっとも、国内でブームが起きたのは「ミッチー・スタイル」という洋服の着こなしだったが、「皇太子殿下御成婚記念」として発売された二種類の記念切手に、美智子妃殿下はキモノ姿で描かれていた[31]（写真8-14）。

芸術化したキモノ

思想史的観点からすると、「第二期」で重要なのは小形の言う「正しい着物」、つまり儀礼化され規範化されたキモノが日本を象徴するようになり、それが高度経済成長を経て再び世界の檜舞台に立った日本のナショナリズムと結び付いたことであろう。そうした「キモノ・ナショナリズム」とでも呼ぶべき現象をつくりだした代表的人物に、「装道」を提唱した山中《やまなか》典士《のりお》がいる。山中によれば、装道とは「きものの装いに、愛、美、礼、和の智慧を発見」した「装いの道」（山中 一九九三：二一一）である。写真８ - 15は山中の英文著書『キモノの本――スタイルと着こなしの手引き　完全版（*The Book of Kimono: The Complete Guide to Style and Wear*）』の表紙である。一九八二年に出版されたこの本は、海外でもっとも広く参照されたキモノについての著作の一つで、今日でも言及されることが少なくない。

同書で山中はキモノの歴史を概観した後、その製造過程、足袋や草履などの付随品、帯などについて触れ、実際の着付けを図と文字で細かく説明した。対象はほとんど女性用だが、最終章の「キモノのエチケット」では、まるで儀礼の細則のように「姿勢と動き」について指示している。たとえば、お辞儀をするときは、「友人や親戚には軽く」「目上にはやや深く」「神社仏閣では特に深く」、また、

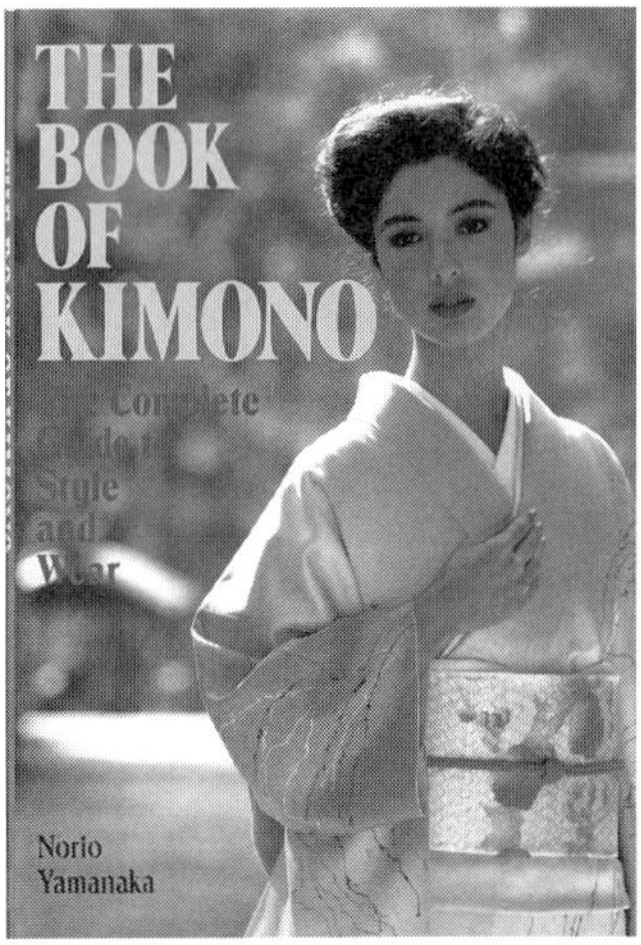

写真 8-15 「装道」の提唱者・山中典士が著した『キモノの本（*The Book of Kimono*）』（1982 年）の表紙（筆者所蔵）

襖を開けるときは、「まず襖の端に片手を伸ばし」「その手で少し開けてから」「もう一方の手で全部開く」とする。さらに、車に乗るときは、「まず席に腰かけて、次に片手を前席の後ろに置き」「両足を車の中に入れてから、足が開かないように背筋を伸ばして座る」とする（Yamanaka 1982: 128-130 筆者訳）。衣装にはそれぞれに見合った振る舞いがあるが、装道におけるキモノは衣装の域をはるかに越えているようだ。ヴィクトリア&アルバート博物館のキモノ展で、「二〇世紀後半に発達した

キモノの文法（kimono grammar）は、規律ずくめだった武士の参内用装束の世界と共通点を感じさせる」（Rout 2020: 214 筆者訳）と評された所以である。

文化ナショナリズムに昇華したキモノの思想は、山中の日本語の著作『きものと日本の精神文化』（一九八〇年）、『きものごころ　愛と智慧の出発』（一九八六年）、『きものと美しい人生――装道提唱者　山中典士語録』（一九九三年）などによく表されている。「きもの哲学を集大成した」（山中一九九三：二〇六）とされる『きものごころ　愛と智慧の出発』には、次のように述べられている（段落の切れ目とルビは省略した）。

いうまでもなく、世界にはさまざまの民族衣裳があります。それらは外形は違っていても、多かれ少なかれ、歴史的な変遷を経て今日に至っていますが、これらの衣装にはそれぞれの民族性が表現されています。なかでも日本のきものは、日本人の心を表した美しい衣服なのです。そもそも、日本のきものは、日本の気候、風土と日本人の先人の叡智が作り上げた衣服であります。この日本の自然にもっとも適した衣服を着ていたからこそ、日本人は自然を愛し、自然と調和する心を深めることができたといってよいでしょう。そしてその環境の中で、多くの伝統文化を生み出し、育ててきたわけであります。

（山中一九八六：一七）

つまり、日本という国は、世界で最も自然に恵まれた風土ですから、自然（カミ）はすべて人間に恩恵をもたらしたのです。そこで欧米で人間は自然を征服し、自然を利用せよという、自然と対決する姿勢が、今日の合理主義的な科学的物質的な文明をもたらしたのに対して、特に東洋の日本の文化は、カミ（大自然、大生命）との融合一体の姿勢を貫いた結果、日本の精神文化は、自然に対する感受性と情緒性に重点がおかれて、今日に伝えられる精神に類を見ない美しい伝統の精神文化を育み、つくりあげてきたのです。

（同：一二一）

自然を神格化して人間との「融合一体」を唱えるのは、自然さえも国民化の対象にした志賀重昂『日本風景論』（一八九四年）に連なる論法である。日清戦争勃発の年に刊行された同書は、欧米に比べて誇るものが少なかった時代の日本人を、おおいに鼓舞したと言われる。山中は次のように続ける。

ところで礼法の多くは、衣服の体様に制約されることはいうまでもありません。御辞儀の仕方にしても、座り方にしても、いずれもきものであることが基本になっています。つまり、もともと日本の礼儀作法はきもの礼法だったのです。日本の伝統的な精神文化の中で磨き上げられてきたきものは、世界にも類を見ない精神的な衣服となったのです。

（山中　一九八六：一二四）

私たちがきものを装うということは、きものに込められた先人の叡智に触れ、人間の本質ともいうべき愛・美・礼・和の心を養うことでもあります。きものは、薄っぺらなファッションではないのです。特に、現代のように物質万能の時代においては、他人をかえりみるやさしい心と、多く人たちにいきとどいた愛の心が、もっと見直されなければならないのです。自分さえよければよいといった、自己中心的な考え方を捨てて、日本の伝統文化の根底に流れる和の心を認識することこそ、本居宣長の説く「いにしえの心を知る」ことなのです。（同：二三〇）

事実、敗戦を契機として、私たちの衣服生活に変革が起こりますと、いままで家庭内の慣習として伝えられていたきものの常識は、当然、断絶をみせたのであります。母は娘に、きものについて仕立て方やＴＰＯ、装いの技術や、躾さえも教えられなくなりました。そして、現代の娘はきものについて、何も知ることができなくなったのです。ところが、物質文明の行き詰まりの中で、日本の伝統文化が世界的に脚光を浴び公害や人間疎外の風潮をよそに、きものの持つ精神性が、唯一の人間性回復に優れているにもかかわらず、きものをただのファッション化し、いたずらに高額化し、その結果、人びとの日常生活から離反しつつあるのが実状です。（同：二三九―二四〇）

以上の考察に基づいて、山中は「道」としてのキモノの理念を高々と謳いあげる。

装道――それは装いの道であります。日本の伝統文化の原点ともいうべき、きものをあらためて現代に装うことは、はかりしれない意義があります。［中略］ひと口にいえば、装道はきものを通して、現代に、日本の伝統の精神文化を息づかせるとともに、現代人の失いつつある精神の高揚を実現しようとするものであります。

（山中 一九八六：四〇―四二）

幸いにも、こうした日本の伝統文化が徐々に世界の注目を集めてきました。いまこそ日本人自身が、日本の伝統文化に対する誇りと自信を持つ時なのです。そして私たちは、この日本の伝統文化を最も具体的に、最もわかりやすく表現するきものの普及に、いっそうの使命感を持ち、努力を続けていかなければならないのです。

（同：一一一）

終章「きものごごろを讃える」の中で、山中は「きもの生活は洋服生活より三倍優れている」（同：二四五）と豪語した。こうした彼の論調は、日本の「封建遺制」を徹頭徹尾批判した戦後の「進歩的知識人」――その象徴が丸山真男であった――とは対照的である。だが、それは山中個人の見解というより、一九七〇年代・八〇年代の日本人論・日本文化論に大なり小なり見られた傾向であった。むしろ、山中のキモノ・ナショナリズムは、世界を日本と西洋に二分したうえで、日本の独自性や優秀性を説いた当時の論壇の反映と言ってよい。ここでは、世界が直面する問題の原因を近代西洋文明の限界に求め、それを克服して人類を導くのが日本の使命であるという語りは、一九三七年、文部省刊行の『国体の本義』で示された戦前日本の国家観と親和的だ、ということを指摘しておく。[32]

山中が提唱した装道は、戦後日本経済の絶頂期に突如現れたものではなく、むしろ戦前の文化ナショナリズムとの連続性を感じさせるものであった。ただ、それは近代国民国家の構築を目指した明治期のナショナリストの語りとは違って、国際化が進行しつつあった時代に、戦後の廃墟から復活した日本が「経済大国」として再登場して、日本人のナショナル・アイデンティティを確認・強化する形で現れた。『文化ナショナリズムの社会学――現代日本のアイデンティティの行方』(一九九七年)を著した吉野耕作は、この種のナショナリズムを明治期の「創造型」と区別して「再構築型」と呼んでいる[33](吉野 一九九七)。

キモノが正装/盛装として着用され、一種の芸術作品として鑑賞された時代を、経済と文化の両面からもっとも端的に分析したのは、韓国の人類学者オクピョ・ムン(Okpyo Moon)である。京都の西陣織工場をつぶさに観察したムンは、キモノ産業の衰退とキモノの文化遺産化(heritagization)が同時進行していることを指摘した(Moon 2020)。

キモノ産業を管轄する経済産業省にとって、キモノはあくまで経済の領域にある。たとえば、大臣が指定する伝統工芸品の製造に従事する優れた職人は「伝統工芸士」に認定される。西陣織には製織・意匠・染織・製糸の四部門があり、伝統工芸士は製織での認定が大半である。ムンによれば、西陣織が産業として生き残るためには、日本の伝統を多少犠牲にしてもグローバル市場での商品価値を高める戦略が必要とされる。つまり、消費者の欲求を満たすモノづくりである。彼女はそれを「脱文化化(deculturalization)」と呼ぶ。

一方、文化領域を管轄するのは文部科学省で、優れた人材は「重要無形文化財保持者」(いわゆる「人

表 8-2　経済と文化の領域における西陣織／キモノの位置付け

経済領域（経済産業省管轄）	文化領域（文部科学省管轄）
産業物	文化物
職人	芸術家
伝統工芸士	重要無形文化財保持者
分業による協業	個人独自の仕事
顔の見えない工芸家	顔の見える芸術家
効率と生産性	創造性と独自性
商品としての価値	文化的・芸術的な価値
経済的活性化	伝統の保持
文化的越境の促進	文化的境界の強化
グローバルなブランド化	美術館入りする名品

出所：Moon 2020: 125

間国宝」）に指定される。保存者数はきわめて少なく、彼らの作品には個性と同時に日本の伝統が感じられなくてはならない。その結果、高品質の西陣織は徐々に文化遺産化し、かつ美術館や博物館に展示されるなどして、国内外で日本の伝統を象徴するようになる。つまり、ナショナルな特徴が前景化されるので、皮肉にも文化的越境が常態化したグローバル化時代に逆行して、国境を越えるのが難しくなるのである。

表8-2は、経済産業省と文部科学省による西陣織の位置付を、ムンが分析・整理したものである。彼女によれば、小形の言う戦後「第二期」（一九六〇年代から一九八〇年代）には、前者（経済領域）から後者（文化領域）への流れが顕著に見られた。それは西陣織の文化的価値を大いに高めたが、あまりに高価で一般大衆には手が届かなくなったため市場が縮小し、結果として、産業としては苦境に立たされる羽目になった（Moon 2020: 132）。当然、このことは西陣織ばかりでなく、高級絹製キモノ全体に当てはまる。

4 平成以降――二〇世紀末から現在

新しいキモノ観の登場

二〇一一（平成二三）年、山中の『キモノの本（*The Book of Kimono*）』の刊行から二九年の時を経て、出版社の講談社インターナショナルは新たなキモノの本を世に問うた。タイトルは『新しい着物――ヴィンテージ・スタイルから日常のシックまで（*The New Kimono: From Vintage Style to Everyday Chic*）』（写真8-16）。編集はキモノの季刊誌『七緒』（二〇〇四年創刊）の編集部が担当した（Editors of Nanao Magazine 2011）。この本は山中の著書と同じくほぼ女性向けだが、日常着としてのキモノを扱っている点で大きく異なる。日本在住のキモノ研究家シーラ・クリフ（Sheila Cliffe）は、両書を比較して次のように述べている。

『キモノの本（*The Book of Kimono*）』では、キモノの歴史、染色や製織の種類と技術、儀礼の規則、和装のエチケット、手入れと洗濯、正しい姿勢、そして男性服や子ども服に至るまで、多くのメタ知識の理解が不可欠とされた。同書の「教育課程」は、キモノを正しく美しく着られる人を目指していたのである。着付けは襦袢着用から身支度の完成まで、全六二枚もの図版を使って教示された。その目的は、実はキモノを着る手助けをするというより、[外国人がキモノを着るのは]無理だということを証明して、これほど複雑な行程をこなせる民族は日本人しかいないという、日本の優秀性を示すことにあったのではないかと思わせたほどだ。

対照的に、『新しい着物（*The New Kimono*）』は、実際にキモノを着ている女性の話や、着合わせやキモノショップに関するアドバイスが中心である。歴史、特定の染織・製織の技術、男性用や子ども用のキモノの着せ方、エチケットなどの記述はないし、正装や家紋に関する記述も皆無である。キモノにまつわる抽象的な知識は、実際にそれを着ている現実世界の女性の語りに取って代わられた。女の小話やちょっとしたアドバイスという形で、知識はキモノ愛好家から初心者へと伝えられる。

（Cliffe 2017: 81 筆者訳）

写真8-16　キモノ季刊誌『七緒』編集部による『新しい着物（*The New Kimono*）』（2011年）の表紙（筆者所蔵）

イギリス出身のクリフは、山中の見解を「文法家のアプローチ（grammarian's approach）」と呼び、規範的に過ぎると皮肉った。外国人がキモノを着るのは「無理だということを証明する」というくだりは、山中のキモノ・ナショナリズムから来る日本優越論への異議と受け止めてよい。ただ留意すべきは、この二つの本を隔てる三〇年ほどの間に、キモノを取り巻く環境は国内外で大きく変化したという事実である。また、バブル崩壊後の日本には、山中が登場した八〇年代の過信とも言える強い自意識は見られなくなった。そうした時代差も『キモノの本（*The Book of Kimono*）』と『新しい着物（*The New Kimono*）』には反映されていると見るべきであろう。

そのキモノに起きた変化とは、まず国内では、男女共に若い人が創意を凝らしたキモノ姿で街中を歩くようになったということである。そして国外では、ファッションとしてのキモノが一段と注目を集めるようになったということである。さらに、これら二つの動きが相まって、あたかもコスプレのようにキモノを着て、京都や浅草に繰り出す日本人や外国人旅行者の姿が、ごく普通に見られるようになったということである（写真8-17、写真8-18）。かつて、夏の盆踊りや花火で浴衣を着た子どもはよく見かけたものだが、若い人びとがキモノを着て都会の街中を闊歩する姿は、成人式のようなハレの日を除くと珍しかった。ましてや、外国人旅行者がキモノ姿で観光地を歩くことは考えられなかった。大学の卒業式で女子学生がキモノと袴を着るのも、いまや定番となった感があるが（写真8-19）、この現象は一九八〇年代半ば以降のことである。

小形の論考「着物文化と都市の現在――レンタルと複製技術の詩学」（二〇一五年）によると、一九九〇年代以降、若い女性の間でキモノがコスプレ用の衣装と見なされるようになったのは、レンタル業の発達と密接に関連している。そのレンタル業の基礎となったのが、インクジェット・プリンターによる印刷（捺染）技術である。この新技術によって、レンタル業者は「古典的な構図からモダン的な図柄、有名人やブランドのプロデュース商品まで、ありとあらゆる着物」（小形二〇一五：

一二〇）を安価に取り揃え、さまざまなキモノを着て「変身」してみたいという女性消費者の欲望に応えることができるようになったという。

さらに、顧客の女性にとって大切なのは、キモノと帯の組み合わせだけでなく、「ＨＡＩＲ、ＮＡＩＬ、ＭＡＫＥ」を含む「総合的な自己プロデュース」、換言すれば「部分と全体のコーディネート」である、と小形は主張する（同：一二二）。もちろん、和装が単にキモノと帯だけでないことは、大正時代に西洋式の髪型、ショール、バッグなどを身につけて登場したキモノ姿の女性を想起すれば明ら

写真 8-17　京都清水の二年坂・三年坂を思い思いのキモノ姿で歩く国内外の女性。周辺にはキモノのレンタルショップが点在している（2023 年、筆者撮影）

写真 8-18　京都の伏見稲荷をキモノ姿で訪れた外国人家族（2023 年、筆者撮影）

写真 8-19　キモノと袴で卒業式に出席した女子大生。履物は草履かブーツである。大学生協での衣装レンタルの予約は、半年以上前から始まる（2023 年、筆者撮影）

かだが、コスプレではコーディネートの感覚がさらにものを言う。小形によれば、こうした演出こそが見ている者に対してコスプレ感を与えるのだという。

そしてこうした着物姿が、人びとにコスプレの衣装として捉えられるのは、このコーディネートの感覚に由来すると考えられる。なぜならそれはたんに、女性たちが花魁の恰好や、ドレスのような恰好をして「正しい」着物を着崩しているからではない。それは彼女たちが着物と帯の組み合わせだけではなく、それらのディテールや、髪飾りやメイクなどのパーツひとつひとつにこだわり、さらに全体のバランスを重視するがゆえである。このようにそれぞれのテーマを軸に部分と全体を重要視するコーディネートの感覚が、結果として他者に、着物のコスプレという印象を抱かせている。すなわち着物のコスプレは、着用者のコーディネートの追及によって生じている。（小形 二〇一五：一一二）

しかし、インクジェットのキモノには、「デザインや意匠をめぐる、盗用ないしコピーの問題」（同：一二二）がつきまとう。また、真正性（authenticity）、つまり「本物か偽物か」という観光学でお馴染みの問題もある。しかし、キモノが若い日本人女性の日常生活から消えて久しい今日、たとえ二年坂・三年坂や浅草寺のように限られた場所でのコスプレ風であっても、頭ごなしに否定すべきものではないだろう。

産業デザイン史家の岡本慶子が指摘したように、西陣織のような高級品がこれまで通り生産・流通する限り、職人は減り続け、キモノ産業そのものが存続の危機に瀕してしまう。そうした状況下では、デジタル技術を積極的に活用して意匠や職人技を記録保存したり、新たな人材を呼び込んだりすることも大切である。[34] 前述のムンの論文には、「西陣織が文化の領域に入ってしまえば、産業としては終わりではないか」（Moon 2020: 132 筆者訳）という、嘆きにも近い職人の言葉が記録されている。キモノの文化遺産化は産業の衰退と表裏一体なのである。

韓国にも見られる民族衣装のコスプレ化

実は、民族衣裳のコスプレ化に関する議論は、韓国の「韓服」や中国の「漢服」についても起きている。紙幅の都合で、ここでは前者のみを取り上げる。

日本で「チマチョゴリ」として知られる朝鮮人女性の伝統服は、スカートに相当するチマ（치마）と上衣のチョゴリ（저고리）から成る。両者の丈は時代によって変化したが、日本のキモノとの決定的な違いは上下衣が分かれていることである。このことは、一八八七（明治二〇）年に昭憲皇太后が洋装奨励の「思召書」を下した際、日本古代の服装は衣（上半身用）と裳（下半身用）に分かれていたが、南北朝の頃からの「因襲」で衣だけになってしまった、それゆえ、ツーピースの洋服を着ることは日本の伝統に反しないばかりか、むしろ「旧制」に即した選択であるという旨の発言をしたことからも理解できる。一方、男性のズボンに相当する朝鮮の下衣は「パジ（바지）」で、外套は「ドゥルマギ（두루마기）」である。今日、朝鮮の伝統服を韓国では「ハンボク（한복）」（漢字表記は「韓服」）

と呼び（キム二〇一五：六）、北朝鮮では「チョソンオッ（조선옷）」と呼ぶ。[35] 本書では日本式表記の「ハンボク」で統一する。

近年、ハンボクやそれに近い衣装を着て歴史的名所を巡るのは、若い韓国人の間で非常に人気がある。たとえば、一四世紀末に李氏朝鮮（朝鮮王朝）を開いた李成桂を輩出した全羅北道の全州（チョンジュ）には、「韓屋村」という野外博物館がある。そこは朝鮮の伝統的建築様式で建てられた韓屋（ハノク）が七〇〇棟ほど密集している地域で、太祖の李成桂の肖像画が奉納されている慶基殿正殿はつとに有名である。日本の和紙に相当する韓紙（ハンジ）の工場もあり、実際に生産・販売が行われている。また、韓国カトリックの聖地と言われる西洋風の殿洞聖堂（一九一四年完成）もあり、地域全体が映画やテレビドラマの恰好のロケ地となっている。そのためか、国内外から多くの観光客が訪れて賑わっている。全州韓屋村は一九九七年に韓国政府によって韓屋保存地区に指定された。

写真 8-20　韓国の全羅北道にある全州韓屋村では、ハンボク（韓服）のレンタルショップが数多く見られる（2019 年、筆者撮影）

写真 8-21　韓国ではセーラー服のコスプレも人気がある（2019 年、筆者撮影）

そうした由緒ある全州韓屋村が、今やコスプレの聖地と化しつつあるのだ。目抜き通りには写真８-20のようなハンボクのレンタルショップが数多くあり、日本式のセーラー服も人気がある[36]（写真８-21）。また、コスプレを楽しむのは必ずしも若者に限られないようで、中年層の女性もハンボクを着て散策を楽しんでいる姿が目撃された（写真８-22）。ただし、本人たちがコスプレをしているつもりなのか、それとも着る機会が少なくなったハンボク姿で古都に思いを馳せているのか、または両方なのかは分からない。全州は後百済（八九二～九三六年）の首都であった。

写真 8-22　ハンボク（韓服）を着て全州韓屋村を散策する女性たち（2019 年、筆者撮影）

写真 8-23　景福宮でハンボクを着て記念写真を撮る日本人女子大生と同行した韓国人学生（2023 年、丁田隆氏提供）

コスプレ化したハンボクは外国人、特に日本人旅行者にも人気が高く、首都ソウルにある李氏朝鮮（朝鮮王朝）時代の王宮・景福宮では、写真８-23のような光景が頻繁に見られるようになった。この写真の被写体は、二〇二三年春にゼミ旅行で韓国を訪れた日本の女子大生（五人）と、同行の韓国人学生（三人、うち男性二人）で、案内した韓国在住の丁田隆（昌原《チャンウォン》大学客員教授）によると、景福宮近くのレンタルショップで着付けをしてもらって撮影に臨んだという。丁田曰く、「近年、日本人女性の韓国観光では、韓服を着てきれいな場所で写真を撮るということが、定番のコンテンツとなっている感があります」（私信、二〇二三年五月）。

こうした動きに対して、韓国内のハンボク正統派は否定的である。二〇一八年九月、『朝日新聞』（デジタル版）は次のように報じた。[37]

コスプレ伝統衣装、韓国で規制検討「時代遅れ」批判も

韓国の観光地として知られる朝鮮時代の王宮・景福宮（キョンボックン）を抱えるソウル市鐘路区が、チマ・チョゴリに代表される韓国の伝統衣装、韓服（ハンボッ）を西洋風に変形した「フュージョン（融合）韓服」の規制検討に乗り出し、物議を醸している。背景にはコスプレブームの影響などで、伝統とかけ離れた韓服を着て歩く若者らが急増したことがあるが、「美意識への介入」との批判が起きている。

きっかけは九月中旬、韓服専門家らを交えた「私たちの服を正しく着る討論会」での金永樱（キムヨンジョン）区長の発言。伝統衣装の保全策として、韓服を着た人は景福宮などの観光地に入場が無料となったり、周辺の飲食店で割引を受けられたりしてきたが、「伝統でないものにも恩恵を与えるのは問題だ」と見直しを提起した。

外国人観光客らに人気の韓服レンタル店が最近、巻きスカートのすそをドレスのようにふくらましたり、腰にリボンをつけたりといったフュージョン韓服の貸衣裳を増やし、客集めを競うようになっていた。

韓国の若者の間でも、こうした衣装を着て景福宮などで撮影した写真をＳＮＳに投稿するのが流行。提言には、特典の対象となる韓服の定義を厳格化することで、伝統とかけ離れた衣装を淘汰（とうた）するねらいがある。

これに対し、韓国の主要紙「中央日報」はコラムで「王朝時代であるまいし、『宮廷の品格』をドレスコードで守ろうとするのか。これは美意識の問題だ」と疑問視。若者からも「時代遅れの発想」との批判が出ている。もともと韓国では韓服のデザインや機能を現代風にした「改良韓服」が普及しており、「正しい韓服」の基準作りが容易でない現実もある。（ソウル＝武田肇）

（『朝日新聞』デジタル版、二〇一八年九月二〇日）

故宮でのコスプレ化した伝統服／民族衣裳の着用、「本物か偽物か」という真正性の議論、正統派による「正しい」意匠の重視、行政による伝統文化へのテコ入れ、伝統意識の世代差、伝統服／民族衣裳の基準づくり、そういったことはお構いなしの外国人観光客、ＳＮＳでの写真や動画の投稿、レンタルショップの増加等々、古都京都でのキモノにそのまま当てはまりそうな問題ばかりである。

実は、日韓比較でもう一つ興味深い事実がある。それは、幕末から明治にかけて、芸者が日本の象徴としてキモノのイメージを西洋で定着させたように、日本の植民地支配下の朝鮮では、妓生（キーセン）が民族衣裳としてのハンボクのイメージを広めたということである。前出のムンによれば、ハンボクと観光の結び付きは今日に始まったことではなく、すでに植民地時代に日本の観光客を呼び込むために積極的に行われ、その際にはハンボク姿の妓生の写真や絵葉書が大きな役割を果たしたという（Moon 2019: 4）。これは本書の冒頭で言及した西洋人向けの芸者の写真や絵葉書と同じである。本来、キモノもハンボクも男性用が存在するのに、植民地支配下の眼差し（colonial gaze）によって女性化されたのである。

長年インドの政治経済と衣装の関係を研究してきた杉本星子は、一九二〇年代頃からインド全域に広まり、同国の「ナショナル・ドレス（national dress）」となったサリーと、第二次世界大戦後の独立運動のシンボルになったカーディー（khadi）という布について、次のように述べている。

> ファッションとしてのエスニック・ドレスというものは、一方でものすごくナショナルなのだけれども、しかし、それがファッションである限りナショナルをすり抜けてしまうものでもある。そういうことが世界全体で起きているのではないかと思います。
>
> （杉本 二〇二〇：三六）

ここで言う「エスニック・ドレス」は民族衣裳を、「ナショナル」は民族的・国民的・国的なものを指す。[38] キモノやハンボクに当てはめれば、それぞれ元来はヤマト民族や韓民族の衣装で（韓国では朝鮮民族を「韓民族」と呼ぶ）、対外的に日本／日本人や韓国／韓国人を表象してきた、だが、いったんファッションの域に入ってしまえば、それらは民族や国境を越えて世界の人びとに開かれ享受される、ということである。コスプレはもちろん、外国人――単に他国籍というよりナショナルな背景が異なる者――による伝統服／民族衣裳の着用は、まさにそうした状況にあると言えよう。

それが無制限に認められるわけではないことは次章で述べるが、この種の越境を可能にしたのがグローバル化による人・モノ・資本・情報の地球大の移動である、ということに大きな異存はあるまい。杉本によれば、「ナショナルな空間」と「グローバルな空間」が「通底」してきたのである（同：三六）。もっとも、グローバル化はその反動として普段は眠っているナショナルな感情を覚醒するので、景福宮でのコスプレ論争のように、局面によってはナショナルのナショナルたる所以、つまりキモノの「日本らしさ（Japaneseness）」やハンボクの「韓国らしさ（Koreanness）」が問われることになる。

註

1　参照した資料は、主に山川出版社の「レンズが撮らえた」シリーズに収録された以下の著作である（五十音順）。『F・ベアトの幕末』（小沢健志・高橋則英〔監修〕、二〇一二年）、『オックスフォード大学所蔵　幕末明治の日本』（フィリップ・グローヴァー〔著〕、三井圭司〔編〕、二〇一七年）、『外国人カメラマンの見た幕末明治Ⅰ』（小沢健志〔監修〕、三井圭司〔編〕、二〇一四年）、『外国人カメラマンの見た幕末明治Ⅱ』（小沢健志〔監修〕、三井圭司〔編〕、二〇一四年）、『日本人カメラマンの見た幕末明治』（小沢健志〔監修〕、高橋則英〔編〕、二〇一五年）、『幕末維新の日本』（高橋則英〔監修〕、二〇一七年）、『幕末明治の女たち』（小沢健志〔監修〕、二〇一二年）、『一五〇年前の日本』（小沢健志〔監修〕、二〇一三年）。ベアトについては、明石書店刊行の『F・ベアト写真集一　幕末日本の風景と人びと』（横浜開港資料館〔編〕、二〇〇六年）、『F・ベアト写真集二　外国人カメラマンが撮った幕末日本』（横浜開港資料館〔編〕、二〇〇六年）を特に参照した。

2　一八六三年から翌年の間ロンドンで、伊藤と志道が遠藤謹助、野村弥吉（＝井上勝）、山尾傭三との五人で撮った写真がよく知られている。明治維新後、遠藤は日本の「造幣の父」と呼ばれ、野村は新橋―横浜間の鉄道事業に関わり、山尾は工学関連の重職に就いた。

3　幕府軍の近代化は軍服を含めてフランスの影響が強かった。幕府軍と戊辰戦争時の新政府軍の制服については、高橋則英（監修）『レンズが撮らえた　幕末維新の日本』（二〇一七年）、一一〇―一一七頁を参照。

4　服制改革内勅の文面は以下の通りである。「朕惟フニ風俗ナル者移換以テ時ノ宜シキニ随ヒ國體ナル者不抜以テ其勢ヲ制ス今衣冠ノ制中古唐制ニ模倣セシヨリ流テ軟弱ノ風ヲナス朕太タ慨之夫レ神州ノ武ヲ以テ治ムルヤ固ヨリ久シ天子親ラ之カ元師ト為リ衆庶以テ其風ヲ仰ク神武創業　神功征韓ノ如キ決テ今日の風姿ニアラス豈一日モ軟弱以テ天下ニ示ス可ケンヤ朕今斷然其服制ヲ更メ其風俗ヲ一新シ祖宗以来尚武ノ國體ヲ立ント欲ス汝等其レ朕カ意ヲ體セヨ」（フェデリカ 二〇一四：六）。

5　太政官布告第三三九号の文面は以下の通りである。「今般勅奏判官員及非役有位大礼服並上下一般通常ノ礼服、別冊服掌図式ノ通被相定、従前ノ衣冠ヲ以テ祭服ト為シ、直垂狩衣上下等ハ総テ廃止被仰出候事」（馬場二〇一一：八〇）。

6　刀根卓代によれば、黒色が日本の儀礼服文化に取り入れられたのは、この頃からである。明治以前の日本の「喪」の色は白であり、それが庶民を含めて黒に変わるまでには、相当な時間が必要であった（刀根二〇一二：六）。

7　昭憲皇太后の思召書は探しにくいので、長くなるが以下に文面を掲げる。「女子の服は、そのかみすでに衣裳の制なり、孝徳天皇の朝、大化の新政発してより持統天皇の朝には、朝服の制あり、元正天皇の朝には、左衽の禁あり、聖武天皇の朝に至りては、殊に天下の婦女に令して新様の服を著せしめられき、当時、固より衣と裳となりしかば裳を重ぬる輩もありて、重裳の禁は発しき、されば女子は中世迄も都鄙一般に紅袴を穿きたりしに、南北朝よりこのかた干戈の世となりては、衣を得れば便ち著て、また裳なきを顧ること能はず、因襲の久しき、終に禍乱治まりても裳を用ひず、纔かに上衣を長うして両脚を蔽はせたりしが、近く延宝よりこなた、中結ひの帯漸く其幅を広めて、全く今日の服飾をば馴致せり、然れども、衣ありて裳なきは不具なり、固より旧制に依らざる可らずして、文運の進める昔日の類ひにあらねば、特り座礼のみは用ふること能はずして、難波の朝の立礼は勢ひ必ず興さゞるを得ざるなり、さるに、今西洋の女服を見るに、衣と裳とを具ふること本朝の旧制の如くにして、偏へに立礼に適するのみならず、身体の動作行歩の運転にも便利なれば、其裁縫に倣はんこと当然の理なるべし、然れども、其改良に就て殊に注意すべきは、勉めて我が国産を用ひんの一事なり、若し能く国産を用ひ得ば、傍ら製造の改良をも誘ひ、美術の進歩をも導き、兼て商工にも益を与ふること多かるべく、さては此挙却て種々の媒介となりて、特り衣服の上には止らざるべし、凡そ物旧を改め新に移るに、無益の費を避けんとするは最も至難の業なりと雖ども、人々互に其分に応じ、質素を守りて奢美に流れざるやう能く注意せば、遂に其目的を達すべし、爰に女服の改良をいふに当りて、聊か所思を述べて前途の望みを告ぐ」(植木 二〇一三：四一〇—四一一)。

8　楊洲周延の有名な「貴顕舞踏の略図」(一八八八年筆)は、鹿鳴館の舞踏会の様子としてよく紹介される。しかし、山村明子によれば、鹿鳴館での夜会で女性はイブニングドレスを着用していたのに、「貴顕舞踏の略図」ではそうなっておらず、描かれた男性の服装にも疑問があるため、鹿鳴館の場面ではないとのことである(山村 二〇一一)。

9　東京医学校(東京大学医学部の前身)に教師として迎えられたドイツのエルヴィン・フォン・ベルツ(Erwin von Baelz)は『ベルツの日記』を著した。一九〇四年元旦の日記には、彼が伊藤博文と洋装について話したときのことが書かれている。それによると、コルセットの健康上の問題を指摘した一人はベルツであった。伊藤の反応は当時の日本の指導者のキモノ観をよく表している。伊藤曰く、「ベルツさん、あんたは高等政治の要求するところを、何もご存じないのだ。もちろん、あんたのいったことは、すべて正しいかも知れない。

だが、わが国の婦人連が日本服で姿を見せると、『人間扱い』にはされないで、まるでおもちゃか飾り人形のように見られるんでね」（ベルツ 一九七九a：三五五）。ベルツは生前の伊藤と近しい仲にあり、一九〇九年に伊藤がハルピンで暗殺されると、ドイツの新聞に一文を寄稿した。その中で、彼は伊藤のことを「かれこそは、その国［日本］で比肩するもののない、最大の政治家なのである」という惜別の言葉を贈った（ベルツ 一九七九b：四一五）。

10 明治大正期に導入された西洋の技術とキモノづくりについて、英語圏ではミルハウプトの「キモノの近代化（Modernizing the Kimono）」に包括的な解説がある（Milhaupt 2014: 56-96）。

11 日本のアーカイブでは未確認だが、この版画を所有しているニューヨークのメトロポリタン美術館（Metropolitan Museum of Art）の解説では、中央のバッスル・スタイルの女性は皇后（昭憲皇太后）で、隣の制服姿の男子は皇太子（後の大正天皇を意味すると思われる）である。楊洲周延の「女官洋服裁縫図」の英語タイトルは“Court Ladies Sewing Western Clothing”である。https://www.metmuseum.org/art/collection/search/55499

12 英語圏における kimono の用法は、次のように説明できる。まず、kimono は日本の伝統服を指す唯一かつジェネリック（generic）な言葉である。kimono が単純語で（つまり単独かつ説明句なしで）使われる場合、多くの人は女性用の小袖をイメージする。小袖を振袖と区別するときは、小袖を kimono with short sleeves（袖の短いキモノ）、振袖を kimono with long sleeves（袖の長いキモノ）のように表す。打掛は outer kimono for ceremonial use（儀礼に使う重ね着用のキモノ）のように、用途を説明した語も付ける。単衣は unlined kimono（裏の付いていないキモノ）、帷子は unlined kimono for summer use（裏の付いていない夏用のキモノ）、羽織は kimono jacket（キモノの上衣）のように言う。いずれも日本語のように別々の単純語を使って言い表すのではなく、それぞれを kimono の変種と捉えて複合語や説明句を使って表現する。

これは、英語のhorseを表す言葉が日本語では「馬」というジェネリックな言葉しかなく、mare, stallion, mustang, ponyなどは「馬」の変種と捉えて、「成熟したメス馬」「種付け用のオス馬」「小さな野生馬」「仔馬」などと表現するのと同じである。どの言語でも、使い手にとって重要なものは単独の言葉として現れ、関連語彙が細分化される傾向にある。

13　農民の服の場合、男性用の陣羽織にはcoatという単独の言葉を当て、その他にはジェネリックのkimonoだけで言い表している場合もある（Earle 1986: 175-177）。

14　伊勢崎の統計は、二〇一八年に伊勢崎市が作成してユーチューブで配信している「世界にはばたけ　いせさき銘仙」に拠る（https://www.youtube.com/watch?v=6K6CiPogcIw）。「一反は成人一人前の衣料に相当する分量」（『広辞苑』第五版）であるから、「四五六万人分のキモノ」とは「四五六万反」である。

15　ユーチューブで公開されている以下の動画は参考になる。「銘仙はどんな着物？」（おおがや着物チャンネル、https://www.youtube.com/watch?v=_Qqgp4curuw）、「世界にはばたけ　いせさき銘仙」（前掲）、「秩父銘仙をたずねて」（秩父おもてなしＴＶ、https://www.youtube.com/watch?v=uk9B1bs_20Q）、「秩父観光　伝統的工芸品『秩父銘仙』を知る旅に行ってきました！」（Ｙｕｋａｔａｂｉ、https://www.youtube.com/watch?v=DKyKVKj6ilI&t=5s）など。

16　二〇二一年一二月から翌三月にかけて東京国立近代美術館の主催で「めぐるアール・ヌヴォー展　モードの中の日本工芸とデザイン」が金沢の国立工芸館で開かれた。この「めぐる」という表現には、日本と西洋という「異なる文化の出会いと、その還流が生み出した豊かな表現」という意味が込められている。詳細は以下を参照。https://www.momat.go.jp/archives/cg/exhibition/the-cyclical-nature-of-art-nouveau/index.htm

17　二〇一三年五月から六月にかけて、伊勢崎の『いせさき明治館』で「水玉・幾何学アールデコ銘仙展」が開かれた。この展示の記録はネット上で公開されている。https://www.go-isesaki.com/meisen_art_deco.html

18 洋装に関する昭憲皇太后の声明は一般に「思召書」と書く。だが、刑部は学習院大学文学部史学科所蔵の史料「婦女服制のことに付て皇后陛下思食書」（刑部 二〇二二：七〇）に従って、「思食書」と表現している。

19 キモノを通じて大正社会を手短に考察した英語圏の文献として、Brown（2015）, Jackson（2015b, 2020）, Tipton（2005）などがある。

20 いわゆる「家制度」を法的に確立した一八九八（明治三一）年施行の明治民法は、進歩派にとってとうてい満足できるものではなかったし、今日でも家父長制批判との関連で議論の俎上に上がる。しかし、すでに本文で触れたように、この民法は保守派と進歩派の妥協の産物であった。たとえば、従来の「家産」という概念を排して、個人名での財産登録を可能にするなど、幕末に欧米列強と締結された不平等条約を解消するだけの近代性は備えていた。個人名での財産登録については第七四八条による。ただし第八〇一条により妻の個人財産は夫が管理した。所有権と管理権が別だったのである。皮肉にも、明治民法が施行される頃には、産業化と都市化の進展によって、実際の家族生活との乖離が目立つようになり——たとえば、都市に移動して俸給生活者となった農家の次三男と、先祖の田畑を受け継いで祭祀を取り仕切る長男では、家／家族に対する考え方が異なった——、大正時代には民法改正の動きが起きた。このときも進歩派と保守派は激しく対立したが、日本はまもなく戦時体制に突入したので、改正議論は棚上げとなった。女性の権利との関連で、平塚らいてうの時代から「目の敵」にされた明治民法ではあるが、実際には「伝統」と「近代」のせめぎ合いが延々と続いていたのである。それは今日でも家族観の相違に起因する夫婦別姓論争に引き継がれている。こうした経緯に鑑みると、第二次世界大戦直後に改正された民法第四篇（家族法）と第五篇（相続法）は、占領軍に押し付けられたというより、大正時代の民法改正議論における進歩派が、戦後の社会改革の機運に乗って押し切ったともいえる。詳細は拙稿「大正の家族と文化ナショナリズム」（桑山 二〇〇四）を参照。

21 今の統計の扱い方には以下のような問題がある。①本文でも触れたように、被調査者の総数が明記されていない。そのため、たとえば今が「男は洋服六七にたいして和服が三三となりました。これは各時間を通じて一、一八〇人を調べたものから比率をだしたのです」（今 一九八七：一〇七）と述べたとき、その数字がどこから来たのか分からないのである。②調査項目（たとえば女性のキモノの種類）の分析にあたって、ある日のある時間帯にある調査者が収集した統計を使っているが、その結果が他の日時や他の調査者による統計を分析したものと合致するかどうかは分からない。③被調査者の分類が恣意的である。たとえば、なぜ「男」や「女」と「学生」を別にするのか、理由が記されていない。時代的に、男子学生は学ランを着ていることが多かっただろうが、休日には私服で外出したことは十分考えられる。その場合、「男」と「学生」を見分けるのは困難である。調査日の四日間のうち、一日は祝日（大正天皇の銀婚式記念日）であったことを考えると、資料整理に用いられた分類そのものに問題があったと言わざるをえない。

22 今によれば、「モガ」という言葉は一九二九（昭和四）年に初めて使われたので、彼が一九二五（大正一四）年に銀座風俗調査を行った時点では、モガは「モガ」として存在していなかったことになる（今 一九八七：一二六）。

23 統計的意義とは「実際の頻度に基づいて特定のモノや現象に付与される価値」を指す。また、象徴的意義とは「ある集団をソトの世界に表象する際、特定のモノや現象に高度な他者性が備わっているため、当該集団の成員の認識からすれば不釣合いなほど大きな価値が、そのモノや現象に付与されること」を意味する（桑山 二〇〇八b：二六三―二六四）。

24 議論の文脈は異なるが、ミルハウプトも同様の考察をしている。曰く、「キモノは物理的に身体を包み、『ナショナルな文化間の差異』だけでなく、『日本国内の社会的差異の解消』の合図となった（Milhaupt 2014: 137 筆者訳）。

25 この記事には、「農村婦人の戦前の服」という今自身のイラストが付いていて、モンペをはいた若い女性が西洋風のシャツを着ている姿が描かれている。今は次のように述べている。「野良着といえば、きたないものとされていたそれが、ブラウスとかコートと呼ばれるようになり、田場所の人たちのももひきも、畑場所の人たちのモンペも、スラックスと呼ばれるようになった」（今一九七二a：三四一）。農村女性の「洋服」とは、こうした衣服を指していると思われる。

26　日本近代史におけるミシンの役割については、アンドリュー・ゴードン（Andrew Gordon）『ミシンと日本の近代――消費者の創出（*Fabricating Consumers: The Sewing Machine in Modern Japan*）』（原著二〇一一年）を参照。

27　すでに指摘したように、日本航空のスチュワーデスにキモノを着せるように進言したのは、アメリカの広告会社（Botsford. Constantine & Gardner）であり、当初、日本航空は安全上の理由から断ったという（Rout 2020: 216）。

28　善悪の判断はさておき、第二次世界大戦中、日本の戦闘機は敵国に大きな脅威を与えた。当時の日本の航空機産業はそれほど大きな存在であったが、戦後はまったくの劣勢に立たされている。たとえば、ゼロ戦を開発製造した三菱重工業は、二一世紀に入ってから一五年間もジェット旅客機の試作を続けたが、二〇二三年、失敗して開発を断念せざるをえなかった。対照的に、戦勝国だったアメリカのボーイング社と、フランスを中心とするヨーロッパのエアバス社は、今日、航空機製造（民間ジェット機部門）で世界に君臨している。戦闘機についても、日本はアメリカからの「横やり」で長らく独自に開発することができなかったが、二〇二二年末、ようやくアメリカの支持を取りつけて、イギリスとイタリアとの共同開発に着手することになった。その背景には、中国の台頭によって国際政治、特にアジアにおけるアメリカの地位が脅かされ始めたため、日本との軍事同盟を強化して中国を抑え込もうとする思惑がある。二〇二四年三月、自由民主党の岸田政権は、共同開発した戦闘機を第三国（戦争中の国を除く）に輸出することを認めた。

29　第一期に関するより詳しい考察は小形（二〇一七、二〇一八）、第二期に関するより詳しい考察は小形（二〇二一、二〇二二）にある。

30 この贈与（gift）は、人類学者のマーシャル・サーリンズ（Marshall Sahlins）が提示した互酬性モデルの「一般的互酬性（generalized reciprocity）」に相当する。

31 対照的に、一九九三（平成五）年、今上天皇と皇后の「皇太子殿下御成婚記念」として発売された記念切手には、雅子妃殿下の洋服姿が写っている。

32 この親和性は以下の二つの文章を比べてみれば明らかである。山中曰く、「西洋主導の近代文明は、自然と人間の対立を基調とし、分割して支配するという科学、技術文明を発達させ、その後社会主義社会は伝統を断絶して自ら内部矛盾により崩壊した。資本主義社会は、戦後の日本も含めて自由と欲望を増大させた結果、自然環境を破壊させ人間の心を見失わせ、まさに昏迷の世紀末をもたらした。しかし古来日本は、自然と人間が融合一体の文化を持ち、特に結び（生す霊）の思想は、陽と陰の一体化によって、新価値を創造する原理です。これはまさに、陽＝縦＝真理＝精神性と陰＝横＝現象＝物質性の一体化（結び＝生す霊＝愛）を象徴する装道の愛十字の思考で、二十一世紀に求められる叡智の文化でありましょう」（山中 一九九三：五四）。

一方、『国体の本義』の緒言には次のような言明があった。「［前略］最近に至ってはファッシズム等の輸入を見、遂に今日我等の当面する如き思想上・社会上の混乱を惹起し、国体に関する根本的自覚を喚起するに至った。そもそも社会主義・無政府主義・共産主義等の詭激なる思想は、究極に於てはすべて西洋近代思想の根底をなす個人主義に基づくものであって、その発現の種々相に過ぎない。［中略］今日我が国民の思想の相剋、生活の動揺、文化の混乱は、我等国民がよく西洋思想の本質を徹見すると共に、真に我が国体の本義を体得することによってのみ解決せられる。而してこのことは、独り我が国のためのみならず、今や個人主義の行詰りに於てその打開に苦しむ世界人類のためでなければならぬ。ここに我等の重大なる世界史的使命がある」（文部省 一九三七：五―六、現代表記に一部改変）。

33 装道の普及にあたって、日本の国際化は山中にとって所与の条件であった。事実、彼は一九七〇（昭和四五）年に第一回「きもの文化使節団」を香港・マカオに派遣して以来、一九九〇（平成二）年の第二一回派遣まで、延べ七三か国を歴訪した（山中 一九九三：二〇八）。さらに、一九八〇（昭和五五）年と一九八二（昭和五二）年には、国連で「きものと日本の精神文化」「世界を包むきもの愛」と題する講演を行った（同：二〇一、二〇三）。

34 岡本慶子の見解は、二〇二二年三月一二日、彼女が法政大学国際日本学研究所公開研究会で発表した「キモノが伝統になるとき――昭和の室町問屋と職人たち」の質疑応答時の発言に基づいている。

35 「チョソン」は「朝鮮」、「オッ」は「服」の意味で漢字表現はない。後述の丁田隆によると、日本が支配した植民地期には「朝鮮服」のほうが多かったが、南北分断後の韓国では、和食や洋食などとの対称性の中で「韓服」という言葉が使われるようになったという（私信、二〇二三年五月）。同様の見解はムンも示している（Moon 2019: 3）。

36 すでに指摘したように、日本の女学校でセーラー服が制服に採用されたのは一九二〇年代のことである。一九一〇（明治四三）年のいわゆる「日韓併合」以降、朝鮮における近代西洋的要素は日本経由のものが多いので、学校の制服にも日本の影響が及んだ可能性がある。今日の韓国では学校の制服のコスプレが人気だという。興味深いことに、最近の日本の女子高校生の間では、韓国の学校の制服をレンタルして、国内のテーマパークを訪れることが流行っている。明らかに韓国のポップカルチャーの影響である。

37 「コスプレ伝統衣装、韓国で規制検討 『時代遅れ』批判も」『朝日新聞』デジタル版、二〇一八年九月三〇日、https://www.asahi.com/articles/ASL9Y4TWWL9YUHBI01C.html

38 英語の nation（ネーション）は、文脈によって「民族」「国民」「国」と訳される。一方、ethnic（エスニック）に「民族」の意味はあるが「国民」の意味はない。詳細は桑山敬己・島村恭則・鈴木慎一郎『文化人類学と現代民俗学』（二〇一九年）収録の「国民・民族・人種」（第一章第四節）を参照。

第九章　キモノをめぐる二つの国際論争

最後に、グローバル化とナショナリズムとの関連で、海外を発信地とする二つのキモノにまつわる近年の出来事について触れておこう。両方とも日本からすれば突如降りかかってきた難題である。

1 ボストン美術館「キモノ試着イベント」事件

第一は、アメリカのマサチューセッツ州にあるボストン美術館（Museum of Fine Arts, Boston 略称はＭＦＡ）で、二〇一五年夏に行われた催し物「キモノ水曜日（Kimono Wednesdays）」にまつわる出来事である。この催し物は日本では「キモノ試着イベント」と呼ばれている。

ボストン美術館といえば、かつて岡倉天心（一八六三〜一九一三）が中国・日本美術部門の主事を務め[1]、多くの仏教美術の逸品を所蔵していることで知られる世界的な美術館である。そこには第一章で触れた印象派の画家クロード・モネ（Claude Monet）による「ラ・ジャポネーズ（La Japonaise）」（一八七六年作）が展示されている（写真9 - 1）。このモネの作品は、ジャポニスムがパリを中心にヨーロッパを席巻した時代に描かれたもので、深紅のキモノ（打掛）を羽織った妻のカミーユ（Camille）が扇子をもってポーズをとった姿を写し出している。彼女の地毛は黒褐色であったと言われるが、金髪のかつらをつけている。また、背景の壁と床には浮世絵らしき図柄の団扇が多数描かれている。第一章で指摘したように、深紅のキモノの腰下に描かれた強面の武士の帯刀姿は、カミーユの女性的な微笑ときわめて対照的である。この並列は、一八六七年のパリ万国博覧会で展示された武士の模型と女性のキモノを想起させる点で、「菊と刀」という日本イメージの先駆けと言ってよい。

写真9-1　ボストン美術館のクロード・モネ作「ラ・ジャポネーズ」（1992年、筆者撮影）

「キモノ試着イベント」とは、二〇一五年六月下旬から約一か月間、入場無料の水曜日夕方にボストン美術館を訪れた来館者が、カミーユの羽織っているキモノの精巧なレプリカを着て日本文化を体験し、「ラ・ジャポネーズ」の前でカミーユと同じポーズをとって記念写真を撮るという催しである。ところが、開催後まもなくして、この一見無邪気な催しが「人種差別的（racist）」「帝国主義的（imperialist）」であるとされ、一部の活動家によって糾弾されたのである（写真9-2）。以下の文面は、同年七月七日にAP通信が配信した記事で（*Vallejo Times-Herald*）、多くのメディアによって拡散した。

ボストン美術館の「キモノ試着イベント」は、人種主義的であるとの強い批判と抗議を受けて中止の運びとなった。このイベントの仕掛けは、観客が日本の伝統服を着てクロード・モネ作「ラ・ジャポネーズ」の前でポーズをとることにあった。だが、それが一部の人びとに不快な思いをさせたとして、同美術館は火曜［二〇一五年七月七日］の声明文で謝罪した。美術館側としては、キモノのきめ細かさ・刺繍・高雅な素材を観客に味わってもらって、「交流体験（interactive experience）」の場にすることを期待していた。同様のイベントはキモノ姿の女性を描いたモネの絵が日本各地で展示されたときにも行われたという。しかし、抗議した人びとはイベント会場で文面を掲げ、「人種主義的」「帝国主義的」などと叫んだ。ボストン美術館は、今後も水曜日夕方にキモノ展示は行うが、試着せずに触れるだけにするとしている（ボストン発ＡＰ）。（筆者訳）

背景事情を説明すると、ボストン美術館はイベント開催前、「ラ・ジャポネーズ」を一年以上かけて大がかりな修復をして、そのお披露目を世界に先駆けて日本で行った。お披露目は「ボストン美術館　華麗なるジャポニスム展」と名打った展覧会の目玉で、東京の世田谷美術館（二〇一四年六月二八日〜九月一五日）を皮切りに、京都市美術館（同年九月三〇日〜一一月三〇日）、そして名古屋ボストン美術館（翌年一月二日〜五月一〇日）で開催された。その際に日本側から、モネが描いたキモノを再現して、それを実際に観客が着て、かつらをかぶって記念撮影するという企画の提案があったという。再現キモノの制作は京都の職人が担当し、費用は主催者の一つであるＮＨＫが負担した。ジャポニスム展の開催に先駆けて、二〇一四年三月、世田谷美術館は日本外国特派員協会（通称「プレスクラブ」）で記者会見を開き、その場で一人の日本人女子学生がモデルとなってカミーユのポーズをとった。展覧会の期間中、この試みは「《ラ・ジャポネーズ》でハイ、ポーズ」と呼ばれ、好評のうちに終わった。[2]

ボストン美術館の「キモノ試着イベント」はこれに倣ったかたちだが、アメリカとは対照的に、「本家本元」の日本でこの騒動が大きく報道されることはなかった。もし報道されたとしても、大半の日本人は何が「人種主義的」で「帝国主義的」なのか、理解できなかっただろう。そもそも抗議した人びとの中に日本人や日系人はいなかった。逆に、一部の在米日本人が美術館に押しかけて、抗議者に対して抗議したほどである。日本の民族衣裳のキモノをめぐって、かの地で当該民族の直接関与なしに問題が起きたのである。

写真 9-2　ボストン美術館所蔵モネ作「ラ・ジャポネーズ」の前で、同館の「キモノ試着イベント」に抗議する人びと。掲げた文面には、「ボストン美術館は文化的体験の場。キモノを試着すれば人種主義者や帝国主義者の気分を今日でも味わえる」（左）、「キモノを着て可愛くてエキゾチックに見えれば人種主義者ではない。ボストン美術館のお墨付き」（右）と皮肉ってある

出所：Tumblr, Decolonize Our Museums, https://decolonizeourmuseums.tumblr.com/post/125348836324/full-response-to-mfa-kimono-wednesdays

抗議者たち（ある程度組織化されていたので、以下「抗議団体」）の批判の矛先は、大まかに言って次の二点に集約できる。第一は、植民地主義的・帝国主義的な近代西洋の一味であったカミーユが、非西洋の民族衣裳であるキモノを楽しげに纏った姿——今日風に言えば「コスプレ」に興じる姿——を描いた「ラ・ジャポネーズ」という作品そのものが、オリエンタリズムの極みだということである。つまり、絵画そのもののモチーフに対する批判であり、そうした作品を無反省に美術館という権威ある場所で展示することに対する抗議である。第二は、カミーユ

が纏ったキモノを現代に蘇らせ、彼らからすれば十分な説明もせずに観客に試着してもらって楽しむという企画は、アメリカで抑圧されてきたアジア系に対する侮辱だという批判である。特に、試着イベント開始時には、「ラ・ジャポネーズ」を背景に、カミーユと同じ格好をした白人モデルの写真が美術館によってSNS上にアップされ、「エキゾチックな戯れをしよう（Flirt with the exotic）」を宣伝文句としたので、抗議団体を刺激したのである。イベントの開催当初、彼らの抗議は会場の白人モデルをスケッチしていた観客の眼前で行われた。

一方ボストン美術館側は、騒ぎが起こると、「私たちはこれが人種主義だとは思わない。日本の美術がモネのような印象派画家にいかに影響を与えたか、それを観客がよりよく理解することを望んでいる」と弁明した。ただ、これは正式な声明ではなく、内部文書が何者かによって漏洩されて出回ったものだった。その後、まもなくして美術館は「一部の観客に不快な思いをさせたことを陳謝する」という正式な謝罪を表明し、再現キモノの展示は続けるが試着は中止するという方針を打ち出した。そして翌年、二〇一六年二月七日には、「キモノ試着イベント――会話（Kimono Wednesdays: A Conversation）」と題した公開討論会がボストン美術館内で行われ、館長・抗議団体代表・大学教授・ジャーナリストらが壇上で議論を交わし、会場の参加者からも賛否両論が出された。[3]

この問題は人類学的に見ても興味深いので、抗議団体のネットサイト「我われの博物館を脱植民地化せよ（Decolonize Our Museums）」（以下「DOM」）における主張を、もう少し詳しく検討してみよう。ポイントは帝国主義、人種主義、オリエンタリズム、そして文化の流用（cultural appropriation）という四点にある。文化の流用はしばしば「文化の盗用」と訳されるが、英語の appropriate は他人のものを許可なく自分のために使うという意味なので、必ずしも盗用と同義ではない。以下はＤＯＭの主な主張をまとめたものである[4]（見出しはＤＯＭによる）。

①我われの懸念

かつてボストン美術館はイランとアラブ圏の女性写真家をとりあげて、「オリエンタリズムの脱構築」を訴えたことがある。にもかかわらず、今回の試着イベントは古色蒼然とした世界観に基づいており、文化を流用したばかりでなく無神経に人種主義を煽っている。アジア系はアメリカでは居場所のない他者であり、帝国主義により抑圧された我われの文化は、主流派のアメリカ人にとってお遊びの道具に過ぎない。試着イベントは顔を黒く塗った白人の芸人が演じたミンストレル・ショー（minstrelsy）と変わるところがない。

②オリエンタルに対する暴力の歴史

オリエントは文化的「装飾性（ornateness）」が高いと言われるが、それはアジア系を人間ではなく単なる飾りと見なしているからで、彼らをあざ笑いこき使ってきたアメリカという国の裏の歴史の一面に過ぎない。一九八〇年代の日米貿易摩擦時代に、車の街デトロイトで日本人と間違われてバットで殴打されて死んだ中国系市民[5]、ボストン出身の有名俳優のヘイトクライムによって傷付けられたベトナム人、散歩中にアラバマ州警察に拘束されて半身不随となったインド人など、人種主義やオリエンタリズムから生じる暴力は後を絶たない。

③美術館によるオリエンタリズムの標識

ボストン美術館にものが分かるアジア系スタッフはいるのか。「ラ・ジャポネーズ」は当時のジャポニスム、今日で言うところのオリエンタリズムの所産である。ジャポニスムが生まれたのは、日本が武力によって欧米列強に開国を迫られたのち、ヨーロッパ諸国に多くの日本のモノが流れ込んだ帝国主義の時代であった。当時開催された万国博覧会では、植民地化された人びとが動物園の生き物のように公衆の眼前に晒された。

④オリエンタリストの男性画家によるお決まりの大衆向け駄作

「ラ・ジャポネーズ」は困窮時代のモネがジャポニスムに迎合して描いた作品である。華美な打掛に身を包んだ花魁のような恰好を妻のカミーユにさせて、彼女の女っぽい微笑みに惹かれた白人の男のパトロンにでも売ったのだろう。後にモネ自身がこの作品を「くずの山(heap of trash)」と呼んでいるが、それは彼がオリエンタリズムの共犯者であったことへの自己嫌悪である。我われはボストン美術館に対して、このくずを葬り去るように要求する。

⑤美術館は何を観客に伝えたいのか

ジャポニスムは、長らく鎖国していた日本を、一八五四年、アメリカが力づくで開国させたことに端を発する。ジャポニスムは欧米列強の植民地主義や帝国主義から生まれたオリエンタリズムの一部だ。そもそも、試着イベント（Kimono Wednesdays）は言葉の選択が誤っている。あれはキモノ（kimono）ではなく打掛（*uchikake*）である。

⑥誤った交流体験

試着イベントはアジアや日本の文化を珍奇でエキゾチックなものに貶めた。ボストン美術館は負の歴史を背負う人びとに寄り添い、誤った教育が繰り返されないようにする義務がある。それを怠ることは、より大きな文脈で言えば、先住民の権利や黒人の窮状に目をつぶるに等しい。ブラック・ライブズ・マター（Black Lives Matter）運動を見てみよ。白人によって他者化された身体への暴力は許されない。

⑦美術館側の対応の遅れ

我われは試着イベントの開始直後から問題を提起したが、ボストン美術館はなかなか対応しようとしなかった。市民の意見が無視されたのである。会場で抗議文を掲げたのはそうした理由による。我われは白人至上主義（white supremacy）によって周辺化された人びとのために立ち上がり、白人至上主義から実利を得ようとする人びとに挑戦する。

⑧これはハイフン付きアメリカ人に関わる問題である

ボストン美術館に対する我われの懸念は、アジア・太平洋諸島系アメリカ人（Asian American Pacific Islanders: AAPI）の経験と関連がある。我われはアメリカの文化やメディアによって軽く扱われ、誤って表象されてきた。メディアに登場するときは、西洋の支配を転覆させようと企んでいる中国人であったり、メガネをかけた出っ歯の日本人であったり、エキゾチックなセックスワーカーであったり、それが常である。これはアメリカにおける人種主義の問題だ。日本で試着イベントと同様の催しがあったからといって、それがアメリカの歴史における文化の流用を正当化するわけではない。我われは日本人に自分のやり方で展示する権利がないとは言っていない。だた、日本でうまく行ったからといって、それがアメリカで同じ意味をもつわけではない。日本にいる日本人は、日系アメリカ人やアジア・太平洋諸島系アメリカ人が直面している問題を知らない。美術館側は「これが人種主義だとは思わない」と言うが、そうした否定そのものが制度化された人種主義なのである。文化の流用は人種主義の表れであり、オリエンタリズムはその一部である。

DOMの抗議者は、全員が女性であることとジェンダー的にクイア（queer）であることを自認しているので、以下「彼女たち」と呼ぶ。彼女たちの主張の裏には、日本では実感しにくいアジア系アメリカ人が直面する厳しい現実がある。たとえば、中国人や日本人の移民がアメリカに渡ってからすでに一世紀半の時が経つのに、アジア系は相変わらず「永遠の外国人（perpetual/eternal/forever foreigner)」として扱われ、真の仲間と見なされていない。特に、東アジアに出自をもつ者は、白人とも黒人とも容貌が違うことから、一部の大都市を除いて街を歩いているだけで目立つので、人種主義やヘイトクライムの標的となりやすい。[6] 東アジア人を馬鹿にする典型的なジェスチャーは、手を目に当てて「つり目（slanted eyes）」の表情をすることである。また、先述したアジア系の女性に向けられた性的眼差しに鑑みれば、モネが描いたカミーユはオリエントの女性化の走りと言えなくもない。

ただ、詳細は第二の事例の後に検討するが、DOMの言い分にはいくつかの難点がある。たとえば、彼女たちはボストン美術館にアジア系の学芸員はいるのかと問うたが、前述のように、同館のアジアコレクションは岡倉の影響を強く受けている。また、彼女たちはカミーユの服はキモノではなく打掛だと主張して、美術館の日本文化理解にケチをつけたが、英語の kimono は日本の伝統服全体を指す「ジェネリック」な言葉なので（第八章註一二を参照）、その一部である打掛をキモノと呼ぶことに問題はない。さらに、彼女たちはジャポニスムの発端は一九世紀半ばの黒船の来航にあると言い切ったが、それは戦国時代末期以来の日欧文化交流の歴史をまったく無視した発言である。

だが、より大きな問題は、第一に、文化の流用を糾弾している彼女たち自身が、自らの立場や主張を通すためにキモノという日本文化を流用したということである。むろん、日本の出自をもつ者だけにキモノを語る権利があるというわけではないが、DOMはキモノとそれを生んだ日本・日本人に十分な敬意を払うことなく、他者のものを自らの文脈に落とし込んで語ってしまった。

第二は、近現代における日本の二重性である。日本は植民地化こそされなかったものの、江戸時代末期に締結された不平等条約が示すように、欧米列強の植民地主義や帝国主義の餌食となった。その意味でキモノは弱者の装いであり、西洋的オリエンタリズムの格好の対象となった。一方、日本はアジア・太平洋地域における侵略者でもあった。DOMが批判する植民地主義と帝国主義を日本は自ら展開し、台湾や朝鮮では徹底した同化主義を強制して、植民地の人びとを抑圧・弾圧した。その意味でキモノは強者の装いであり、かつ権力の象徴だったのである。この日本の二重性を彼女たちは完全に見落としてしまった。もし意図的に見落としたのなら、自分の都合のよいように歴史を操作したと言わざるをえない。[7]

2　女性用の矯正下着とキモノ

「キモノ試着イベント」とは対照的に日本で大きく報道されたのが、アメリカの女性タレントのキム・カーダシアン（Kim Kardashian West）が、自ら開発した女性用の矯正下着（shapewear）を「キモノ（KIMONO）」と名付け、商標登録しようとした一件である。二〇一九年六月二五日、カーダシアンはツイッター（現X）で次のように発表した。

ついに私は昨年来取り組んできたこのプロジェクトを皆さんと共有できる。これには一五年もの情熱を注ぎ込んできた。「キモノ」は私の考える矯正下着で、女性たちの悩みを実際に解決する。（筆者訳）

このメッセージには、イタリア出身でパフォーマンス・アーティストのヴァネッサ・ビークロフト（Vanessa Beecroft）の写真が付いていた。ビークロフトの作品は活人画（tableau vivant）のようなものが多く、そこにはKIMONOを身につけたカーダシアンと、さまざまな体形と肌の色をした女性たちの姿が写っていた（写真9‐3）。

写真9-3　アメリカのタレント、キム・カーダシアンが発表した矯正下着KIMONO（2019年ロイター / Vanessa Beecroft）
出所：『朝日新聞GLOBE』2019年7月2日公開「キム・カーダシアンが起こした『Kimono』ブランドの波紋」https://globe.asahi.com/article/12502594

当時のカーダシアンのフォロワー数は不明だが、二〇二四年春の時点で、Xには約七五〇〇万人のフォロワーがいる。日本の人口が約一億二五〇〇万人だから、そのほぼ六割である。インスタグラムには約三億六〇〇〇万人ものフォロワーがいるというから、何と日本の人口の三倍近くである。カーダシアンは影響力が大きいだけに、KIMONOに関するネット上での反応も素早かった。その多くは否定的なもので、日本の伝統服／民族衣裳の名称を自分の商品に流用したことに対する批判であった。以下、海外のマスメディアで取り上げられた代表的な書き込みを紹介する（名前はイニシャルで表記。すべて筆者訳）。

よい下着だけど、日本人女性として、私はキモノという伝統服を好んで着ているので、あなた「カーダシアン」の商品のネーミングには面食らった（なぜって、キモノと類似点がまったくないから）。あなたの名前の語呂合わせというだけなら、文化的に即失礼というわけではないでしょうが。

（Y・K　二〇一九年六月二六日）

うわあ！　キム・カーダシアン、日本文化を滅茶苦茶にしてくれて、どうもありがとう！　私の文化はあなたのおもちゃではないし、家族以外の人に対して、まったくリスペクトがない人なのね、あなたは。この商品の開発にかかった一五年間、文化のアドバイザーを見つけられなかったのかしら。

（K　二〇一九年六月二六日）

キム・カーダシアンは「キモノ」ブランドをいくつも商標登録しようとしている（実際のキモノも）。これが認められれば、日本の会社がアメリカで「キモノ」と言おうとしても、彼女が阻止できてしまう。誰か、クールジャパンをすぐ呼んで！

（T・F　二〇一九年六月二六日）

キム・カーダシアンは「キモノ」という言葉を使って商標登録しようとしている。これが通ってしまえば、キモノ文化への被害は甚大。キモノは下着ではなく、貴重な衣装。彼女には一億四千万人ものフォロワーがいて、日本の人口より多い。誰か、私たちを助けて。

（Y・Y＋K　二〇一九年六月三〇日）

当初、こうした批判をカーダシアンはあまり気に留めておらず、新聞『ニューヨークタイムズ（*The New York Times*）』の取材には次のように応じていた。自分の商品をキモノと名付けたのは、「細部にわたる衣装の美しさに私が納得したからだ」、日本の「伝統服を少しでも真似たり名誉を汚したりする衣服をデザインして発表する計画はない」、「日本文化におけるキモノの意義については理解しているし、深い尊敬の念を抱いている」、「登録商標の申請は、私の矯正下着と他のラインアップを指す言葉としてKIMONOを使えるようにするためで、他の人がキモノをつくったり日本の伝統服を指してその言葉を使ったりすることを、排除または制限するものではない」、だから「商品名を変えるつもりはない」、等々。

だが、こうしたカーダシアンの対応は、火に油を注ぐ結果となった。KIMONOという商品名はカーダシアンのファーストネーム（KIM）の語呂合わせでもあったが、過去にもアフリカやインドの服装を流用したとして問題視されていた人物に対して、ネット上では#KimOhNo（キム〔Kim〕・オー〔Oh〕・ノー〔No〕）というハッシュタグが拡散した。今度はユーザーがKIMONOをもじってカーダシアンにダメ出ししたのである。さらに、キモノを毎日着ているという日本人女性が、オンライン署名サイト「チェンジ・ドット・オーグ（Change.org）」で「キモノは日本語で服の意味。それを下着のブランドと一緒にされたくない」と訴えると、数日間で一万人以上の署名が集まった。

世界でキモノをもっとも連想させる都市、京都市の対応も素早かった。キモノ姿でメディアに登場することで知られる門川大作市長（当時）は、カーダシアンのKIMONO発表から僅か三日後の二〇一九年六月二八日、本人宛に文書を送って商標登録を取り下げるように迫った。以下は京都市（産業観光局クリエイティブ産業振興室）が公表した文書の日本語版である。

KIMONO Intimates 社
キム・カーダシアン・ウェスト様

「きもの」は、日本の豊かな自然と歴史的風土の中で、先人たちのたゆまぬ努力と研鑽によって育まれた日本の伝統的な民族衣裳であり、暮らしの中で大切に受け継がれ、発展してきた文化です。また、職人の匠の技の結晶であり、日本人の美意識や精神性、価値観の象徴でもあります。

さらに、近年、日本人はもとより、日本を訪れる多くの外国人旅行者が、きもの姿で京都のまちを、また日本のまちを散策される光景も増えています。これは、まさしく、日本が誇る伝統文化である「きもの」が、世界の人々に愛されていることの表れであります。

そして、今、私たちは、すべての国民の皆様とともに、日本のこころや文化の象徴である「きもの文化」を、ユネスコ無形文化遺産への登録を目指す取組も進めています。

私たちは、「KIMONO」「きもの」「着物」の名称は、きものやきもの文化を愛するすべての人々共有の財産であり、私的に独占すべきものではないと考えます。

是非私たちの思いをお汲み取りいただき、ブランド名としてのご使用についてお考え直しいただきたく存じます。

キム様には、私たちの強い思いを御理解いただくためにも、「きもの」をはじめあらゆる日本の文化を守り育ててきた京都にお越しいただき、「きもの文化」の真髄に触れていただければ幸いです。

京都市長
門川大作

この文書には二つの注目すべき点がある。第一は、カーダシアンに宛てた英語版と日本国内向けの日本語版には、キモノの位置づけに微妙な違いがあるということだ。右に掲げた日本語版では、キモノを「日本の伝統的な民族衣裳」と呼んでいるが、英語版では a traditional ethnic dress となっていて、「エスニック」という言葉が使われている。すでに指摘したように、national（ナショナル）には「民族」の他に「国民」や「国」の意味があるので、national dress と言えばキモノを国単位で捉えていることになるが、ethnic dress と言うと日本国に複数存在する民族の一つの衣装という意味合いが出る。要は、アイヌでも琉球でもないヤマトの人びとの服ということだ。門川市長（当時）がそうしたニュアンスを念頭に置いて発言したかどうかは定かでないが、英語圏ではそのように伝わったであろう。

第二は、英語版と日本語版を問わず、キモノを日本や日本人の独占物ではなく、それを愛する人びととの「共有の財産」（英語版では the asset shared with all humanity who love Kimono and its culture キモノとその文化を愛する全人類が共有する財産）として捉えたことである。たしかに、京都市長の文書はキモノを日本という国の象徴として讃えているが、それをあえて「全人類（all humanity）」の共有財産だと表現し、特定の個人が「私的に独占すべきではない」と訴えたことは、カーダシアンはいざ知らず、世界の多くの人びとの共感を呼んだのではないかと思われる。逆に、日本のナショナルな伝統としてのキモノを強調したら、「私たちのものをとった」「いや、とってない」という感情論で終わっていたかもしれない。この点は「文化は誰のものか」という議論と絡めて後述する。

実は、門川市長（当時）の文書と前後して、経済産業大臣を務めていた世耕弘成も、次のような書き込みをツイッターでしていた。「着物は日本が世界に誇る文化です。しっかりと審査してくれるよう、アメリカ特許商標庁にも話をしたいと思います」。これはカーダシアンがKIMONOと関連商品八点を商標登録しようとしたことへの日本政府としての対応であった。

当初は強気だった彼女も、太平洋をまたいで日本の市長や大臣まで対応に乗り出したことを知って、二〇一九年七月一日、新たな商品名を考えていることを明らかにした。この発表に対して、門川市長（当時）は二人に同時に宛てた一通の文書を七月二日付で公表した。一人はカーダシアン本人で、「貴社から販売予定の商品について『KIMONO』の名称を再考されるとのこと、あなたの思慮深い御英断に心から敬意を表します」というもの。もう一人は「世界中の『きもの』ファンの皆様」で、「皆様とともに、日本のこころや文化の象徴である『きもの文化』のユネスコ無形文化遺産への登録を目指し、〝日本の宝を世界の宝へ！〟と力を尽くしてまいります」と書かれていた。[8] そして約二か月後の八月二七日、カーダシアンはSKIMSという新名称を発表した。ネット上で世界を騒がせたKIMONO論争は、これでひとまず決着をみた。後日、カーダシアンは密着ビデオ番組の中で、名称変更のきっかけは門川市長（当時）の「心のこもった優しい言葉」だったと語っている。[9]

ひねくれた見方をすれば、カーダシアンも京都市もこの論争の「勝者」だったかもしれない。なぜなら、彼女は矯正下着をKIMONOと名付けることによって、否定的ではあったが発売前にマスメディアの注目を大いに集めたし、キモノの無形文化遺産登録を目指している京都市も、キモノの魅力を改めて世界にアピールすることができたからだ。

だが、本書の文脈で重要なことは、海外、特に西洋におけるキモノの官能性（エロチシズム）が再確認されたことにある。キモノの異国性（exoticism）と官能性（eroticism）については、芸者と浮世絵春画の章で述べた通りだが、女性の下着とキモノが結び付いたのは、肌に直接触れる下着と《ナイトガウン=夜着》に比されるキモノが、共に性を連想させるからに他ならない。矯正下着は体を締め付けるので、性道徳に厳しかったヴィクトリア朝時代のヨーロッパで「緩やか（loose）」と評されたキモノとは特徴が逆である。だが、「セレブ界のセックス・シンボル」と言われたカーダシアンには、官能的なキモノがイメージとして似合っていたのだろう。本人の意識はともかく、近代西洋におけるキモノの表象に鑑みると、そのように考えられるのである。

ちなみに、アメリカにはKimonoという名の男性用避妊具（コンドーム）がある（写真9-4）。その広告には「日本文化のセンセーション、わが社のコンドームKimonoをぜひ！」という、日本人を

写真9-4　Kimonoという商品名のアメリカRipnRoll社製のコンドーム
出所：American's Condom Superstore, https://www.ripnroll.com/products/kimono-brand-condoms-assortment-sampler

当惑させるような宣伝文句がある。文化の流用以外の何ものでもないが、アメリカにおけるJapan（日本）とkimono（キモノ）のイメージの一端を知る手掛かりにはなるだろう。

3　文化／キモノは誰のものか

以上、ボストン美術館の「キモノ試着イベント」と、キム・カーダシアンの矯正下着KIMONOについて、多少のコメントを加えながら紹介した。前者を日本のマスメディアがあまり取り上げなかったのは、抗議団体の主張が一般の日本人にとって実感しづらかったからだろう。対照的に、後者については日本人フォロワーを中心にSNS上で炎上が起こり、市長や大臣といった政治家まで登場した。理由は、それがあまりにも分かりやすくて、当事者としての感情が揺さぶられたからだろう。だが、両者に通底しているのは、一六世紀半ばの南蛮貿易時代以降の長きにわたって、欧米でつくられた日本人女性とキモノのイメージである。そのイメージの中心にあるのが《異国性＝エキゾチシズム》と《官能性＝エロチシズム》である。異国性は「キモノ試着イベント」論争でオリエンタリズムにまつわる問題として前景化され、官能性は矯正下着の隠れたモチーフとなった。

オリエンタリズムはKIMONO論争であまり言及されなかった。だが、西洋（オクシデント）でつくられた日本（オリエント）のキモノ・イメージを利用して、さらに強化するようなかたちで商品開発を行ったことは、一種のオリエンタリズムである。途中で頓挫したとはいえ、カーダシアンは近代西洋の言説空間におけるキモノの再生産に関わったと言ってよい。また、近現代史における日本とアメリカの国際社会における地位や力の差を考えれば、KIMONO論争は強者アメリカによる弱者日本への帝国主義的暴力や植民地主義的眼差しと無縁ではない。

二つの論争で議論の的になったのは文化の流用である。だが、人類学的に見ると、文化の流用は「文化は誰のものか」というより大きな問題と関連しており、さらにそれは「文化をどのように捉えるか」「文化を生んだのは誰か」「文化は民族や国の枠組みを越えて共有可能か」「文化を共有できないときがあるとしたら、それはいつか」「文化はそれを生んだ人びとの専有物か」「文化を利用して利益が出た場合、誰が受け取るのか」「文化を語る権利は誰にあるのか」といった一連の問題と関連している。本節でこうした大きな問題群を詳しく検討する余裕はないが、以下に人類学的観点から論点の骨格だけ提示しておきたい。

文化／キモノをどのように捉えるか

人類学における古典的な文化（culture）の定義は、文化とは特定の人間集団の生活様式全体のことである、というものだ。ここで言う「人間集団」の代表例は民族である。この定義の由来は「人類学の父」と称されるエドワード・タイラー卿（Sir Edward Tylor）の次の言葉である。タイラー曰く、文化とは「知識・信仰・芸術・道徳・法律・慣習、および人間が社会の一員として獲得したすべての能力と習慣を含む複合的全体である」[10]。この定義は精神面を重視しているが、モノつまり「物質文化」も文化の重要な一部である。このようにして理解された文化は相対的（relative）な存在で、諸文化間に違いこそあれ優劣はないと人類学者は考える[11]。

キモノは日本人の生活様式つまり文化の一部である。換言すると、日本文化を構成するさまざまな要素の一つである。それが日本の「伝統服」とか「民族衣裳」と呼ばれるのは、日本という国に代々住み続けてきた特定の人間集団によって育まれてきたからである。この集団は一般に「ヤマト」と言われる民族で、彼らは日本の歴史を通じて圧倒的マジョリティであり続けた。そのため「日本人」とほぼ同一視されている。だが、同一国家内には主流派に凌駕された周辺民族や独自の歴史文化をもつ集団がいるのが普通で、日本の場合、その典型はアイヌや琉球人である[12]。彼らには「アットゥシ」や「琉装」と呼ばれる伝統服がある。なお、キモノには帯はもちろん、扇子や草履などのさまざまなモノ、および着こなしが付随しているので、それらをまとめて「キモノ文化」と呼ぶことができる。

文化／キモノを生んだのは誰か

ゼロの概念のように、人類史上まったく新しい発見（invention）は少ない。諸集団の文化は、特定のモノや習慣がある場所から別の場所に伝播（diffusion）して、それを各集団が既存の生活様式に合うように改革（innovation）したものから主に成り立っている。[13] そのため、ある文化における特定のモノや習慣の起源を問うことと、それらが改革を経て当該集団でどのような役割（機能）を果たしているかを問うことは別物である。現在の学問水準では文化の起源を同定することは難しいが、機能は人びとの生活を観察すればだいたいの見当はつく。[14]

第八章で述べたように、今日「キモノ」と呼ばれる女性の衣装の原型は、およそ中世に遡ることが知られている。ただ、歴史的に日本は中国を中心とする東アジア文化圏で発展したので、より古い起源は同地域に求めることができるだろう。少なくとも、世界の他の地域と比べた場合、東アジアとその周辺地域の衣装には共通の特徴を見出すことができる。その一つは近代西洋から見ればナイトガウンのような形状と「緩やかさ」である。今日のキモノは韓国のハンボク（韓服）や清朝時代に遡る中国のチーパオ（旗袍）とはかなり異なるので、東アジアで「起源論争」が起こるとは考えにくい。しかし、ユネスコ無形文化遺産のような制度ができると、端午の節句がそうであったように、類似した文化を共有する諸国間で起源をめぐる論争が起きる。[15] ユネスコ無形文化遺産に登録されれば、国家の威信が高まるばかりでなく、経済的な実利も見込めるからである。

文化／キモノは民族や国の枠組みを越えて共有可能か

タイラー由来の文化観の一つの問題は、人・モノ・資本・情報が地球規模で瞬時に行きかうグローバル化時代にあって、はたして民族のような特定の集団と一体化した文化の捉え方が適切かどうかである。たとえば、一昔前まで日本人だけが話すと思われていた日本語は、国内外でさまざまな出自の人びとによって話されるようになった。また、日本独自の食べ物だと思われていた鮨も、海外に「通」が現れるほど普及した。逆に、海外から日本に入ってきて、日本人の日常生活の一部になったものも多い。その典型が韓国の「国民食（national food）」とまで言われるキムチである。このように、自文化と異文化が同一社会内に並存するようになると、文化と文化の境界線は曖昧になる（文化と社会の違いは後述する）。もちろん、ある文化を構成するすべての要素が等しく外部によって受容されるわけではない。概して、モノ（物質文化）のほうが心（精神文化）より浸透しやすいが、文化の越境（boundary crossing）はグローバル化時代の大きな特徴である。過度な異文化の侵入は反発を招くが、侵入という事態そのものが文化の越境性を物語っている。

今日、京都清水の二年坂・三年坂や東京浅草の浅草寺の界隈には、明らかに外国人と思われる人びとがキモノを着て楽しそうに歩いている。周辺にはキモノのレンタルショップも多い。コスプレ化したキモノについては第八章で見た通りだが、こうした現象が起きるのは文化が民族や国の枠組みを越えて共有可能だからである。共有される文化の中には、思想や価値観といった目に見えないものも含まれる。グローバル化時代の今日、文化はある意味で万人が自由意思で選べる「消費財」になったと言ってよい。

ただし、ここには二つの大きな注意書きが必要である。一つは、キモノのように特定の文化要素が日本という文化全体に占める位置に注意しないと、下着や避妊具にキモノという衣装の名前を付けるという、当事者の日本人から見れば意味の分からない「醜悪」な代物を生んでしまうということだ。文化は個人の欲求を満たすだけの「商品（commodity）」ではない。[16] もう一つは、文化はナショナルなものと結び付いているので、それを生んだ人びとに相応の敬意を払わないと、彼らの反発を買うばかりではなく尊厳を傷付けるということである。

文化／キモノはそれを生んだ人びとの専有物か

文化の越境性や共有可能性と深く関係するのがこの問題である。元来、文化という概念は、ヨーロッパの啓蒙主義時代に、フランスの文明（civilization）概念との対比でドイツに生まれた。この思潮を牽引したのがドイツロマン主義の中心人物ヨハン・ゴットフリート・ヘルダー（Johann Gottfried Herder）である。[17] 彼は啓蒙主義が排除した非合理的なものや古い習慣に潜む民族独自の考え方（民族精神 Volksgeist）を重視した。それが後にドイツ語圏で文化（Kultur）として理論化されたのである。[18] そのため、文化は民族（nation）との結び付きがもともと強く、ナショナリズムを喚起しやすい。文化はナショナル・アイデンティティと表裏一体の関係にあると言ってよく、自民族を他民族から区別する文化的象徴は、危機到来の際に人びとを結集させる。過去の栄光を表す人物やモノが抵抗の象徴となったり、統合や再生のための象徴が創造／再創造されたりするのである。

近代日本における女性のキモノはそうした象徴の一つであった。幕末から明治初期の歴史を振り返れば、欧米列強との不平等条約が示すように、日本は「植民地化の危機（colonial crisis）」に近い状態にあった。彼らの眼が中国での権益に奪われていなかったら、日本はもっと餌食にされていたことだろう。第八章で見たように、エリート層の間でキモノは鹿鳴館時代にいったん洋服に取って代わられたが、行き過ぎた西洋主義は和服回帰を生んだ。この和服回帰を可能にした一つの要因は、皮肉にも西洋から導入された紡績機や染織技術だったが、以降、キモノは日本の伝統を表す象徴となった。それは南蛮貿易からジャポニスムの時代に至るまで、女性の優美なキモノに魅了された西洋人にとっても受け入れやすいものであった。二〇世紀半ばに日本と激しい太平洋戦争を戦ったアメリカにとっては、キモノによる日本の女性化は政治的に好都合だったであろう。

こうした背景をもつキモノは、日本のナショナル・アイデンティティと深く結び付いているだけに、排他的感情を生みやすい。事実、非日本人のキモノ姿を見て違和感を覚える日本人は少なくない。その一方で、他民族の伝統服と同様に、いったんキモノがファッションの域に入ってしまえば、それは万人に開かれたものとなる。門川京都市長（当時）はカーダシアンに対して、「『KIMONO』『きもの』『着物』の名称は、きものやきもの文化を愛するすべての人々共有の財産であり、私的に独占すべきものではない」と諫めた。それはそのまま日本人にも当てはまる。アメリカのマスメディアがカーダシアンの文化的流用を問題視して、結果的にSNSで反発した日本人の主張を後押しする役回りをしたように、日本の伝統を守りたければ、日本人意識で凝り固まるよりは世界に向けて日本文化を開いて、よき理解者を増やしたほうが得策かもしれない。

文化／キモノを利用して利益が出た場合、誰が受け取るのか

長い時間をかけて特定の社会で育まれた文化は、フォーク: クラフト（folk craft）と同じで個人の作者がいない。そのため、誰かがそれを利用して利益を得たり、著作権登録して排他的に独占したりすることを防ぐことが難しい。特に、利用した者が当該社会の成員でない場合、論争や紛争に発展する可能性がある。カーダシアンのKIMONOはその最たる例だが、実は同じ社会の成員同士の間でも利益の分配をめぐって問題は起きる。たとえば、ある場所が何らかの文化資源を利用して観光化した場合、観光産業に携わっている者は潤うだろうが、他はオーバーツーリズムの被害に見舞われるだけという事態は珍しくない。

概して、文化を利用する者は利用される者より強い立場にあり、弱者の訴えが受け入れられるかどうかは力の差の程度による。たとえば、先進国の製薬会社が先住民の植物に関する知識を利用して莫大な利益を得ても、それに反駁するだけの力は多くの先住民にはない。[19] 一方、KIMONO論争の際に日本は政治家まで登場してカーダシアンに翻意させた。もちろん、事態を憂えてSNS上で発言した多くの人びとの力も大きかったが、日本は泣き寝入りするほど非力ではなかったのである。それぞれの文化は相対的な存在であっても、それを生んだ人びとの集団的力には差がある。

文化／キモノを語る権利は誰にあるのか

文化が万人に開かれた存在ならば、文化を語る権利は万人にある。だが、問題は「誰が誰／何につ

いて、どのように語るか」である。この問題は、一九八〇年代以降の人類学で、文化表象（cultural representation）の中心的課題として取り上げられた。その背後には、エドワード・サイード（Edward Said）の『オリエンタリズム』（原著一九七八年）の絶大な影響力があり、サイードはフランスの哲学者ミッシェル・フーコー（Michel Foucault）の「知と権力」論を参照していた。彼らの思想は世界の人類学界を揺るがした『文化を書く』（原著一九八六年）を通じて広く普及した（クリフォード＆マーカス 一九九六）。原題に「民族誌の詩学と政治（*The Poetics and Politics of Ethnography*）」という副題が付いた同書では、それまで異民族の全体像の客観的叙述とされてきた民族誌（エスノグラフィ）が、実は研究者の主観に左右される部分的諸真実（partial truths）に過ぎないという主張がなされた。

第一章で述べたように、表象には「描写（description）」と「代弁（speaking for）」の両方の意味があるので、この主張には「誰が誰／何を誰に代わって描くのか」という代弁の問題が含まれていた。答えは、旧宗主国の人類学者が、旧植民地の人びとや文化を、彼らに代わって描いてきた、である。この文脈で人類学者がもった権威を、批判的に「民族誌的権威（ethnographic authority）」という。非力な他者に成り代わって、学問の名のもとに権威をもって民族誌を書いてきたことを、人類学者自身が問題視したのである。

代弁が問題となったのはＤＯＭの言い分である。文化としてのキモノが万人のものであるとしたら、彼女たちにもそれを語る権利はある。問題は誰に代わって語ったのかである。『文化を書く』が批判した従来の民族誌では、「描かれる者」が「代弁される者」と一緒であった。人類学は未開の学として発展したので、《文字をもたない未開人＝描かれる者》は、人類学者という外部の人間によって代弁されなければならなかった。[20] しかし、DOMが代弁したのはカミーユが真似た日本人ではなく、アメリカにおけるアジア・太平洋諸島系の人びとであった。彼女たちが訴えたのは、日本における日本人の窮状ではなく、アメリカにおけるアジア・太平洋諸島系の人びとのそれ、具体的には、どれほど彼らがアメリカおよび近代ヨーロッパの帝国主義的・植民地主義的・オリエンタリズム的な暴力に晒されてきたかであった。[21] それだからこそ、DOMは自分たちの主張とボストンに先立って日本で開催されたイベントは無関係だと主張したのである。問題がこじれたのは、ここにカミーユの背後に潜んでいた「描かれた者」としての日本人が入ってきたことにある。DOMが日本人を代弁しようとしたとはとうてい思われないし、おそらく彼女たちは（アメリカ在住の）日本人が論争に加わることを想定していなかったであろう。

文化／キモノを共有できないとき――文化と社会の違いから考える

今日の人類学では、「文化」と「社会」はほぼ同義語として使われていて、明確な概念区分に沿って議論を進めることは少ない。しかし、ある局面では両者を分けて考えたほうがうまく分析できるときがある。キモノにまつわる文化の流用はその一例である。

かつてエドモンド・リーチ（Edmund Leach）は、社会は「領土的に決定される何らかの政治的単位」であり、「地図上の一つの場所に集合的に見出され、何らかの共通利益で結ばれている特定可能な諸個人」と定義した（Leach 1982: 41 筆者訳）。複数の社会がそれぞれの物質的基盤である領土を共有するのが難しいのは、相手に譲ったら自分の領土がなくなるからである。この意味で、社会と社会は「ゼロサム・ゲーム（zero sum game）」のような関係にある。ゼロサムとは、一方の取り分が増えたら他方の取り分は減るという、総和がゼロで均衡している状態を示す。社会が特定の領土における共通利益で結ばれた人びとの集団である以上、別の同様の集団と有益な資源を共有することは難しい（桑山二〇一九：一五一―一六）。

それに対して文化は、特定の社会の成員によって育まれるものの、ある程度成熟して形を整えると彼らの手を離れて拡散する。その意味で文化は万人の「財産」であって、特に人・モノ・資本・情報が瞬時に行きかうグローバル化時代には、いとも簡単に民族や国の枠組みを越えて「消費」の対象となる。事実、現代社会に住む私たちは、個人の趣味嗜好に合わせて世界のさまざまな文化を取り入れて暮らしている。そのことは、ロシア文学を愛読する日本人が、アメリカ発祥のジーンズを履いて、メキシコのタコスを食べ、日本の古民家に住むといったようなことを考えれば理解できるだろう。香港在住のアメリカの人類学者ゴードン・マシューズ（Gordon Mathews）は、こうした状況を「文化のスーパーマーケット（cultural supermarket）」と呼んだ（Mathews 2000）。だが、スーパーマーケットが登場する前から、数は少なくても外国のモノは街角の商店に並んでいたわけで、文化の越境は今に始まったものではない。グローバル化はそれに拍車をかけただけである。

皮肉にも、文化は消費可能で越境するからこそ、異なった社会で共有するのが難しいときがある。

ここでは三つの局面を掲げておく。

第一は経済的利益が絡むときである。「資源（resource）」としての文化の利用が指摘されてから久しいが[22]、前述した先住民の植物知識であれ東アジアに多いユネスコ無形文化遺産であれ、文化に何らかの価値が見出されて利益が生じると、人はその特徴と権益を守ろうとする。文化は共有されればされるほど無徴（unmarked）になり稀少価値が減るので、利益が出る限り有徴（marked）であるように保護手段がとられるのである[23]。その過程で自社会以外の者は排除される。もちろん、何が有徴で何が無徴かは時代や場所によって異なるし、有徴であることが逆に偏見や差別を生んだり不利になったりすることもあるので、有徴そのものに普遍的価値があるわけではない。

第二は政治的思惑が絡むときである。近年の出来事で、民族衣装が国際紛争の火種になったのは、二〇二二年に北京で行われた冬季オリンピックの開会式である。中国には国家が認定した五六の民族がいるが、多数派の漢族以外は少数民族である。朝鮮族はそのうちの一つで、開会式ではハンボク（韓服）を着た女性が現れた（写真9‐5）。もちろん中国人としての登場で、彼女は他の民族代表と一緒に一枚の大きな中国の国旗を掲げた。中国政府としては多民族の協調を謳いたかったのだろうが、多くの韓国人はそれを朝鮮の伝統服は中国文化の一部だというメッセージだと受け取った。実は、オリンピック開催の前年、中国のSNS上でキムチと中国の泡菜（パオツァイ）は同根であるという説が流されていたので、中国による文化の「盗用」に対して韓国ではネット炎上が起きたのである。彼らが中国の政治的思惑を疑わざるをえなかったのは、二〇一七年に行われた米中首脳会議で、習近平国

写真9-5　北京冬季オリンピック（2022年）の開会式に、ハンボク（韓服）を着て登場した中国の少数民族（朝鮮族）の女性。多民族国家としての中国の理念を謳ったのだろうが、韓国人の反発を買った

出所：『コリア・ヘラルド（*The Korea Herald*）』2022年2月6日公開「韓国人、北京冬季オリンピック式典での韓服の存在に憤慨（Koreans take umbrage at presence of hanbok at Beijing Winter Olympics ceremony）」https://www.koreaherald.com/view.php?ud=20220206000176

家主席がトランプ大統領（当時）に、朝鮮は歴史的に中国の一部だという旨の発言をしたからである。習主席の発言は中国が二〇〇〇年代に進めた「東北工程」と関連している。それによれば、古代朝鮮半島の北部に位置した高句麗は独立国ではなく、中国の地方政権であった。

第三はナショナル・アイデンティティが絡むときである。この点はすでに繰り返し指摘したが、衣装とナショナリズムの関係という観点から見ると、多くの新興国家が生まれた二〇世紀半ばと、グローバル化が加速した二〇世紀末以降では、様相が異なることに注意したい（帯谷 二〇二〇）。国家形成期の前者にあって、ナショナル・ドレス（national dress）は新興国家の正統性や独自性を表す象徴であった。このドレスは、国内の支配的民族の衣装がその国全体の伝統服となったものや、新たに「創造」または「再創造」されたものが多い。明治期に近代国民国家（nation state）へと脱皮した日本のキモノは前者の例である。そのため、国民以外の人びとが公の場で着用することはなかった。だが、そうした段階を経てグローバル化の時代を迎えると、ナショナル・ドレスはグローバルな空間でファッション化して、国境を越えて着用されるようになる（杉本 二〇二〇）。つまり万人に開かれるのである。しかし、それだからこそ、国家や国民が関わる局面、特にオリンピックの開会式のように多くの国家が一堂に会する儀礼の場では、強い意思をもって自国を他国から差異化する象徴としてナショナル・ドレスが選択される。そうした局面で他国（他社会）の人びとは排除される。男性ではなく女性の衣装に焦点が当たるのは、第八章で述べたように、それが「伝統的価値の貯蔵庫」（Milhaupt 2014: 62）であり、文化的な正統性や連続性を示すからである。ここでは、衣装は多くの人が「見る」ことを承知で「見せる」媒体（メディア）となる。

4　「キモノの国・日本」への教訓

以上のことから、「キモノ試着イベント」と矯正下着 KIMONO の論争を整理すると、およそ次のようになるだろう。最初に両論争の問題点について述べ、次に語られた側の日本人が考えるべきことについて述べる。

第一に、「文化／キモノをどのように捉えるか」との関連では、ＤＯＭもカーダシアンも文化の総体性（totality）に十分配慮していなかった。日本文化とは日本人の生活様式全体のことであるから、その中からキモノという一つのものだけを取り出して、それが日本文化全体に占める位置を考えずに論じたり名称だけ使ったりすることは問題である。両者とも部分を全体に位置付ける姿勢が乏しかった。

第二に、「文化／キモノを生んだのは誰か」との関連では、キモノの歴史性に対する配慮が足りなかった。正確な起源を問うことは難しくても、日本のキモノは東アジア文化圏に生まれた衣装の一つであり、伝播と改革という文化変容のメカニズムを通して、日本人が現在の姿にまで育てたものである。この事実に関する知識がＤＯＭにもカーダシアンにも欠けていたし、真剣に知ろうとする努力の跡も見えなかった。

第三に、「文化／キモノは民族や国の枠組みを越えて共有可能か」に関連して、ＤＯＭは文化の「開放性」を見落とした。いわゆる「高級文化（high culture）」に属する芸術の分野で、作者がインスピレーションを受けた作品を模倣（絵画の場合は模写）することは、その作品に敬意を払うと同時に創造性への一歩となる。モネに代表されるフランス印象派が日本の浮世絵に学ぶことができたのは、文化の開放性ゆえである。カーダシアンについては、意識的にせよ無意識的にせよ、文化の開放性を逆手にとって利益を追求したことが問題だった。

第四に、「文化／キモノはそれを生んだ人びとの専有物か」に関連して、ＤＯＭもカーダシアンも文化と民族（nation）の深い結び付きに思いが至らなかった。明治維新前後および太平洋戦争敗戦後、日本のモノや習慣が西洋人に嘲り笑われた時代に、彼らも愛した女性のキモノは日本の民族的誇り（national pride）となった。そうした歴史や思いに十分配慮することなく、日本人の心に「土足」で入ってしまったのがＤＯＭでありカーダシアンであった。

第五に、「文化／キモノを利用して利益が出た場合、誰が受け取るのか」に関連して、カーダシアンの行為にはやはり問題があった。KIMONOを商標登録してしまえば、少なくともアメリカで日本の伝統服をkimonoとして販売できなくなるし、kimonoという言葉の使用にも制限がかかる。それは文化の流用の域を超えた独占である。

第六に、「文化／キモノを語る権利は誰にあるか」に関連して、いわゆる「ポストコロニアル（postcolonial 脱植民地）」時代にあって、語る者は語られる者の反応を念頭に置く必要がある。旧宗主国から来た人類学者が、旧植民地の人びとを一方的に描くという図式は、政治的にも倫理的にもう成立しない。しかし、日本人は「物静かで従順（docile and obedient）」というステレオタイプがアメリカにあるせいか、カーダシアンは日本人が声高に異議を唱えることは予期していなかったようだ。また、ＤＯＭは日本人を意図せずして代弁してしまったことに気づかなかったのだろう。要は、語られる者としての日本人がいることを、両者とも想定していなかったことが問題である。

では、「キモノ試着イベント」と矯正下着KIMONOの論争から、語られ代弁された（つまり表象された）日本人が学ぶべきことは何だろうか。「放っておくと好き勝手に言われる」とか、「何もしなければキモノがとられてしまう」という教訓を得た、というだけならあまりに狭隘であろう。ここでは二つのことを指摘しておきたい。

第一に、第二次世界大戦後、日本人はアメリカに多大な関心を払ってきたが、アジア系の人びとに対する関心は不釣り合いなほど低かった。その中には日系人も含まれる。アジア系、特に東アジアに出自をもつ人びとは、一九世紀半ば以降、アメリカの発展に大きく寄与してきた。たとえば、南北戦争後の大陸横断鉄道の建設は、中国人労働者の貢献なくしてありえなかった。また、第二次世界大戦中には、日系人から編成された四四二部隊がヨーロッパの前線で多大な犠牲を出しつつ活躍した。にもかかわらず、彼らの運命を待っていたのは排斥法であったり、戦中の強制収容所送りであったりした。また、東アジア系は教育熱心なため、アメリカの高等教育界では「モデル・マイノリティ（model minority）」と称されてきた。だが、アジア系の学生が急増した一九九〇年代には、彼らに大学が乗っ取られるのではないかという恐怖心が多数派の間で広がり、アジア系を排除するために入学試験を不当に操作しているのではないかという疑惑が広まった。[24]さらに、昨今のコロナ禍のなかでは、中国が発生源だとする噂が広まったため、街中でも学校の教室でもアジア系に対する嫌がらせが頻発した。

ＤＯＭの訴えはこうした歴史と現実に根差している。たしかに、文化の流用を糾弾した彼女たち自身がキモノを流用して、自分たちの主張を通そうとしたのは問題である。だが、アメリカにおけるアジア系（より広くはアジア・太平洋諸島系）の窮状に対して、多くの日本人が無知・無関心なのも問題である。その背景には日本人の「名誉白人」意識が潜んでいるのではないかという指摘もあるが、日本のマスメディアによる本件の扱いが軽かったという事実は、現地の少数派に対する日本人の共感の乏しさに一因があるだろう。

第二に、今回の二つの論争はアメリカと日本を舞台にして起きた。一見自明な事実だが、フーコーからサイードに受け継がれた「知と権力（power and knowledge）」論の文脈では、非常に大きな意味をもつ。ここで改めて確認すべきは、近現代史においてアメリカは日本に対して圧倒的優位を占め、真珠湾奇襲の成功や一九八〇年代のバブル期を除いて、日本は劣位を占めてきたという事実である。この点に留意すれば、モネの「ラ・ジャポネーズ」はオリエンタリズムの極みだというDOMの主張にも、一抹の真理があることが分かる。なぜなら、この作品は当時の世界の覇権を握った西洋という強者に属する画家が、国際舞台に引きずり出された弱者日本の衣装を好きなように描いたという意味で、描く者と描かれる者の「力の不均衡（power imbalance）」を如実に写し出しているからだ。しかも、それが名画として世界一流の美術館に展示されているのである。皮肉にも、DOMのメンバーはアメリカ国内では弱者だが、日本を含む他の世界との関係ではアメリカという強者の一部なので、ここには権力の入れ子的構造が見て取れる。

では、強者と弱者の立場が入れ替わったら、どうなるだろうか。森理恵の論考「近代日本の国家主義・帝国主義とキモノ」（二〇一九年）によると、大日本帝国時代に植民地化された台湾では、エリート層がキモノを着て記念写真を撮ったり、原住民（台湾における「先住民」の名称）のキモノ姿を日本人が写真に収めたりすることがあったという。それゆえ、森は「大日本帝国下における一種の近代服としてのキモノ」という側面を指摘している（森 二〇一九：三八）。当時の台湾や朝鮮には近代（modernity）が日本経由で入ったので、キモノは伝統服というより近代服と見なせるという主張である。しかし、本論との関係でより大切なのは、伝統服であろうが近代服であろうが、植民地時代の台

写真 9-6 「日韓国交正常化 50 周年」記念切手(2015 年)。日本郵便は切手のデザインについて、「日本と韓国のそれぞれの民族衣装を着た女性と、日本の国花であるサクラと韓国の国花であるムクゲをデザインしました」と説明した(筆者所蔵)

湾や朝鮮でキモノを着ることは、宗主国日本という権力に近づく行為であって、近代の覇権を握った西洋人が日本という弱者のキモノを着ることとは、権力に対する方向が真逆であったということである。この意味で、いわゆる「オクシデンタリズム(Occidentalism)」は、オリエンタリズムの逆像ではない。そこには強者に付与された特権がないからだ。

第四章と第八章で触れたように、日本の植民地支配下の朝鮮では、「妓生(キーセン)」と呼ばれる芸妓が、今日「ハンボク」と呼ばれる民族衣裳(当時の名称は第八章註三五を参照)のイメージを広めた。そして、日本人男性の観光客を朝鮮に呼び込むために、彼女たちの性と一体化した衣装は利用された。その意味で、西洋人にとっての芸者のキモノと、日本人にとっての妓生のハンボクは同列である。近代における弱者としての日本と朝鮮は、共に植民地主義的な眼差し(colonial gaze)によって女性化されたのである(写真9-6)。だが、ここでも権力は入り乱れていた。太平洋戦争後の日米関係において、ゲイシャ・ガールの復活が両国の男性エリートの「共犯関係」から生まれたように(第四章参照)、植民地下の朝鮮におけるハンボクの女性化は、《日本=支配者=見る者=語る者》と《朝鮮=被支配者=見られる者=語られる者》という一見対称的な世界において、双方の男性エリートが「共謀」した結果だとも言えるのである。[25]

大日本帝国時代の台湾のキモノや朝鮮のハンボクは、「キモノ試着イベント」や矯正下着KIMONOと直接の関係はない。しかし、異文化表象における権力という点では通底している。近年、太平洋を隔てたアメリカで起きた二つの論争は、こうした過去の記憶を呼び起こし、より広い世界にあっては弱者であったが、アジア・太平洋圏では一時的にせよ支配者であった日本人に自省を迫るのである。[26]

註

1　岡倉天心は、東京大学で哲学を講じるかたわら日本の美術品を収集したアーネスト・フェノロサ（Ernest Fenollosa）らと協力して、アメリカにおける日本美術史研究の先駆けとなった。本名は覚三で、名著『茶の本（*The Book of Tea*）』（原著一九〇六年）など、主な英語の著作はKakuzo Okakuraの名のもとに出版されている。当時、居留地だった横浜で生まれ育った岡倉は宣教師に英語を習い、ほぼ同時期に『武士道』を英語で書いた新渡戸稲造と同じく、抜群の英語力の持ち主だった。実弟の岡倉由三郎は英語学者で、辞書の編纂の他に、英語で『日本人の精神（*The Japanese Spirit*）』（一九〇五年）や『日本の生活と思想（*The Life and Thought of Japan*）』（一九一三年）を著した。岡倉兄弟は、日本人が西洋人に向けて英語で日本を語るという、いわば「ネイティヴ（native）」の日本研究者の走りと言えよう。

2　世田谷美術館に関する情報は、同館のサイトに掲載された以下の記事を参照した。「モネ作《ラ・ジャポネーズ》の再現打掛を、お花見の季節にお披露目！」（二〇一四年三月二八日、https://www.setagayaartmuseum.or.jp/blog/2014/03/post_345.html）、「本来の色彩を取り戻したモネの《ラ・ジャポネーズ》」（同年六月三〇日、https://www.setagayaartmuseum.or.jp/blog/2014/06/post_350.html）、「一〇〇円で《ラ・ジャポネーズ》になれるワークショップ」（同年八月七日、https://www.setagayaartmuseum.or.jp/blog/2014/08/100_4.html）。

3 以上の説明はネット上で入手した次の報道を参考にした（日付順）。“Outrage at Museum of Fine Arts Boston over Disgraceful ‘Dress Up in a Kimono’ Event”（*Artnet News*, July 6, 2015）, “Museum of Fine Arts Boston Cancels Kimono Dress-Up Event after Being Accused of Racism”（*Artnet News*, July 7, 2015）, “Boston Art Museum Cancels ‘Kimono Wednesdays’ after Protests”（*Vallejo Times-Herald*, July 7, 2015）, “Boston Kimono Exhibit in Race Row”（BBC, July 8, 2015）, “Art Museum Nixes Kimono Event after Protesters Call It Racist”（CBS, July 8, 2015）, “Boston Art Museum Cancels Kimono Event after Claims of Racism”（*Los Angeles Times*, July 8, 2015）, “MFA to Host Forum on ‘Kimono Wednesdays’ Controversy”（*Boston Magazine*, January 7, 2016）. なお、約二時間にわたって美術館内で行われた公開討論会はユーチューブにアップされている。アドレスは以下の通り。https://www.youtube.com/watch?v=_M0m8qaXrus

4 DOMの原文は難解な用語や表現を並び立てていて意味が取りづらいので、彼らが言わんとするところを汲み取ったうえで分かりやすい日本語にした。日本の読者のために言葉を補った箇所がある。https://decolonizeourmuseums.tumblr.com/post/125348836324/full-response-to-mfa-kimono-wednesdays

5 この被害者は中国系アメリカ人のヴィンセント・チェン（Vincent Chen）である。一九八二年六月一九日、デトロイト郊外のストリップクラブ（strip club）で、アメリカの自動車会社クライスラーを解雇された白人労働者とその継父と口論になり、野球バットで叩きのめされて死亡した。裁判で加害者は有罪になったものの、三年間の執行猶予と三千ドルの罰金だけで済んだため、アジア系市民団体から大きな批判が寄せられた。この事件はアメリカにおけるアジア系へのヘイトクライムの転換点と見なされている。

6 アメリカの大学におけるアジア人教授の窮状については、桑山敬己（二〇二一）を参照。

7 「キモノ試着イベント」に関する学術的論考として、向後恵理子（二〇二二）、Carriger（2018）、Takagi（2021）、

Valk（2015）などがある。その他にも、筆者の目に留まったネット上の論考として、以下のものがある（日付順）。Mia Nakaji Monnier, “MFA's Kimono Controversy Should Spark Deeper Conversation”（*Boston Globe*, July 10, 2015）, ケイコ・K “Monet's *La Japonaise* Kimono Wednesdays at the MFA - Part 1”（『ディスカバー・ニッケイ』、二〇一五年七月一四日）、“Kimono Wednesdays: Was Interactive Art Really ‘Yellowface’ Orientalism?”（National Coalition Against Censorship, July 17, 2015）, Seph Rodney, “The Confused Thinking behind the Kimono Protests at the Boston Museum of Fine Arts”（*Hyperallergic*, July 17, 2015）, Shaun O'Dwyer, “Of Kimono and Cultural Appropriation”（*Japan Times*, August 4, 2015）, “MFA Director on Kimono Controversy: ‘I Think That Was Misguided and Apologize’”（WBUR, February 8, 2016）, Allyssia Alleyne, “What the Kimono's Wide-Reaching Influence Tells Us about Cultural Appropriation”（CNN, March 6, 2020）, 北村花「文化は、誰のもの？#1　文化盗用（cultural appropriation）について」（二〇二〇年九月二日）、同「文化は、誰のもの？#2　文化盗用（cultural appropriation）について」（二〇二〇年九月二日）。

8　この文書にも「民族衣裳」という言葉が使われていた。英語版には ethnic costumes とあり、七月一日付の文書と同様、キモノを「エスニック」な衣装と位置付けている。しかし、門川市長（当時）のメッセージは全体的に「ナショナル」なものを感じさせるので、誤訳と言ってよいだろう。

9　以上の説明はネット上で入手した次の報道を参考にした（日付順）。「米タレント、矯正下着ブランド名に『キモノ』　非難の的に」（『朝日新聞デジタル』二〇一九年六月二七日）、“Kim Kardashian West's Kimono Underwear Meets Japanese Backlash”（BBC, June 27, 2019）, “Kim Kardashian Accused of Cultural Appropriation - Again - over Name of Shapewear Line”（NBC News, June 27, 2019）, “Kim Kardashian West and the Kimono Controversy”（*New York Times*, June 27, 2019）, “Kim Kardashian West Defends Herself over Kimono Row”（BBC, June 28, 2019）,「『KIMONO』の商標登録に関して」（京都市情報館、二〇一九年六

月二八日)、「下着名称に『キモノ』、変更せず　反対署名は三万人超え」(『朝日新聞デジタル』二〇一九年六月二九日)、「下着名称に『キモノ』、京都市が反発　米社に文書送付へ」(『朝日新聞デジタル』二〇一九年六月二九日)、"Kim Kardashian West Drops Kimono Brand Name" (BBC, July 1, 2019), "12 Tweets that Sum Up Kim Kardashian Kimono Controversy" (*Tokyo Weekender*, July 1, 2019), 「下着製品ブランド『KIMONO』に係るメッセージの発信」(京都市情報館、二〇一九年七月二日)、"Kim Kardashian West Changing Shapewear Brand's Name after 'Kimono' Backlash" (ABC News, July 2, 2018), "Kim Kardashian West to Rename Kimono Shapewear Line Following Backlash" (NBC News, July 2, 2019), "Kim Kardashian West and Japan Reach Détente" (*New York Times*, July 2, 2019), 「下着『KIMONO』名称撤回　米タレント　京都市の再考要請　奏功か」(『東京新聞 Tokyo Web』二〇一九年七月二日)、"Kim Kardashian West Changes Name of Shapewear Line after Accusations of Cultural Appropriation" (NBC News, August 29, 2019), 「KIMONOは誰のもの　京都市長が米国のインスタグラマーに手紙を出した理由とは」(『烏丸経済新聞』二〇一九年一〇月一六日)、「キム・カーダシアン『KIMONO騒動』にカメラが密着していた!」(*PR Times* 二〇一九年一二月二六日)。

10　この定義はタイラーの古典『原始文化(*Primitive Culture*)』(原著一八七一年)の冒頭で下されたものである。タイラーによる文化の定義そのものは相対主義的だが、彼は文化相対主義と対峙する社会進化論を唱えた人物でもあった。詳細は桑山敬己(二〇一八b)を参照。

11　文化は人類学の中心概念なので、数多くの理論が提示された。ここではもっとも根本的な理解にとどめる。さまざまな文化理論を簡潔に説明した著作として、綾部恒雄(一九八四、二〇〇六)、桑山敬己・綾部真雄(二〇一八)がある。

12　「民族」「エスニック・グループ(ethnic group)」「国民」「人種」の捉え方については、桑山敬己(二〇一九)

を参照。

13　昨今の人類学では「伝播」という言葉はほとんど使われなくなった。二〇世紀初頭の伝播論（diffusionism）を想起させるからである。伝播論の一つの大きな問題は起源の同定の難しさにあった。何が、いつ、どこで、最初に発生／発現したかは、当時の科学水準では推測に頼らざるをえなかったのである（DNA解析が進んだ現在なら事情は違ったであろう）。だが、それ以上に英語圏人類学で問題視されたのは、特定の文化に見られる要素と要素（element）（または「特性」trait）の関係が考慮されなかったことである。複数の文化がまったく同じ諸要素から成り立っていても、①それらがどのように関連して機能しているか、②それらがどのように結び付いて全体を形成しているかは、社会のあり方によって異なる。前者は文化を構成する諸要素が全体の維持に果す役割＝機能（function）を重視した機能主義の中心的課題であり、後者は諸要素の統合（integration）を重視したルース・ベネディクト（Ruth Benedict）らの文化統合論の中心的課題であった。機能主義も文化統合論も一九二〇年代から一九三〇年代にかけて登場して、伝播論を一掃するほどの影響力をもっていた。本書では、こうした学説史上の流れを承知のうえで、「伝播」や「要素」という言葉をあえて使っている。非専門家にはそのほうが分かりやすいし、ここで取り上げているのはキモノの機能でもキモノ文化の統合でもないからだ。なお、「伝播」「文化要素」「文化領域」「文化圏・文化圏説」の概念については、石川栄吉他（編）『文化人類学事典』（縮刷版一九九四年）に、大林太良による簡潔で優れた説明がある。

14　通常、文化を構成する諸要素は全体を維持するように機能する。二〇世紀前半から半ばにかけて圧倒的な影響力をもった機能主義（functionalism）は、それを「機能的一致（functional unity）」と呼んだ。しかし、変化が激しい時代には諸要素間の調和が乱れがちで、全体の維持が困難となる。そのため、機能主義は平時の社会分析には有益だが、激動の時代には不向きだという批判が寄せられた。

15　二〇〇八年、韓国の江陵端午祭（강릉단오제　カンヌン・タノジェ）がユネスコ無形文化遺産にリスト化（＝

登録）された（英語表記はGangneung Danoje Festival）。このことは端午節の中国起源を主張する中国人の怒りを買った。似た文化を共有する国と国の間で起源論争が起きたのである。韓国側は江陵端午祭に見られる仮面舞踊やシャーマニズム的祈祷などの独自性を主張し、中国側は龍舟競漕や粽《ちまき》などの独自性を主張した。論争が収まったのは、二〇〇九年、中国の端午節が龍舟節（Dragon Boat Festival）としてユネスコ無形文化遺産に登録されてからである。なお、日本では端午祭や端午節は「端午の節句」として昔から親しまれていて、現在は「こどもの日」に指定されている。韓国や中国に倣って、端午の節句をユネスコ無形文化遺産に登録しようとする動きが一時見られたが、その裏には鯉のぼりの販売促進という経済的思惑が潜んでいたようだ。

16　二〇世紀末から日本で声高に唱えられ始めた「多文化共生」が、３Ｆ（Food, Fashion, Festival）に終始しがちであることは多くの識者によって指摘されている。それらは異文化理解の入口なので、頭ごなしに否定することはできないが、ある文化に見られる特定のモノや考えの背後に潜むより大きなものを理解しようとしない限り、多文化共生は多数派の日本人の生活に多少の色を加えるだけに終わってしまう。異文化理解の最終到達点は、他者を鏡にして自己のあり方を根本から問い直し、自己変革を遂げることにある。

17　ヘルダーの主著『人類歴史哲学考』（原著一七八四年〜一七九一年）は、嶋田洋一郎による新訳が刊行中である（二〇二四年春現在）。英語のアンソロジーとして、ハンス・アドラー（Hans Adler）とアーネスト・A・メンズ（Ernest A. Menze）の編集による『世界史論――ヨハン・ゴットフリート・ヘルダー選集（*On World History: John Gottfried Herder, An Anthology*）』（一九九七年）がある。

18　フランスの「文明」概念とドイツの「文化」概念については、西川長夫の名著『国境の越え方――比較文化論序説』（初版一九九二年、増補版二〇〇一年）を参照。ここでは二つのことを付け加えておく。①人類学における文化概念がアメリカで発達したのは、ドイツロマン主義の流れを汲むフランツ・ボアズ（Franz Boas）の影響によるところが大きい。「アメリカ人類学の父」と称されるボアズはドイツ生まれで、祖国の大学で物理学と地理学を学んだ後、アメリカに移住した。英語には苦労したと言われる。②ヘルダーは「民俗学の祖」とも称される。彼の反啓蒙主義的で対抗覇権主義的（counter-hegemonic）な思想は、ヨーロッパ内部で周辺に置かれた人びとにとって、自民族が誇る文化的所産を探る契機となった。この点については島村恭則（二〇一九）の論考に詳しい。

19 資源や知的所有権にまつわる問題を扱った近年の人類学的著作として、中空萌『知的所有権の人類学――現代インドの生物資源をめぐる科学と在来知』（二〇一九年）がある。

20 サイードの『オリエンタリズム』の冒頭には、「彼らは自らを表象することができない。ゆえに表象されなければならない（They cannot represent themselves; they must be represented）」というカール・マルクス（Karl Marx）の言葉が、エピグラフに記されている。

21 博物館／美術館の脱植民地化運動に関わってきた彼女たちは、虐げられてきたアジア・太平洋諸島系アメリカ人の代弁役を自ら買って出た。その彼女たちは代弁される者と出自を同じくするという意味で「ネイティヴ（native）」である。注意すべきは、ネイティヴの知識人が自文化を表象する際に、意図せずして民族誌的権威をもったり、意図的にそうした権威を振りかざしたりする可能性である。「未開の学」として発達した人類学は、長いこと「表象する者」としてのネイティヴを想定していなかった。詳細は桑山敬己（二〇〇八ｂ）、Kuwayama（2004）を参照。

22 日本では二〇〇〇年代から内堀基光らを中心に「資源人類学」と呼ばれる分野が登場した。その成果は弘文堂から刊行された資源人類学シリーズ（全九巻）にまとめられている。国際的に圧倒的影響力をもつ英語圏で、anthropology of resourcesという表現はあまり聞かないので、この分野は日本で独自に発展したと思われる。

23 無徴（または無標）と有徴（または有標）は元来言語学の用語で、前者は一般性が強くて特徴がないものを指し、後者は特殊性が強くて特徴があるものを指す。例としてよく挙げられるのは「作家」と「女流作家」

である。作家は男性が多い（と思われている）ので、男性作家の場合は単に「作家」と言うのに対し、女性の作家の場合は特殊性を強調して「女流作家」と言うのである。同じことは「医者」と「女医」にも言える。文脈によって有徴性（または有標性）は社会的に有利にも不利にもなる。

24 私が滞米中の一九八〇年代から九〇年代にかけて、入学試験の操作を疑われたメジャーな大学に、ハーヴァード大学とカリフォルニア大学ロサンゼルス校（ＵＣＬＡ）がある。アメリカの高等教育に関する情報誌『クロニクル・オヴ・ハイアー・エデュケーション（*Chronicle of Higher Education*）』一九九二年四月一日号によると、アメリカ教育省公民権局（Office for Civil Rights, Department of Education）は、一九八八年、アジア系の学生に対する差別の疑いで、ハーヴァード大学とＵＣＬＡを調査した。二年後、ハーヴァード大学の疑いは晴れたが、ＵＣＬＡはクロと判定された。どのような差別があったかは報道されなかったが、日本の理学部数学科に相当する数学部の大学院入試での出来事とのことだったので、おそらく次のようなことであろう。

　私がＵＣＬＡ在学中に耳にした話として、大学院入試を「平等」に行うと理系の学部は数学の得意なアジア系に独占されてしまうので、点数配分を工夫するのだという。具体的には、国語＝英語の点数配分を多くして、数学の点数配分を少なくすれば、概して計算は弱いが言語能力に勝る白人が有利となり、逆に計算は強いが言語能力に劣るアジア系には不利となって、合格者のバランスがとれるというものだ。あるいは、もっと露骨に最初からアジア系の合格者数を少なくしておけば、つまり秘密裏に人種・民族別の定員数（quota）をあらかじめ設定しておけば、そのような小細工をしなくてもすむ。こうした話は多分にエスニック・ステレオタイプに影響されているので真偽のほどは定かでないが、教育省公民権局はＵＣＬＡに対して差別されて不合格となったアジア人学生を入学させるように勧告したので、あながち的外れではないだろう。

25 一九二〇年代に始まった民芸運動の主導者・柳宗悦（一八八九～一九六一）による朝鮮の白衣《びゃくえ》の表象には、

今日でいうオリエンタリズムが見られる。白衣に関する最近の歴史文化的研究については、権錫永（クウォン・ソクヨン）『からまりあい重なりあう歴史――植民地朝鮮の文化の力学』（二〇二一年）を参照。

26 本章の執筆過程で、川瀬由高氏（江戸川大学准教授）から有益なコメントをいただいたことに、感謝の意を表したい。

第十章　キモノ研究の課題と展望

――文化人類学的視点から

本書を閉じるにあたって、人類学的キモノ研究の課題と展望を述べておきたい。人類学の三大柱は、①理論、②現地調査（フィールドワーク）、③民族誌である。理論がなければ学問にはならないし、現代人類学の祖ブロニスラフ・マリノフスキー（Bronislaw Malinowski）がいみじくも指摘したように、理論に習熟することは先入観に惑わされることではなく、むしろ現場（フィールド）で発見した事実のよりよい理解につながる（桑山 二〇一九：八）。当然のことながら、現地調査を行わなければ民族誌は書けない。人類学の特徴はこれら三つの柱が一体化していることにある。個人によって得手不得手はあるが、人類学者は理論・現地調査・民族誌を一人でこなすことが求められているのである。このことを念頭に置いたうえで、本書で明らかになったことはもちろん、語りつくせなかったことを含めて、今後の研究の道筋をいくつか示しておきたい。

1　朝鮮・中国との比較

人類学の基本は複数の文化の比較である。[1] 日本のキモノの比較対象となるのは、まず朝鮮と中国の「伝統服」であろう。歴史的に、東アジア諸国は政治的独立性が比較的強かったが、衣装を含む文化の越境は頻繁に見られた。グローバル化時代の今日はなおさらである。そのため、それぞれの「伝統

写真 10-1　中国少数民族の女性用衣装の人形。左から満族、維吾爾（ウイグル）族、黎（リー）族、水（スイ）族、鄂温克（エヴェンキ）族、珞巴（ロッパ）族、羌（チャン）族、畲（シェ）族、東郷（トンシャン）族、哈薩克（カザフ）族（筆者所蔵）

服」の類似点と相違点の双方を調べやすい状況にある。朝鮮については所々で触れたので、ここでは中国について簡単に述べておこう。

衣装にまつわる現代中国の問題は「漢服」である。今日、中国は多数派の漢民族と五五の少数民族から成る多民族国家である。少数民族には独自の「伝統服」があり、特に女性用はそれぞれの民族の象徴として表象されてきた（写真10‐1）。だが、漢民族にはそれに相当するものがない。日本で「チャイナドレス」と呼ばれている女性服は、清朝を支配した満州人の旗袍（チーパオ）をもとに近代以降つくられたもので、漢民族の「伝統服」とは言い難い。

そうした背景のもと、二〇〇三年一一月二二日、王楽天という一人の若い男性が、河南省鄭州市の街中を自作の「漢服」を着て闊歩したのである（写真10‐2）。当初は奇異な印象を与えたが、その後、大国化した中国の大半を占める漢民族にだけ独自の服がないことに不満をもった若い世代を中心に「漢服運動」が起こり、現在では国外にも広がりつつある。日本には「日本漢服社」とい

写真 10-2　自作の「漢服」を着て街中を歩く王楽天氏（2003 年 11 月 22 日）
出所：周（2019：183）

う組織があり、時折メンバーが漢服姿で日本の街中に繰り出している。ただ、何が漢服なのかという定義が曖昧なうえに、スタイルも清朝以前の王朝（漢、唐、明など）の皇族や貴族の衣装を真似たものが多い。その意味で、漢服は典型的な「伝統の創造（invention of tradition）」なのだが、当事者にとって何らかの真実味がない限り、支持は広がらないのも事実である。

外国人も楽しんで着るようになった韓国のハンボク（韓服）と違って、中国の漢服には漢民族の民族主義（ナショナリズム）が色濃く反映されている。のみならず、ハンボクもキモノも漢服のコピーに過ぎないという、自民族中心主義（エスノセントリズム）丸出しの発言もネット上で飛び交うようになった。これらの点については、すでに先行研究があるので詳細はそちらに譲るが[2]、日本漢服社を調査した王瑩瑩によると、概して男性メンバーは漢服のイデオロギーにこだわり、女性メンバーは衣装としての漢服の美しさに惹かれて、コスプレ感覚で着て楽しんでいる者が多いという（王 二〇二二）。

このように、日本のキモノ、韓国のハンボク、そして中国の漢服には、単に衣装としてではなく、第九章で論じたナショナリズム、文化的アイデンティティ、ファッションなどの側面で興味深い類似点と相違点がある。今後の人類学的キモノ研究の発展にとって、まず東アジア諸国との比較研究が望まれる所以である。

2　日本における「菊と刀」の現在

国内外の人類学的日本研究にとって、ルース・ベネディクト（Ruth Benedict）の『菊と刀』（原著一九四六年）は現代の古典である。日本では刊行直後から多くの批判に晒されてきたが（たとえば、川島・南・有賀・和辻・柳田 一九五〇）、今日、この書を抜きに日本を語ることはできない。同書のタイトルは、ベネディクトが指摘した日本人の二重性（duality）に由来するが、それは著者自身の発案ではなく出版社の提案だったという経緯（福井 一九九七：一六二）からすると、西洋人の間で「菊と刀」のイメージは以前からある程度定着していたと考えられる。

本書では、その起源を一八六七年パリ万博における女性のキモノと武士の模型の並列展示に求めた（第二章参照）。もっとも、キモノと鎧兜刀剣類は南蛮貿易の時代から西洋で重宝されたので、このイメージはより古い時代にまで遡るかもしれない。だが、少なくとも近現代では、パリ万博の日本展示が大きな契機となったことは間違いない。特に、キモノを纏った三人の芸者の姿（図2-4）は、西洋の観客に強烈な印象を与えた。そして、それが後のジャポニスムにつながり、海外における日本人女性とキモノの表象のあり方を決定付けたのである。

問題は現在の日本における「菊と刀」の姿である。問うべきは、「菊と刀」は過ぎ去った時代の残像に過ぎないのか、または日本人が気付いていないだけで、外から見ればいまだに日常生活で見られるのか、あるいは、そもそもベネディクトの日本観に偏りがあって、ステレオタイプが世界中に増幅しているだけなのか、ということである。論者によって答えはさまざまだろうが、日本を異文化として虚心坦懐に眺めると、「菊と刀」は今でも時として思わぬ形で姿を現すことがある。その一例が写真10-3のキモノを着た女性と写真10-4の戦国時代の武士である。

女性と武士と言ってもアニメ風のイラストだが、写真10-3は日本三景で知られる宮城県松島の「キャンペンレディー」（観光親善大使）を務める松島名月《まつしまなづき》（以下「名月」）である。公開日は二〇一八年一二月で、彼女の部活動は「文芸部」、趣味は「松島の夜景を眺める」こと、特技は「俳句で心情を表現する」こと、好物は「松尾芭蕉、牡蠣、笹かまぼこ」とある。すべて宮城県、特に松島に関係する人・モノ・活動だが、二〇二四年現在、名月は全国津々浦々にいる「温泉むすめ」のキャラクター一二九人（台湾一人を含む）の一人である（詳細は「温泉♨むすめ」のサイトを参照）。彼女たちは写真10-3中央やや左の名月のような恰好をしているが、時と場によって「着替える」こともあるらしい。私が二〇二四年春に松島海岸の瑞巌寺を訪れたときに見た彼女のキモノ姿はその一例である。

写真 10-3　瑞巌寺（宮城県松島）の本堂売店で見かけたキモノ姿の「温泉むすめ」松島名月
出所：瑞巌寺公式 X（https://x.com/Zuiganji_Temple/status/1484789802847567875）、2024 年 9 月 10 日閲覧

写真 10-4　松島海岸の工事現場で見かけた伊達政宗をデザインした歩行者ガード（2024 年、筆者撮影）

この寺は本堂および庫裡と廊下が国宝に指定されているので、当初、私はそうした荘厳な雰囲気に合わせたのだろうと思っていたが、後日、これは瑞巌寺のオリジナル・ヴァージョンだということが分かった。キモノ姿の名月は、初代仙台藩主で戦国時代のヒーロー伊達政宗の正室であった愛姫《めごひめ》をモデルにして、寺が特別に考案したものである。絵馬やキーホルダーなどのグッズも売っている。

瑞巌寺を後にして松島海岸に向かって歩いていると、今度は突如、名月の「夫」の伊達政宗らしき武士に出会った（写真10‐4）。大きな金の三日月の前立てが付いた兜といえば政宗しかいない。日本史に疎い外国人観光客ならば、この工事現場のイラストが政宗だということは分からないだろうが、帯刀姿の侍（samurai）だということは誰の目にも明らかだろう。彼らからすれば、たとえイラストとはいえ、日本有数の寺でキモノ姿の女性を見た僅か一〇分ほど後に、特徴ある兜をかぶった侍に出会うのだから、やはり日本は今でも「菊と刀」の国なのである。少なくとも、彼らはそのように「見る」だろうし、日本人は無意識的にそのように「見せている」のだ。

日本人からすれば何気ない光景であっても、「温泉むすめ」が一三〇人近くもいるのだから、同様の光景は全国津々浦々の温泉地で見られるだろう。そして、彼女たちとコラボしたお土産は、ご当地グッズとして売られていることだろう。だが、その実態は把握できていない。人類学的に興味深い問題だと思うが、本書の冒頭で述べたように、キモノ関連の資料は美術館や演劇場ばかりでなく、日常生活の至る所にある。それを発見するためには、まず調査者が自らの日常を意識的に離れて、日本を一つの異文化として見なければならない。そうした眼が養われれば、キモノ研究だけでなく日本研究全体にも新たな知見がもたらされるだろう。

3 文化表象における「見る」「見られる」「見せる」

欧米列強（および日本）による植民地支配下で、「未開人」の研究として始まった人類学は、《見る者＝表象する者＝強者》対《見られる者＝表象される者＝弱者》という、二項対立的関係を長らく想定してきた。しかし、「見られる者」が全面的に受身であったかというと、実はそうではない。彼らは「見る者」の視線を内面化して、支配者の他者イメージに沿って演技すること、つまり「未開」な自己を「見せる」ことが往々にしてあったからだ。このことを辛辣に、かつユーモアをもって表したのが、アメリカの漫画家ゲーリー・ラーソン（Gary Larson）の作品「人類学者が来た！（Anthropologists! Anthropologists!）」である（図10-1）。現実の「未開人」の生活には、すでにテレビやビデオカセットレコーダー（VCR）と

図10-1　ゲーリー・ラーソン作「人類学者が来た！」1984年
出所：The Far Side, Facebook, https://www.facebook.com/groups/franksthefarside/media

いった「文明の利器」が入っているのに、「文明」を知らない「無垢」な人間として彼らを描いてきた人類学者がやって来ると、「未開人」は人類学者の期待に沿うかのように電化製品を隠してしまうのである。

本書では、日本人を西洋人に一方的に「見られる」存在としてではなく、むしろ彼らの期待やエスニック・ステレオタイプ（ethnic stereotype）に沿って自らを「見せる」存在として捉えた。その典型が、戦後の廃墟から復活した一九六〇年代に、日本航空国際線のスチュワーデスがキモノ姿で行った機内サービスである（第四章・第八章参照）。同じことは多種多様のお土産に描かれたキモノ姿の日本人女性にも言える（第七章参照）。その意味で、日本人は西洋的オリエンタリズムの一方的被害者ではなく、むしろ「セルフ・オリエンタリズム」に手を染めた「共犯者」であった。そこには「キモノの国・日本」を売るための経営戦略があっただろうし、エスニック・ステレオタイプを助長することを承知で、自己と他者の差異化を図りナショナル・アイデンティティを確立する「戦略的本質主義（strategic essentialism）」も見え隠れした。さらに、ジェンダーとの絡みで言えば、女性のキモノ姿を利用してきたのは、「見る」側も「見られる」側も男性エリートであった。「キモノの国・日本」は双方の支配層によるイメージ操作の結果と言えなくもない。

しかし、状況をより細かく観察すると、現実は複雑である。まず、「見る者」とは誰かという問題がある。文字を媒体とする民族誌の場合、「見る者」は「書く者」つまり人類学者だが、彼らは読者に対して「見られる者」を「見せる者」でもある。モノを展示する博物館の学芸員は、まず調査者つまり「見る者」だが、彼らは観客という「見る者」に対して被調査者の文化を「見せる」。事情を複雑にしているのは、ポストコロニアル時代にあっては、観客の中に「見られる者」、つまり表象された人びと（たとえば和人の学芸員によって展示されたアイヌ民族）が入ってくることだ。さらに、ネイティヴ（native）の人類学者（たとえばアイヌ出自のアイヌ研究者）は、「見る」立場にあると同時に「見られる」集団の構成員でもある。このように、「見る者」の主体は実に多様である。

また、「見られる者」は「見る者」とどのような力関係にあり、「見られる者」が自分を意識的に「見せる」場合、誰に何をどう「見せる」のかという問題もある。第九章で取り上げた矯正下着KIMONOのように、「見られた」日本人は「見た」アメリカの女性タレントに抗する力があった。それゆえ、彼女の他者（＝日本）表象に対して異議を唱えることができたが、初期人類学にあって「見られる者」は「もの言わぬ土人」に過ぎなかった。概して、日本人による西洋でのキモノの表象は、《見られる者＝客体》が主体となって自分を「見せた」という意味で「もの言うオリエンタル」の仕業だが、一八六七年のパリ万博でキモノ姿の芸者を茶屋で「見せた」のは、一般客を相手とした江戸商人であった。一方、幕末の混乱の中、威信回復を図って徳川幕府が参加国の指導者層に見せたキモノは、女性の小袖類ではなく男性の官服であった（第二章第三節参照）。

こうした問題は、現在、博物館研究で熱心に議論されているが、[3] 本書で素描した文化表象における「見る」「見られる」「見せる」の関係は、表象の媒体——たとえば文字による民族誌や旅行記、モノによる博物館／美術館での展示、観光地のお土産、写真入りの雑誌記事、異文化を紹介したテレビ番組、映画やアニメ、ＳＮＳの動画サイトなど――を考慮しつつ、今後より丁寧かつ詳細に検討すべき問題である。

4 民族誌／文化表象の「逆さ読み」

日本と西洋の接触が始まった一六世紀半ばから現在に至るまで、キモノを初めて見た西洋人はそれを「ナイトガウン（夜着）」のようだと表現した。そして、キモノの大きな特徴はつくりが「緩やか」なことにあると考えた（第二章参照）。今日、女性のキモノの正装や訪問着は太い帯で体を締めつけるが、江戸時代初期以前の帯はさほど太くなく、何よりも「きもの自体の衣服の構造は、紛れもなく開放的」（深井二〇一七：七〇）である。この構造は着衣のまま男女の営みに耽ることを可能にし、その姿を描いた江戸時代の浮世絵春画はジャポニスム時代に数多く欧米に渡った（第五章参照）。また、明治維新前後からキモノ姿の日本人女性のセミヌード写真が西洋人男性の間で出回り、さらにキモノは遊女と同一視された芸者と結び付いた結果、エキゾチック（exotic）でエロチック（erotic）な衣装というイメージが付いたのである（第四章参照）。

性的な眼差しが向けられたのは衣装ばかりでなかった。キモノを着る人びと、つまり日本人そのものが性的連想で捉えられたのである。このことは、開国を迫ったペリー総督の通訳が、「私が見聞した異教徒諸国の中では、この国が一番みだらかと思われた」（渡辺 二〇〇五：二九六、原文は Williams 1910: 183）と述べたことに象徴されている（第五章参照）。おそらく、この不名誉な印象は一定の事実に基づいていただろう。というのも、当時の日本人は半裸姿で働くことが男女ともにあったからだ。肌の露出にあまり抵抗がないことは、戦国時代の宣教師フロイスから明治時代の旅行家バードに至るまで、日本を訪れた多くの西洋人によって指摘されていた（第五章参照）。日本人からすれば、作業時の半裸姿に性的な意味合いはなかっただろうが、[4]彼らにはそのように映ったのである。

興味深いことに、西洋における人類学の歴史を紐解くと、日本人と同じような眼差しに晒された人びとは少なくない。その典型は、マーガレット・ミード（Margaret Mead）が一九二〇年代に調査したサモア人である。世界的センセーションを巻き起こした『サモアの思春期（*Coming of Age in Samoa: A Psychological Study of Primitive Youth for Western Civilization*）』（原著一九二八年）の中で、ミードは次のように述べた。「文明」社会では子どもから大人への移行が難しく、若者は精神的に不安定な状態に置かれる。そのため、青年期は荒れた時期となる。対照的に、「未開」社会のサモアでは、若者がそうした青年期を経験することなく大人になる。のみならず、思春期の女の子は性的に奔放で、処女喪失が社会的に問題視されることはない。[5]

ミードの論に対しては、師のボアズからも疑問が投げかけられたというが、論争が再燃したのは、彼女の死後にデレック・フリーマン（Derek Freeman）が『マーガレット・ミードとサモア（*Margaret Mead and Samoa: The Making and Unmaking of an Anthropological Myth*）』（原著一九八三年）を刊行してからだった。だが、ここでそれは問題ではない。大切なことは、西洋の人類学者の眼に「性的に奔放」と映った非西洋人は少なくない、ということである。

このように考えると、キモノは官能的であるとか、日本人は「淫ら」であるとか、サモア人に処女性の観念はないとかいう議論は、現実の忠実な反映というより、異文化を研究する際に参照点となる自文化との比較に過ぎないということが分かる。事実、ジャポニスム時代に西洋人が指摘したキモノの「緩やかさ」は、ヴィクトリア朝時代にコルセットで女性の体を締めつけたドレスとの比較であった（第二章参照）。そして、この時代の倫理観は性的に厳格で、同時代人で精神分析の創始者ジークムント・フロイト（Sigmund Freud）は、性にまつわる本能的欲求を無意識の領域に閉じ込める「抑圧（repression）」が、ノイローゼの原因だと考えた（Freud 1960）。こうした時代を経験した西洋人にとって、日本やサモアといった遠くの異国は、彼らの現実世界では許されない欲求が満たされるユートピアであると同時に、忌避されるべきディストピアだったのかもしれない。一九世紀後半のヨーロッパで、キモノをファッション改革の梃とする一方で（第二章参照）、それにエロチック／淫らという烙印を押した近代西洋人の矛盾は、彼ら自身の心の葛藤が外界に投射（projection）されたものと解釈できよう。

私はこうした解釈を、「民族誌の逆さ読み（ethnographic reading in reverse）」と呼んだことがある（桑山二〇〇八a：一八七―一三九）。ポイントだけ述べると、民族誌（エスノグラフィ）は特定の異文化の叙述であると同時に、その叙述の参照点となった著者自身の自文化を写し出すという主張である。換言すれば、民族誌の表の顔が他者表象だとしたら、裏の顔はそこに埋め込まれた自己表象である。そのように考えれば、他者として描かれた者の仕事は、表象の当否を問うことではなく、そこに透けて見える描いた者の姿を炙り出す――Telling the hunter from the hunted（獲物が狩人を暴く）――ことにあるのではないか。[6] キモノ研究で言えば、日本人研究者の仕事は、「淫らな日本人が着るエロチックなキモノ」という表象の当否を問うのではなく、そのように語る西洋人の心を逆に読んで、彼らの無意識（the unconscious）に光を当てることにある。

第九章で述べたように、「表象する者」は「表象される者」に対して優位を占め、権威と権力を与えられてきた。この構図はポストコロニアル時代に変わりつつあるが、世界の日本研究を見ると、西洋なかんずく英語圏の研究者の覇権はそう簡単に揺るぎそうにない（桑山 二〇一六）。そうした状況下で、「表象される者」としての日本人が、「表象する者」の日本表象を逆さ読みして、今度は彼らを表象してみせることは、表象の権威と権力を均衡化する効果があるはずである。それは従来の一方通行の表象を克服することにつながるだろう。

5　文化人類学とフィールドワーク

最後に、本書執筆のための資料の収集法、つまり方法論について検討しておこう。もっとも多く使ったのは文献資料である。文献資料の中には、クライナーらが調査したヨーロッパの博物館の日本コレクションに関する報告書もあるし（第二章参照）、『ナショナル・ジオグラフィック』掲載の記事もある（第四章参照）。前者は第三者による調査報告という意味で二次資料であり、後者は筆者による分析の対象という意味で一次資料である。

これらの文字で記された資料と同等の重みをもつのが写真資料である。古い時代の写真は第三者による撮影だが、その多くはインターネットを駆使した広義の文書館調査（archival research）で発見した。その他は筆者自身の手によるものが大半で、博物館展示のように調査目的で訪れた際に撮影したものもあれば（第六章参照）、日常生活や旅の中で偶然見つけたものもある（第三章参照）。自分自身で撮った一番古い写真は、一九九二年、滞米中に訪れたボストン美術館に展示されモネ「ラ・ジャポネーズ」（写真9－1）だから、三〇年以上にわたって海外のキモノ表象をカメラに収め続けたことになる。

こうした資料収集法は、参与観察（participant observation）を基本に、集約的かつ長期間にわたって行われる人類学的フィールドワークとは一線を画している。近年、巷では僅か数日間程度の現場視察を「フィールドワーク」と呼ぶことが増えているが、そうした視察は人類学者から見れば「フィールドワーク」の名に値しない。人類学的フィールドワークの目的は、自文化とかけ離れた異文化に住む異質な他者と生活を共にして、現地の視点（native's point of view）から彼らを描き出すことにある。それは、マリノフスキー『西太平洋の遠洋航海者』（原著一九二二年）以来、人類学者が頑なに踏襲してきた方法である。そうした観点からすれば、本書は「フィールドワーク抜きの人類学」であり、少なからぬ専門家は本書を人類学の成果とは認めないかもしれない。

しかし、私はそうした評価には与しない。なぜなら、《人類学＝フィールドワーク》とは考えないからである。また、一世紀前のマリノフスキーのやり方だけが、唯一のフィールドワークの仕方だとも考えないからである。[7] たしかに、人類学的フィールドワークの真骨頂は、調査者が現場（フィールド）にどっぷりと浸かって、「頭（mind/cognition）」ではなく「体（body/emotion）」で感じたこと、いわば身体知（embodied knowledge）による思考を可能にすることにある（桑山編 二〇二一：四―六）。だが、それが可能あるいは有効なテーマと、そうではないテーマがあることも事実である。本書のように、海外における女性のキモノのイメージを歴史的に明らかにするというテーマは、後者の一例である。もしマリノフスキー型のフィールドワークをしなければ人類学ではないと言うなら、人類学はそうした方法で知りうるテーマしか扱えなくなってしまう。それは人類学の矮小化につながるし、学問的に邪道である。人類学であれ他分野であれ、学問の正道は設定したテーマに相応しい方法論を選ぶことにある。最初に方法論ありき、ではない。

二〇二〇年、突如人類を襲ったコロナ禍の最中、日本の若手・中堅の人類学者から、フィールドワーク（主に海外）に出られないので研究ができないという声が上がったが、それはマリノフスキーの「亡霊」に取り憑かれて、《人類学＝フィールドワーク＝マリノフスキー型》と思い込んでいるからである。そもそも、彼は諸般の事情で計二年間に及ぶフィールドワークを行っただけで、最初からそれを計画していたわけではない。また、それが最善のやり方だと言ったわけでもない。むしろ、フィールドと研究室の往復の重要性を認識していながら、それができなかったと回顧している[8]（Malinowski 1978: 453）。

本来なら、コロナ禍は人類学におけるフィールドワークの位置を再考する絶好の機会であった。特に、博士課程の大学院生を指導している教員は、規範化かつ正典化したマリノフスキー型フィールドワーク以外の道を、代替案として提示すべきであった。これらに関連する問題は、すでに拙稿（桑山二〇〇八c、二〇一九：三一―三九、Kuwayama 2009）で論じているので、詳細はそちらをご覧いただきたい。

本書が一つの小さな契機となって、テーマの設定と方法論の選択の両面で、人類学がより柔軟に学知を追求する学問へと成長することを願っている。

註

1　人類学者が複数の文化を比較する場合、通文化（cross-cultural）研究のように、多数の文化を何らかの基準によって「浅く広く」大勢で調査することもあれば、いくつかの文化に焦点を絞って「深く狭く」個人または数人で調査することもある。前者の典型は、アメリカの心理人類学者ジョン・ホワイティング（John Whiting）の社会化研究で、ＨＲＡＦ（Human Relations Area Files）と志向性が近い。世界の民族衣装の収集・分析・展示は、国立民族学博物館のように大きな組織が行っているので、日中韓のように限られた数の文化を比較するなら、各文化に通じた研究者たち（能力的に可能ならば一個人）によるインテンシブ（intensive）な調査が有効ではないかと思う。その場合、第一章で述べたように、審美的な衣装研究から離れて、資料を日常生活全般に求めることが望ましい。

2　謝黎『チャイナドレス大全――文化・歴史・思想』（二〇二〇年）の第七章「旗袍・唐装・漢服の論争――『中国人』の『伝統服』とは何か」、山内智恵美『現代中国服飾とイデオロギー――翻弄された一二〇年』（二〇二〇年）の第二章「『漢服運動』の逆襲」、周星『百年衣装――中式服装的譜系与漢服運動』（中国語、二〇一九年）、ケヴィン・キャリコウ（Kevin Carrico）の『偉大な漢民族――現代中国の人種・ナショナリズム・伝統（*The Great Han: Race, Nationalism, and Tradition in China Today*）』（二〇一七年）などを参照。個人的には、関西学院大学大学院社会学研究科における李軒羽氏のゼミ発表、「『漢服』と『漢服運動』とは何か」（二〇一九年六月）からも啓発を受けた。

3　国立アイヌ民族博物館の関口由彦の論考「アイヌ民族の『現代』展示とミュージアムの脱植民地化」（二〇二四年）には、日本の先住民族アイヌの歴史や文化の展示にまつわる問題点が簡潔にまとめられている。同博物館の呉松旆の博士論文「都市における先住民族の歌と踊りの伝承による自文化表象に関する文化人類学的研究――札幌を拠点とするアイヌ古式舞踊の保存会を事例として」（二〇二四年）には、一七の団体から構成される北海道アイヌ古式舞踊連合保存会に所属する札幌ウポポ保存会が披露する演目は、観客の中にアイヌがいるかどうかによって変わることが明らかにされている。つまり、自文化を「見せる者」は「見る者」の性格によって「見せ方」を変えるのである。

4　近代日本の炭鉱では、北海道から九州まで、上半身裸の女性が坑内で作業していた。作業後は風呂に入って、真っ黒になった体の汚れを落としたが、多くは混浴であった。また、海女の素潜りは褌一丁か、それに近い恰好だったようだ。人類学的日本研究の古典ジョン・エンブリー（John Embree）の『須恵村――日本の村（*Suye Mura: A Japanese Village*）』（原著一九三九年）にも、夏に上半身裸のまま庭先で作業している老婆の写真が掲載されている（Embree 1939: 90, エンブリー 二〇二一：一二九）。

5 『サモアの思春期』の原題には、「西洋文明のための未開人の青年期の心理学的研究」という副題が付いている。文化相対主義を説いたミードであったが、彼女にとって「文明」と「未開」の差は疑う余地のないものだった。

6 この表現は、二〇〇四年六月五～六日号の朝日新聞の英語版 *The Asahi Shimbun* に掲載された拙著 *Native Anthropology: The Japanese Challenged to Western Academic Hegemony*（二〇〇四年）の書評のタイトルからとった（Hoffman 2004）。

7 調査対象のトロブリアンド諸島民と距離を置いたマリノフスキーとは対照的に、アメリカ人類学の父ボアズは、実質上の共同研究者だった先住民のアシスタントと一緒に、比較的短期間の調査を繰り返した。いわば「リピーター型フィールドワーク」である。ボアズより少し後に登場したアイヌ研究の先駆者・金田一京助も、短期間の北海道調査を繰り返し、アイヌの知識人に自民族について書くように勧めた。その成果の一つが知里幸恵『アイヌ神謡集』（一九二三年）である（幸恵の弟で言語学者の知里真志保は、東京帝国大学で金田一に師事したが、両者の間には感情的軋轢があった）。また、今日の感覚で言えば日本各地を「旅」した民俗学者の柳田國男や宮本常一らの調査も、マリノフスキーとは違うフィールドワークのやり方があることを示している。

8 参与観察は人類学的フィールドワークの根幹を成すが、マリノフスキーの方法論を明確に示した『西太平洋の遠洋航海者』の序章「本研究の主題、方法、範囲」を注意深く読むと、彼は「**たまには**民族誌家もカメラ、ノート、鉛筆を置いて、現場での出来事に自分自身で加わってみるのもよい（... it is good for the Ethnographer **sometimes** to put aside camera, note book and pencil, and to join in himself in what is going on）」と言っていることに気付く（Malinowski 1984: 21 筆者訳、太字筆者）。つまり、現代人類学の祖は基本的にトロブリアンド諸島民の言動を「観察」していたのであって、今日の人類学者が考えるほど彼らの生活に「参与」していたわけではない。

参考文献

日本語

彬子女王　二〇一九「女性皇族の衣装の変移について――明治の洋装化がもたらしたもの」、『京都産業大学日本文化研究所紀要』第二四号、四五六―四三一（九―三五）頁

アビラ・ヒロン　一九六五『日本王国記』（「大航海時代叢書XI」収録）、佐久間正・会田由・岩生成一（訳・注）、岩波書店

綾部恒雄（編）　一九八四『文化人類学一五の理論』中公新書

――二〇〇六『文化人類学二〇の理論』弘文堂

石川栄吉・梅棹忠夫・大林太良・蒲生正男・佐々木高明・祖父江孝男（編）　一九九四『文化人類学事典（縮刷版）』弘文堂

石黒敬章　二〇一四a『こんな写真があったのか――幕末明治の歴史風俗写真館』角川学芸出版

――　二〇一四b「碧い眼がとらえた英傑たち」、小沢健志（監修）・三井圭司（編）『レンズが撮らえた　外国人カメラマンの見た幕末日本I』山川出版社、七〇―九一頁

乾淑子　二〇二三『着物になった〈戦争〉――時代が求めた戦争柄』吉川弘文館

井上さつき　二〇一七「一九〇〇年パリ万博の川上音二郎・貞奴」、神山彰（編）『演劇のジャポニスム』森話社、六四―八八頁

植木淑子　二〇一三「昭憲皇太后と洋装」、『明治称徳記念学会紀要』（復刊第五〇号）、四〇四―四二二頁

エヴァンズ・プリチャード、E・E　二〇二三『新版　ヌアー族――ナイル系一民族の生業形態と政治制度の調

査記録』（平凡社ライブラリー）、向井元子（訳）、平凡社
王瑩瑩 二〇二二「漢服運動に関する文化人類学的考察――『日本漢服社』を事例として」関西学院大学大学院社会学研究科修士論文
大森達次（編） 二〇〇一『浮世絵と印象派の画家たち展――東と西を結ぶ虹のかけ橋』（財）二〇〇一年日本委員会
小形道正 二〇一五「着物文化と都市の現在――レンタルと複製技術の詩学」、『季刊 iichiko』第一二六号、一一四―一二七頁
―― 二〇一七「生活着の着物と衣服を作ること――終戦から一九五〇年代（上）」、『Fashion Talks...』（京都服飾文化研究財団研究誌）第六号、四〇―四七頁
―― 二〇一八「生活着の着物と衣服を作ること――終戦から一九五〇年代（下）」、『Fashion Talks...』（京都服飾文化研究財団研究誌）第七号、三八―四五頁
―― 二〇二〇「衣服をめぐる人間との関係――現代社会における和服の変容より」、帯谷知可・後藤絵美（編）『装いと規範三――「伝統」と「ナショナル」を問い直す』（*CIRAS Discussion Paper* No. 95）、京都大学東南アジア地域研究研究所、一九―二八頁
―― 二〇二一「非日常化する着物と衣服を買うこと――一九六〇年代から一九八〇年代（上）」、『Fashion Talks...』（京都服飾文化研究財団研究誌）第一三号、五八―六七頁
―― 二〇二二「非日常化する着物と衣服を買うこと――一九六〇年代から一九八〇年代（下）」、『Fashion Talks...』（京都服飾文化研究財団研究誌）第一四号、四八―五九頁
刑部芳則 二〇二二『洋装の日本史』（インターナショナル新書）、集英社
小沢健志（監修） 二〇一二『レンズが撮らえた 幕末明治の女たち』山川出版社

―― 二〇一三『レンズが撮らえた　一五〇年前の日本』山川出版社
小沢健志・高橋則英（監修） 二〇一二『レンズが撮らえた　F・ベアトの幕末』山川出版社
小沢健志（監修）、高橋則英（編） 二〇一五『レンズが撮らえた　日本人カメラマンの見た幕末明治』山川出版社
小沢健志（監修）、三井圭司（編） 二〇一四『レンズが撮らえた　外国人カメラマンの見た幕末明治Ⅰ』山川出版社
―― 二〇一四『レンズが撮らえた　外国人カメラマンの見た幕末明治Ⅱ』山川出版社
帯谷知可 二〇二〇「コメント三」、帯谷知可・後藤絵美（編）『装いと規範三――「伝統」と「ナショナル」を問い直す』（*CIRAS Discussion Paper* No. 95）、京都大学東南アジア地域研究研究所、四四―四五頁
小山弓弦葉 二〇一九『小袖――江戸デザインの粋』東京国立博物館
―― 二〇二一「REVIEW⑤『きもの KIMONO――Fashioning Identities』展」『Fashion Talks...』（京都服飾文化研究財団研究誌）第一三号、六八―六九頁
加藤恵津子 二〇〇四『〈お茶〉はなぜ女のものになったか――茶道から見る戦後の家族』紀伊國屋書店
―― 二〇一六「語られる『日本人女性』――英語圏フェミニスト人類学者が描く『女性的なる日本』」、桑山敬己（編）『日本はどのように語られたか――海外の文化人類学的・民俗学的日本研究』昭和堂、二〇九―二三四頁
川島武宜・南博・有賀喜左衛門・和辻哲郎・柳田國男 一九五〇「特集 ルース・ベネディクト『菊と刀』の与えるもの」、『民族学研究』一四（四）：二六三―二九七頁
川添裕 二〇一七「日本人になってみる、日本をやってみる――身体が形象するジャポニスム」、神山彰（編）『演劇のジャポニスム』森話社、三六―六一頁
川村晃正 二〇一三「近藤徳太郎が学んだ『里昴織物学校』とはどこであったか」、『専修大学商学研究所報』第四五巻、第三号、一―五三頁

木々康子　二〇一五『春画と印象派――〝春画を売った国賊〟林忠正をめぐって』筑摩書房
キム、ムンジャ　二〇一五「ヘウォン　シン・ユンボク（蕙園　申潤福）の絵と韓服」、『AIM ISSUE 7 HANBOK　韓服　ハンボク』、六―九頁
権錫永（クウォン・ソクヨン）　二〇二一『からまりあい重なりあう歴史――植民地朝鮮の文化の力学』北海道大学出版会
クラーク、ティモシー、C・アンドリュー・ガーストル　二〇一五「春画とはなにか?」、ティモシー・クラーク、C・アンドリュー・ガーストル、石上阿希、矢野明子（編）『大英博物館　春画――日本美術における性とたのしみ』小学館、一八―三三頁
クラーク、ティモシー、C・アンドリュー・ガーストル、石上阿希、矢野明子（編）二〇一五『大英博物館　春画――日本美術における性とたのしみ』小学館
クライナー、ヨーゼフ　二〇〇八「モーツァルトと日本――『魔笛』における「日本の狩衣」」、星野勉（編）『外から見た〈日本文化〉』法政大学出版局、六一―八二頁
倉田喜弘　一九八三『一八八五年ロンドン日本人村』朝日新聞社
栗田靖之・園田直子・吉田憲司（編）二〇〇一『海外の博物館・美術館における日本展示の基礎研究――日本は如何に展示されてきたか』平成一〇年度～平成一二年度科学研究費補助金研究成果報告書
クリフォード、ジェイムズ、ジョージ・マーカス（編）一九九六『文化を書く』春日直樹ほか訳、紀伊國屋書店
グローヴァー、フィリップ（著）、三井圭司（編）二〇一七『レンズが撮らえた　オックスフォード大学所蔵幕末明治の日本』山川出版社
桑山敬己　二〇〇四「大正の家族と文化ナショナリズム」、季武嘉也（編）『大正社会と改造の潮流』（日本の時代史　二四）、吉川弘文館、二二二―二五七頁

――二〇〇六「民族誌論」、綾部恒雄（編）『文化人類学二〇の理論』弘文堂、三二〇―三三七頁
――二〇〇七「西洋文明論としての新渡戸稲造『武士道』」、『国際日本学――ことばとことばを越えるもの』（二一世紀COE国際日本学研究叢書七）、法政大学国際日本学研究所、一六一―一八八頁
――二〇〇八a『ネイティヴの人類学と民俗学――知の世界システムと日本』弘文堂
――二〇〇八b「アメリカの教科書の中の日本――写真とテキスト」、桑山敬己『ネイティヴの人類学と民俗学――知の世界システムと日本』弘文堂、二四〇―二八二頁
――二〇〇八c「人類学的フィールドワーク再考――日本民俗学を鏡として」、桑山敬己『ネイティヴの人類学と民俗学――知の世界システムと日本』弘文堂、一五八―一八四頁
――二〇一六「日本研究の内と外」、桑山敬己（編）『日本はどのように語られたか――海外の文化人類学的・民俗学的日本研究』昭和堂、一―二五頁
――二〇一八a「日本はどのように見られたか――女性の着物をめぐる西洋と日本の眼差し」、石井正己（編）『外国人の発見した日本』（アジア遊学二一九）、勉誠社、一九二―二〇七頁
――二〇一八b「文化相対主義の源流と現代」、桑山敬己・綾部真雄（編）『詳論　文化人類学――基本と最新のトピックを深く学ぶ』ミネルヴァ書房、三―一六頁
――二〇一九「文化人類学」、桑山敬己・島村恭則・鈴木慎一郎『文化人類学と現代民俗学』風響社、三―四八頁
――二〇二二「アジア人がアメリカの大学で教える時――三〇年前の新任教員に立ちはだかった壁とその教訓」、桑山敬己（編）『人類学者は異文化をどう体験したか――一六のフィールドから』ミネルヴァ書房、一四八―一六六頁
桑山敬己・綾部真雄（編）　二〇一八『詳論　文化人類学――基本と最新のトピックを深く学ぶ』ミネルヴァ書房

桑山敬己・島村恭則・鈴木慎一郎　二〇一九『文化人類学と現代民俗学』風響社
ケイギル、マージョリー　二〇〇〇『大英博物館のAからZまで（改訂版）』大英博物館ミュージアム図書
向後恵里子　二〇二二「ひらいてゆくことについて――《ラ・ジャポネーズ》の議論をめぐる文化の複数性の可能性」、『明星大学研究紀要』（人文学部・日本文化学科）第三〇号、一二〇―一二四頁
国立歴史民俗博物館（監修）　二〇一六『よみがえれ！　シーボルトの日本博物館』青幻社
小暮修三　二〇〇八『アメリカ雑誌に映る〈日本人〉――オリエンタリズムへのメディア論的接近』青弓社
呉松旆　二〇二四「都市における先住民族の歌と踊りの伝承による自文化表象に関する文化人類学的研究――札幌を拠点とするアイヌ古式舞踊の保存会を事例として」関西学院大学大学院社会学研究科博士論文
ゴードン、アンドリュー　二〇一三『ミシンと日本の近代――消費者の創出』大島かおり（訳）、みすず書房
小林淳一　二〇〇〇「欧米をかけめぐった川原慶賀の絵」、長崎市立博物館『日蘭交流四〇〇周年記念　秘蔵カピタンの江戸コレクション』二二八―二二九頁
今和次郎　一九七二a『今和次郎集七　服装史』ドメス出版
――　一九七二b『今和次郎集八　服装研究』ドメス出版
――　一九八七『考現学入門』（ちくま文庫）、藤森照信（編）、筑摩書房
斎藤多喜夫　二〇〇六a「『幕末日本の風景と人びと』の刊行にあたって」、横浜開港資料館（編）『F・ベアト写真集一――幕末日本の風景と人びと』明石書店、四―一一頁
――　二〇〇六b「刊行にあたって」、横浜開港資料館（編）『F・ベアト写真集二――外国人カメラマンが撮った幕末日本』明石書店、四―九頁
サイード、エドワード　W.　一九九三『オリエンタリズム　上・下』（平凡社ライブラリー）、板垣雄三・杉田英明（監修）、今沢紀子（訳）、平凡社

佐伯順子　二〇〇〇「春画と遊女」、田中優子・白倉敬彦・早川聞多・佐伯順子『浮世絵春画を読む（下）』中央公論新社、二三一―二九一頁
笹原亮二　二〇〇一「アメリカ合衆国の美術館・博物館における日本関係展示について」、栗田靖之・園田直子・吉田憲司（編）『海外の博物館・美術館における日本展示の基礎研究――日本は如何に展示されてきたか』平成一〇年度〜平成一二年度科学研究費補助金研究成果報告書、二〇〇―二〇七頁
芝田英昭　二〇二一「敗戦期の性暴力――国策売春施設ＲＡＡの意味するもの（その一）」、『立教大学コミュニティ福祉研究所紀要』第九号、五一―七五頁
島村恭則　二〇一九「現代民俗学」、桑山敬己・島村恭則・鈴木慎一郎『文化人類学と現代民俗学』風響社、五六―九九頁
謝黎　二〇二〇『チャイナドレス大全――文化・歴史・思想』青土社
周星　二〇一九『百年衣裳――中式服装的譜系与漢服運動』（中国語）、商務印書館
白倉敬彦　二〇〇〇「春画をどう読むか」、白倉敬彦・田中優子・早川聞多・三橋修『浮世絵春画を読む（上）』中央公論新社、五―八六頁
――　二〇一七『江戸の春画』（講談社学術文庫）、講談社
杉田聡　二〇一八「キモノとジェンダー階層性――人は服装をつくり服装は人をつくる」、『帯広畜産大学学術研究報告』第三九巻、四七―一一一頁
杉本星子　二〇二〇「グローバル経済とナショナル・ドレスのファッション・トレンド――インド・ウエスタンとＧＩプロダクトサリーをめぐって」、帯谷知可・後藤絵美（編）『装いと規範三――「伝統」と「ナショナル」を問い直す』（*CIRAS Discussion Paper* No. 95）、京都大学東南アジア地域研究研究所、一九―三九頁
スクリーチ、タイモン　二〇一〇『春画――片手で読む江戸の絵』高山宏（訳）、講談社

関秀夫　二〇〇五『博物館の誕生――町田久成と東京帝室博物館』（岩波新書）、岩波書店
関口由彦　二〇二四「アイヌ民族の『現代』展示とミュージアムの脱植民地化」、岸上伸啓（編）『北太平洋の先住民文化――歴史・言語・社会』臨川書店、二五七―二七七頁
全国科学博物館振興財団　二〇一三「科学博物館におけるミュージアムショップの在り方　調査検討委員会報告書」
戴季陶　一九七二『日本論』市川宏（訳）、社会思想社
タイム　ライフ　ブックス編集部（訳）　一九八三『TIME誌が見た日本――模索する大国日本』西武タイム
高倉浩樹　二〇一八「民族誌と表象・展示」、桑山敬已・綾部真雄（編）『詳論　文化人類学――基本と最新のトピックを深く学ぶ』ミネルヴァ書房、二一八―二三二頁
高橋秀爾　二〇〇〇「序・ジャポニスムとは何か」、ジャポニスム学会（編）『ジャポニスム入門』思文閣出版、三―一〇頁
高橋則英（監修）　二〇一七『レンズが撮らえた　幕末維新の日本』山川出版社
田中優子　二〇〇〇「春画の隠す・見せる」、白倉敬彦・田中優子・早川聞多・三橋修『浮世絵春画を読む（上）』中央公論新社、八七―一六二頁
ダワー、ジョン　二〇〇四『増補版　敗北を抱きしめて――第二次世界大戦後の日本人（上）』三浦陽一・高杉忠明（訳）、岩波書店
知里幸恵　一九七八『アイヌ神謡集』（岩波文庫）、岩波書店
寺本敬子　二〇一七『パリ万国博覧会とジャポニスムの誕生』思文閣出版
東京国立博物館　一九八三『東京国立博物館図版目録　小袖服飾篇』東京国立博物館
――――　二〇〇九『東京国立博物館図版目録　武家服飾篇』東京国立博物館
東京国立博物館・朝日新聞社（編）　二〇二〇『特別展　きもの　KIMONO』朝日新聞社・テレビ朝日

刀根卓代　二〇二二「再考『衣の民俗』――認識の変容を考える」、『女性と経験』第四七号、一―一九頁
長崎巌　二〇二〇『ようこそきものの世界へ〔英訳付〕*An Introduction to Kimono*（in English and Japanese）』東京美術
長崎市立博物館（編）　二〇〇〇『日蘭交流四〇〇周年記念　秘蔵カピタンの江戸コレクション』長崎市立博物館
中空萌　二〇一九『知的所有権の人類学――現代インドの生物資源をめぐる科学と在来知』世界思想社
永田生慈（監修）　二〇一五『シカゴ　ウェストンコレクション　肉筆浮世絵――美の競艶』小学館スクウェア
西川長夫　一九九二『国境の越え方――比較文化論序説』筑摩書房（『増補　国境の越え方――国民国家論序説』〈平凡社ライブラリー〉、二〇〇一年）
新渡戸稲造　一九三八『武士道』（岩波文庫）、矢内原忠雄（訳）、岩波書店
根岸理子　二〇一七「花子の時代」、神山彰（編）『演劇のジャポニスム』森話社、九〇―一一八頁
信岡朝子　二〇一九　Enigma of the "Beautiful Enemy" Land: Photographic Representations of Japan in the *National Geographic Magazine* during the Meiji, Taisho, and Early Showa Eras（「『美しき敵国』の謎――明治・大正・昭和初期の『ナショナル・ジオグラフィック』誌における日本の写真表象」）、『東洋大学人間科学総合研究所紀要』第二一号、四五―六六頁
バックランド、ロジーナ　二〇一〇『大英博物館所蔵　春画　EROTIC ART IN JAPAN』矢野明子（訳）、平凡社
馬場まみ　二〇一一「近代化に求められた服装――洋服着用状況にみる男女の差」、『日本衣服学会誌』第五四巻、第二号、一九―二二（七九―八二）頁
早川聞多　二〇一五「誰が春画を愛好したのか？」、矢野明子（監修）『大英博物館　春画』小学館、三四―四七頁
――　二〇一九『春画　SHUNGA』（角川ソフィア文庫）、ＫＡＤＯＫＡＷＡ
ハリス、ヴィクター　一九九七「西洋の見た明治の日本・点描」、吉田憲司、ジョン・マック（編）『異文化への

まなざし――大英博物館と国立民族学博物館のコレクションから（*Images of Other Cultures: Re-vieuing Ethnographic Collections of the British Museum and the National Museum of Ethnology, Osaka*）』NHKサービスセンター、一三六―一四一頁
東田雅博　二〇一五『シノワズリーか、ジャポニスムか――西洋世界に与えた衝撃』中央公論社
――　二〇一七『ジャポニスムと近代の日本』山川出版社
平塚らいてう　一九八七「かくあるべきモダンガアル」、小林登美枝・米田佐代子（編）『平塚らいてう論評集』（岩波文庫）、岩波書店、二二二―二三〇頁
フェデリカ、カルロット　二〇一四「明治初期・中期日本における『洋装化』に関する一研究――『服装』と『社会的アイデンティティーの位置』との関連性を中心に考える」、国際交流基金アルザス・欧州日本学研究所（CEEJA）（編）『アルザス日欧知的交流事業　日本研究セミナー「明治」報告書』国際交流基金、一―一〇頁
ブル、リカル　二〇一五「近代西洋の春画発見」、ティモシー・クラーク、C・アンドリュー・ガーストル、石上阿希、矢野明子（編）『大英博物館　春画――日本美術における性とたのしみ』小学館、四七八―四八九頁
深井晃子　二〇一七『きものとジャポニスム――西洋の眼が見た日本の美意識』平凡社
深井晃子・長崎巌・周防珠実・古川咲　二〇一七『ヨーロッパに眠る「きもの」――ジャポニスムからみた在欧美術館調査報告』東京美術
福井七子　一九九七「解説（一）「日本人の行動パターン」から『菊と刀』へ」、ルース・ベネディクト『日本人の行動パターン』福井七子（訳）、NHKブックス、一三九―一七二頁
フロイス、ルイス　一九九一『ヨーロッパ文化と日本文化』（岩波文庫）、岡田章雄（訳注）、岩波書店
ベネディクト、ルース　二〇〇五『菊と刀――日本文化の型』（講談社学術文庫）、長谷川松治（訳）、講談社
ヘルダー　二〇二三～二〇二四『人類歴史哲学考一・二・三』（岩波文庫）、嶋田洋一郎（訳）、岩波書店

ベルツ、トク（編） 一九七九a『ベルツの日記（上）』（岩波文庫）、菅沼竜太郎（訳）、岩波書店
―― 一九七九b『ベルツの日記（下）』（岩波文庫）、菅沼竜太郎（訳）、岩波書店
細木藤七 一八七八『挿画 違式詿違条例 全』洋々堂蔵版（国立国会図書館デジタルコレクション収蔵）
新渡戸稲造 一九三八『武士道』（岩波文庫）、矢内原忠雄（訳）、岩波書店
堀場清子 一九八八『青鞜の時代――平塚らいてうと新しい女たち』（岩波新書）、岩波書店
馬渕明子 二〇一七『舞台の上のジャポニスム――演じられた幻想の〈日本女性〉』NHK出版
森桂子 二〇一七「オペラのジャポニスム――『ミカド』と『蝶々夫人』を例に」、神山彰（編）『演劇のジャポニスム』森話社、一二〇―一四二頁
森理恵 二〇一九「近代日本の国家主義・帝国主義とキモノ」、帯谷知可・後藤絵美（編）『装いと規範二――更新される伝統とその継承』（*CIRAS Discussion Paper No. 85*）、京都大学東南アジア地域研究研究所、三四―四二頁
森井結香 二〇一八「近代女性の洋装化とファッションから見るその生き方」、京都学園大学人間文化学会『人文学部学生論文集』第一七号、二五四―二三四（一―二一）頁
文部省 一九三七『国体の本義』内閣印刷局
柳田国男 一九七九『木綿以前の事』（岩波文庫）、岩波書店
山内智恵美 二〇二〇『現代中国服飾とイデオロギー――翻弄された一二〇年』白帝社
山内雄気 二〇〇九「一九二〇年代の銘仙市場の拡大と流行伝達の仕組み」、『経営史学』第四四巻、第一号、三―三〇頁
山中典士 一九八〇『きものと日本の精神文化』毎日新聞社
―― 一九八六『きものごころ 愛と智慧の出発』読売新聞社

―― 一九九三『きものと美しい人生――装道提唱者　山中典士語録』主婦と生活社
山村明子　二〇二一「楊洲周延作『貴顕舞踏の略図』に関する一考察」、『日本家政学会誌』第七二巻、第九号、六〇九―六一六頁
横浜開港資料館（編）　二〇〇六a『F・ベアト写真集一　幕末日本の風景と人びと』明石書店
――　二〇〇六b『F・ベアト写真集二　外国人カメラマンが撮った幕末日本』明石書店
吉田憲司　一九九九『文化の「発見」――驚異の部屋からヴァーチュアル・ミュージアムまで』岩波書店
吉田憲司、ブライアン・ダランズ（編集代表）　二〇〇八『アジアとヨーロッパの肖像』朝日新聞社
吉野耕作　一九九七『文化ナショナリズムの社会学――現代日本のアイデンティティの行方』名古屋大学出版会
ロドリーゲス、ジョアン　一九六七『日本教会史　上』（「大航海時代叢書　第一期第九巻」）、佐野泰彦・浜口及二雄・江馬務・土井忠生（訳・註）、岩波書店
和田博文　二〇二〇『三越誕生！――帝国のデパートと近代化の夢』筑摩書房
渡辺京二　二〇〇五『逝きし世の面影』（平凡社ライブラリー）、平凡社

英語（日本語訳のあるものは括弧に掲載。原則として日本語文献表に掲げたものを除く）

Adler, Hans, and Ernest A. Menze, eds. 1997 *On World History: Johann Gottfried Herder, An Anthology* (translated by Ernest A. Menze with Michael Palma). New York: M. E. Sharpe.
Bacon, Alice Mabel 1891 *Japanese Girls and Women*. Boston: Houghton, Mifflin and Company（矢口祐人・砂田恵理加訳『明治日本の女たち』みすず書房、二〇〇三年）
Benedict, Ruth 1946 *The Chrysanthemum and the Sword: Patterns of Japanese Culture*. Boston: Houghton Mifflin Company.

Brown, Kendall H. 2015 "Delirious Japan: Politics, Culture and Art in the Taishō and Early Shōwa Periods." In Anna Jackson, ed., *Kimono: The Art and Evolution of Japanese Fashion*. London: Thames & Hudson, pp. 154-159.

Bryan, C. D. B. 1997 *The National Geographic Society: 100 Years of Adventure and Discovery*. New York: Harry N. Abrams.

Buckland, Rosina 2010 *Shunga: Erotic Art in Japan*. London: British Museum Press.

Carrico, Kevin 2017 *The Great Han: Race, Nationalism, and Tradition in China Today*. Oakland, California: University of California Press.

Carriger, Michelle Lie 2018 "No 'Thing to Wear': A Brief History of Kimono and Inappropriation from Japonisme to Kimono Protests." *Theatre Research International* 43(2): 165-184.

Chamberlain, Basil Hall 1971 *Japanese Things: Being Notes on Various Subjects Connected with Japan. For the Use of Travelers and Others*. Tokyo: Charles E. Tuttle（高梨健吉訳『日本事物誌』〔ワイド版東洋文庫〕、平凡社、二〇〇四年）

Chapin, William W. 1910 "Glimpses of Korea and China." *National Geographic Magazine*, Vol. XXI, No. 11, pp. 895-934.

—— 1911 "Glimpses of Japan." *National Geographic Magazine*, Vol. XXII, No. 11, pp. 965-1001.

Clark, Timothy, C. Andrew Gerstle 2013 "What Was *Shunga*?" In Clark, Timothy, C. Andrew Gerstle, Aki Ishigami, and Akiko Yano, eds., *Shunga: Sex and Pleasure in Japanese Art*. London: British Museum Press, pp. 18-33.

Clark, Timothy, C. Andrew Gerstle, Aki Ishigami, and Akiko Yano, eds., 2013 *Shunga: Sex and Pleasure in Japanese Art*. London: The British Museum Press.

Cliffe, Sheila 2017 *The Social Life of Kimono: Japanese Fashion Past and Present*. London: Bloomsbury Academic.

Clifford, James, and George E. Marcus, eds., 1986 *Writing Culture: The Poetics and Politics of Ethnography*. Berkeley: University of California Press.

Cobb, David ed., 2002 *Haiku*. The British Museum Press.

Cobb, Jodi 1995 "GEISHA." *National Geographic*, Vol. 188, No.4, October 1995, pp. 98-113.

Cooper, Michael, ed., 1965 *They Came to Japan: An Anthology of European Reports on Japan, 1543-1640*. Berkeley: University of California Press（会田雄次編、泰山哲之訳注『南蛮人戦国見聞記』人物往来社、一九六七年）

Corwin, Nancy A. 1996 "The Kimono Mind: *Japonisme* in American Culture." In Rebecca A. T. Stevens and Yoshiko Iwamoto Wada, eds., *The Kimono Inspiration: Art and Art-to-Wear in America*. San Francisco: Pomegranate Artbooks, pp. 23-74.

Costa, Janeen Arnold, and Gary J. Bamossy 1995 "Culture and the Marketing of Culture: The Museum Retail Context." In Janeen Arnold Costa and Gary J. Bamossy, eds., *Marketing in a Multicultural World: Ethnicity, Nationalism, and Cultural Identity*. Thousand Oaks: SAGE, pp. 299-328.

Cousins, Julia 2004 *Pitt Rivers Museum: An Introduction*. Oxford: Pitt Rivers Museum.

Dalby, Liza Crihfield 2001 *Kimono: Fashioning Culture*. University of Washington Press.

Dower, John W. 1999 *Embracing Defeat: Japan in the Wake of World War II*. New York: W. W. Norton.

Earle, Joe 1986 *Japanese Art and Design*. V&A Publications.

Editors of Nanao Magazine 2011 *The New Kimono: From Vintage Style to Everyday Chic*. Tokyo: Kodansha International.

Embree, John F. 1939 *Suye Mura: A Japanese Village*. Chicago: University of Chicago Press（田中一彦訳『新・

全訳　須恵村――日本の村』農文協、二〇一二年）
Freeman, Derek 1983 *Margaret Mead and Samoa: The Making and Unmaking of an Anthropological Myth*. Cambridge, Massachusetts: Harvard University Press（木村洋二訳『マーガレット・ミードとサモア』みすず書房、一九九五年）
Freud, Sigmund 1960 *The Ego and the Id*（translated by Joan Riviere; revised and edited by James Strachey for the Standard Edition）. New York: W. W. Norton.
Frois, Luis 2014 *The First European Description of Japan, 1585: A Critical English-Language Edition of Striking Contrasts in the Customs of Europe and Japan by Luis Frois, S. J.*（translated, edited, and annotated by Richard K. Danford, Robin D. Gill, and Daniel, T. Reff, with a critical introduction by Daniel T. Reff）. London and New York: Routledge.
Gartlan, Luke 2016 *A Career of Japan: Baron Raimund von Stillfried and Early Yokohama Photography*. Leiden-Boston: Brill.
Griffis, William Elliot 1876 *The Mikado's Empire*. New York: Harper & Brothers（山下英一訳『明治日本体験記』〔ワイド東洋文庫〕、二〇〇七年）
Guth, Christine M. E. 2015 "The Meiji Era: The Ambiguities of Modernization." In Anna Jackson, ed., *Kimono: The Art and Evolution of Japanese Fashion*. London: Thames & Hudson, pp. 106-111.
Harris, Victor 1997 "Some Images of Japan Held in the West in the Meiji Period."（吉田憲司、ジョン・マック編『異文化へのまなざし――大英博物館と国立民族学博物館のコレクションから（*Images of Other Cultures: Re-viewing Ethnographic Collections of the British Museum and the National Museum of Ethnology, Osaka*）』NHKサービスセンター、一四二―一四五頁）

Hendry, Joy 2000 *The Orient Strikes Back: A Global View of Cultural Display*. Oxford: Berg.

Hockley, Allen 2004 "First Encounters – Emerging Stereotypes: Westerners and Geisha in the Late Nineteenth Century." In Peabody Essex Museum, ed., *Geisha: Beyond the Painted Smile*. New York: George Braziller, in association with the Peabody Essex Museum, pp. 51-65.

Hodgen, Margaret T. 1964 *Early Anthropology in the Sixteenth and Seventeenth Centuries*. Philadelphia: University of Pennsylvania Press.

Hoffman, Michael 2004 "Telling the Hunter from the Hunted: *Native Anthropology* by Takami Kuwayama." *The Asahi Shimbun*, Saturday-Sunday, June 5-6.

Honcoopová, Helena 2005 "Review of Czech Collections of Japanese Art." In Josef Kreiner, ed., *Japanese Collections in European Museums* (*Volume II: Regional Studies*)*: Reports from the Toyota-Foundation-Symposium Königswinter 2003*. Bonn: Bier'sche Verlagsanstalt, pp. 159-197.

Irvine, Gregory 2004 *A Guide to Japanese Art Collections in the UK*. Amsterdam: Hotei Publishing.

—— 2005 "Victoria & Albert Museum, London." In Josef Kreiner, ed., *Japanese Collections in European Museums* (*Volume II: Regional Studies*)*: Reports from the Toyota-Foundation-Symposium Königswinter 2003*. Bonn: Bier'sche Verlagsanstalt, pp. 19-27.

Iwasaki, Mineko 2002a *Geisha: A Life*. New York: Washington Square Press.

—— 2002b *Geisha of Gion: The Memoir of Mineko Iwasaki*. London: Simon & Schuster.

Jackson, Anna 2015a "Dress in the Meiji Period: Change and Continuity." In Anna Jackson, ed., *Kimono: The Art and Evolution of Japanese Fashion*. London: Thames & Hudson, pp. 112-119.

—— 2015b "Dress in the Taishō and Early Shōwa Periods: Traditions Transformed." In Anna Jackson, ed.,

Kimono: The Art and Evolution of Japanese Fashion. London: Thames & Hudson, pp. 160-165.
—— 2020 "Fashioning Modernity in Japan." In Anna Jackson, ed., *Kimono: Kyoto to Catwalk*. London: V & A Publishing, pp. 153-175.
Jackson, Anna, ed., 2020 *Kimono: Kyoto to Catwalk*. London: V & A Publishing.
Jackson, Anna, and Iwao Nagasaki 2020 "Creation and Commerce." In Anna Jackson, ed., *Kimono: Kyoto to Catwalk*. London: V & A Publishing, pp. 81-101.
Johnson, Sheila K. 1989 *The Japanese through American Eyes*. Kondansha International.
Kaempfer, Engelbert 1906 *The History of Japan: Together with a Description of the Kingdom of Siam 1690-1692*（*Volume III*）. Translated by J. G. Scheuchzer. New York: Macmillan（今井正編訳『日本誌——日本の歴史と紀行』〔全七巻〕、霞が関出版、二〇〇一年）
—— 1999 *Kaempfer's Japan: Tokugawa Culture Observed*. Edited, translated, and annotated by Beatrice M. Bodart-Bailey. Honolulu: University of Hawai'i Press.
Katz, Janice, and Mami Hatayama 2019 *Painting the Floating World: Ukiyo-e Masterpieces from the Weston Collection*. Chicago: Art Institute of Chicago.
Kourlas, Gia 2018 "The Costumes in Modern Dance's Attic." *The New York Times*, January 19, 2018. https://www.nytimes.com/2018/06/19/arts/dance/the-costumes-in-modern-dances-attic.html
Kraemerova, Alice 2005 "Náprstek Museum of Asian, African, and American Cultures, Prague." In Josef Kreiner, ed., *Japanese Collections in European Museums*（*Volume II: Regional Studies*）*: Reports from the Toyota-Foundation-Symposium Königswinter 2003*. Bonn: Bier'sche Verlagsanstalt, pp. 204-215.
Kreiner, Josef 2005 "Some Remarks on Japanese Collections in Europe." In Josef Kreiner, ed., *Japanese Collections*

in European Museums (*Volume I: General Prospects*)*: Reports from the Toyota-Foundation-Symposium, Königswinter 2003*. Bonn: Bier'sche Verlagsanstalt, pp. 3-52.

Kreiner, Josef, ed., 2005a *Japanese Collections in European Museums* (*Volume I: General Prospects*)*: Reports from the Toyota-Foundation-Symposium, Königswinter 2003*. Bonn: Bier'sche Verlagsanstalt.

—— 2005b *Japanese Collections in European Museums* (*Volume II: Regional Studies*)*: Reports from the Toyota-Foundation-Symposium Königswinter 2003*. Bonn: Bier'sche Verlagsanstalt.

—— 2015 *Japanese Collections in European Museums* (*Volume III: Regional Studies 2*) Bonn: Bier'sche Verlagsanstalt.

Kuwayama, Takami 2004 *Native Anthropology: The Japanese Challenge to Western Academic Hegemony*. Melbourne: Trans Pacific Press.

—— 2009 "Anthropological Fieldwork Reconsidered: With Japanese Folkloristics as a Mirror." In Joy Hendry and Heung Wah Wong, eds., *Dismantling the East-West Dichotomy*. London: Routledge, pp. 49-55.

Laver, Michael 2020 *The Dutch East India Company in Early Modern Japan: Gift Giving and Diplomacy*. London: Bloomsbury Academic.

Leach, E. R. 1961 *Rethinking Anthropology*. London: Athlone Press（青木保・井上兼行訳『人類学再考』思索社、一九九〇年）

—— 1982 *Social Anthropology*. New York: Oxford University Press（長島信弘訳『社会人類学案内』〔同時代ライブラリー〕、岩波書店、一九九一年）

Lee, Dorothy 1959 *Freedom and Culture*. Englewood Cliffs, N. J.: Prentice-Hall（宮嶋瑛子訳『文化と自由』思索社、一九八五年）

Lutz, Catherine A. and Jane L. Collins 1993 *Reading National Geographic*. University of Chicago Press.

Malinowski, Bronislaw 1978 *Coral Gardens and Their Magic: A Study of the Methods of Tilling the Soil and of Agricultural Rites in the Trobriand Islands*（in two volumes）. New York: Dover Publications（orig. 1935）.

—— 1984 *Argonauts of the Western Pacific: An Account of Native Enterprise and Adventure in the Archipelagoes of Melanesian New Guinea*. Prospect Hights, Illinois: Waveland Press（orig. 1922）（増田義郎訳『西太平洋の遠洋航海者――メラネシアのニュー・ギニア諸島における、住民たちの事業と冒険の報告』〔講談社学術文庫〕、講談社、二〇一〇年）

Mathews, Gordon 2000 *Global Culture/Individual Identity: Searching for Home in the Cultural Supermarket*. London: Routledge.

Mead, Margaret 2001 *Coming of Age in Samoa: A Psychological Study of Primitive Youth for Western Civilization*. New York: Mariner Books Classics（orig. 1928）（畑中幸子・山本真鳥訳『サモアの思春期』蒼樹書房、一九七六年）

Milhaupt, Terry Satsuki 2014 *Kimono: A Modern History*. London: Reaktion Books.

Moon, Okpyo 2019 "Meaning of Authenticity in Korean National Costume: Touristification of *Hanbok* and Its Transformation." Paper delivered at the 2019 Meeting of EAAA（East Asian Anthropological Association）, Jeonju, Korea.

—— 2020 "'Heritagization' as a Double-Edged Sword: The Dilemma of Nishijin Silk Weaving in Kyoto, Japan." In Ayami Nakatani, ed., *Fashionable Traditions: Asian Handmade Textiles in Motion*. Lanham, Maryland: Lexington Books, pp. 117-136.

Nitobe, Inazo 1969 *Bushido: The Soul of Japan*. Tokyo: Charles E. Tuttle（orig. 1900）

Ölschleger, Hans Dieter 2005 "Ainu Collections in European Museums." In Josef Kreiner ed., *Japanese Collections in European Museums* (*Volume I: General Prospects*)*: Reports from the Toyota-Foundation-Symposium, Königswinter 2003*. Bonn: Bier'sche Verlagsanstalt, pp.129-143.

Oyama, Yuzuruha 2020 "The 'Nippon Kimono' Voyages to Europe." In Anna Jackson, ed., *Kimono: Kyoto to Catwalk*. London: V & A Publishing, pp. 129-137.

Peabody Essex Museum, ed., 2004 *GEISHA: Beyond the Painted Smile*. George Braziller, in association with the Peabody Essex Museum.

Pitt Rivers Museum 1996 *The Japanese Collections: An Introduction*. Oxford: Pitt Rivers Museum, University of Oxford (booklet).

Princess Akiko of Mikasa 2015 "Curator, Doctor and Archeologist: Collecting Japanese Antiquities for the British Museum." In Josef Kreiner, ed., *Japanese Collections in European Museums* (*Volume III: Regional Studies 2*) Bonn: Bier'sche Verlagsanstalt, pp. 41-56.

Reid, T. R. 1997 "*Sumo*" (photographs by Robb Kendrick). *National Geographic* 192(1): 42-57.

Rout, Josephine 2020 "Kimono Codified: Uniform for the Nation." In Anna Jackson, ed., *Kimono: Kyoto to Catwalk*. London: V & A Publishing, pp. 211-219.

Screech, Timon 2009 *Sex and the Floating World: Erotic Images in Japan, 1700-1820* (2nd ed., expanded and updated). London: Reaktion Books.

Slack, Jennifer Daryl 1996 "The Theory and Method of Articulation in Cultural Studies." In David Morley and Kwan-Hsing Chen, eds., *Stuart Hall: Critical Dialogues in Cultural Studies*. London: Routledge, pp. 112-127.

Takagi, Marina 2021 "The Kimono Protests: Race and Cultural Appropriation in Japonisme." *Bowdoin Journal of*

Art, 2021: 1-42.

Tipton, Elise K. 2005 "*Atarashii Onna*: The New Japanese Women." In Annie van Assche, ed., *Fashioning Kimono: Dress and Modernity in Early Twentieth-Century Japan - The Montgomery Collection*. Milan: Art Services International.

Quijano, Felipe 2020 *Impressions of Old China: The Chinese Empire in Early Photography 1860 - 1908* (independent publication).

Valk, Julie 2015 "The 'Kimono Wednesdays' Protests: Identity Politics and How the Kimono Became More Than Japanese." *Asian Ethnology* 74(2): 379-399.

Wada, Yoshiko I. 1996 "The History of the Kimono: Japan's National Dress." In Rebecca A. T. Stevens and Yoshiko Iwamoto Wada, eds., *The Kimono Inspiration: Art and Art-To-Wear in America*. San Francisco: Pomegranate Artbooks, pp. 131-160.

Williams, Samuel Wells 1910 *A Journal of the Perry Expedition to Japan* (*1853-1854*). Edited by F. W. Williams. The Transactions of the Asiatic Society of Japan, Vol. 37, Part 2（洞富雄『ペリー日本遠征随行記』〔講談社学術文庫〕、講談社、二〇二二年）

Yamanaka, Norio 1982 *The Book of Kimono: The Complete Guide to Style and Wear*. Tokyo: Kodansha International.

あとがき

温泉の浴衣（casual cotton kimono）を除いて、人生でキモノを着たことはめったになく、ましてや女性のキモノに疎い私が、海外における女性のキモノの表象というテーマに興味を抱いたのは、おそらく一九八〇年代半ばだったと思う。一九八二年、フルブライト奨学生として、カリフォルニア大学ロサンゼルス校（University of California, Los Angeles 通称ＵＣＬＡ）の人類学部に留学してまもなく、自宅近くのスーパーマーケットで、芸者風の日本人女性を表紙にした『タイム』誌を見つけた（写真4-15）。当時の日本の経済力は凄まじく、なぜ日本が戦後の廃墟から復活して経済大国へと成長したのかを問う本、雑誌、新聞、ニュースが、かつての交戦国アメリカには溢れていた。

手にした『タイム』誌は日本特集号（一九八三年八月一日号）で、タイトルは「日本――自己模索する国（Japan: A Nation in Search of Itself）」だった。この特集号は後に日本語に翻訳されて、『TIME誌が見た日本　模索する大国　日本』（一九八三年）という単行本で刊行された。残念だったのは、日本のありとあらゆる側面について硬派な記事を掲載していたのに、特集号を閉じて印象に残ったのは、見開き二頁の誌面に大写しされた富士山と舞妓の姿だったということだ。第四章「芸者とキモノ」にある写真4-16が、その舞妓である。当時、大学院生だった私は、これでは日本と言えばフジヤマ・

ゲイシャ・サクラというステレオタイプが、いつまでも続くのではないかと思った。

一九九三年、一一年間のアメリカ滞在を終えて帰国した私は、英米仏を中心とする「人類学の世界システム」における日本の地位という問題を取り上げて、日本語と英語の両方で発表してきた。この問題に関する二〇〇〇年代半ばまでの著作は、*Native Anthropology: The Japanese Challenge to Western Academic Hegemony*（二〇〇四年）と、その拡大日本語版である『ネイティヴの人類学——知の世界システムと日本』（二〇〇八年）にまとめたので、それ以降の関連論文を別の本にまとめる準備を二〇一〇年代半ばに始めた。

しかし、ただ既出の論文を集めるだけでは面白くないので、これを機に前々から関心のあったキモノの表象について一章を書いてみようと思い立った。だいたいの構想は、石井正己（編）『外国人の発見した日本』（『アジア遊学』二一九号、二〇一八年）収録の「日本はどのように見られたか——女性の着物をめぐる西洋と日本の眼差し」に記してあったが、細部を詰めるために勉強を始めると止まらなくなってしまった。

年齢ゆえに、準備がすべて整うまで待っていると、書き始める頃には忘れているのではないかと思ったので、各章に関する勉強がひと段落したところで、原稿を書き始めてみた。それがコロナ禍の最中の二〇二〇年夏頃である。全体の構成を深く考えずに書くというのは、私にとって初めての経験だったが、結果的にそれが功を奏して、一冊の本を上梓することができた。しかし、本書はもともと別の本の一章にするつもりだったので、完成が近づくにつれて、この長大な文章をどのように扱えばよいのか、考えあぐねてしまった。
そこで、二〇二四年一月、昭和堂の編集者・松井久見子氏と、同社のある京都で会って相談したところ、キモノの部分だけ取り出して、一冊の本にしたらどうかという、大変ありがたいご提案をいただいた。実は、心の中で私もそれを狙い始めていたのだが、話は予想外に早く進んだ。というわけで、本書はまったくの書き下ろしである。ただ、第七章「国内外のギフトショップに見るキモノ」だけ、以前の科研報告書を部分的に利用した。[1]

本書を書き終えた二〇二四年は、私の人生にとって一つの大きな区切りとなった。同年三月末日をもって、六年間お世話になった関西学院大学を定年退職したからである。翌日四月一日から、博士論文調査を行った岡山にあるノートルダム清心女子大学で教える機会を得たが、同月末、私は北海道大学時代から二〇年間続いた単身赴任生活にピリオドを打ち、生まれ故郷の東京に戻った。七〇歳近くの人間が、自宅と研究室を引っ越して遠くの大学に通うのだから、心身共にきついはずだが、亡母（写真8‐8）が丈夫に生んでくれたおかげで、今のところ健康である。

今後の予定としては、まず本書が一つの章として収まるはずだった『日本文化表象の人類学――ウチとソトの語り』（仮題）を完成させて、次に長年懸案となっている岡山の農村における家族のライフヒストリーを仕上げたい。一九八〇年代半ばから集めた資料がいまだに未整理なのである。その後は、六〇歳台に入ってから十数冊の本を書いた私のUCLAの先生ロバート・エジャトン（Robert Edgerton）と、エジャトンの先生で九〇歳台になるまで本を書き続けたウォルター・ゴールドシュミット（Walter Goldschmidt）に少しでも近づけるように精進したい。

最後に、この場を借りて、これまで支えてくださった方々にお礼を申し上げたい。個別にお名前を挙げるのは差し控えるが、北海道大学と関西学院大学における近しい元同僚や元ゼミ生には、大変感謝している。彼らがいなかったら、とても二〇年間の独り暮らしはできなかっただろう。一つだけ悔やまれるのは、コロナ禍の影響で十分時間を共にすることができなかった方々がいたことである。また、いつ完成するか分からない原稿を待ち続けてくださった松井久見子氏には、改めてお詫びとお礼の言葉を贈りたい。最後に、私の妻、二人の子ども、それぞれのパートナー、そして可愛い孫たちに対して、深く感謝したい。

二〇二四年秋

東京にて　桑山敬己

付記　本書の刊行にあたって、関西学院大学社会学部より出版助成を受けました。心より謝意を表します。

註

1　桑山敬己「博物館展示と異民族イメージのあいだ――ギフトショップに見る日本の着物を中心に」『アジアにおける博覧会の研究――ヒトの展示を通して』平成一七年度～平成一九年度科学研究費補助金（課題番号17401032）、基盤研究(B)研究成果報告書、代表研究者・宮武公夫、八〇―一一二頁。

索　引

事項索引

あ行

か行

た行

な行

は行

ま行

人名索引

か行

さ行

た行

■著者紹介
桑山敬己（くわやま　たかみ）
1955年東京生まれ。東京外国語大学（英米語学科）卒業。同大学院（地域研究科）修士課程を経て、カリフォルニア大学ロサンゼルス校人類学部博士課程修了。博士（Ph. D.）。ヴァージニア・コモンウェルス大学助教授、北海道大学大学院文学研究科教授、関西学院大学社会学部教授などを経て、現在、ノートルダム清心女子大学文学部特別招聘教授。北海道大学名誉教授。
主な著作に、
Native Anthropology: The Japanese Challenge to Western Academic Hegemony（Trans Pacific Press, 2004）
『ネイティヴの人類学と民俗学――知の世界システムと日本』（弘文堂、2008年）
『日本はどのように語られたか――海外の文化人類学的・民俗学的日本研究』（編著、昭和堂、2016年）
『詳論　文化人類学――基本と最新のトピックを深く学ぶ』（共編著、ミネルヴァ書房、2018年）
『文化人類学と現代民俗学』（共著、風響社、2019年）
『人類学者は異文化をどう体験したか――16のフィールドから』（編著、ミネルヴァ書房、2021年）
『よくわかる文化人類学　第3版』（共編著、ミネルヴァ書房、2025年）など。

世界が見たキモノ
――オリエンタリズムとエロチシズムの文化人類学

2025年2月28日　初版第1刷発行

著　者　桑山敬己
発行者　杉田啓三
〒607-8494　京都市山科区日ノ岡堤谷町3-1
発行所　株式会社　昭和堂
TEL（075）502-7500/FAX（075）502-7501
ホームページ http://www.showado-kyoto.jp

印刷　亜細亜印刷

ISBN　978-4-8122-2404-5
＊落丁本・乱丁本はお取り替えいたします。
Printed in Japan